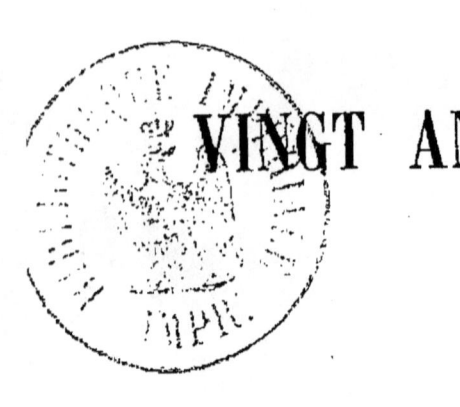VINGT ANS DE RÈGNE

Paris. -- Imp. Paul Dupont, rue J.-J.-Rousseau, 41 (Hôtel des Fermes).

NAPOLÉON III

VINGT ANS DE RÈGNE

1848-1868

PAR

M. BOUSQUET

Attaché au Ministère de l'Instruction publique

PARIS

PAUL DUPONT, ÉDITEUR

41, RUE JEAN-JACQUES-ROUSSEAU, 41

ET A LA LIBRAIRIE NAPOLÉONIENNE DE PICK (de l'Isère)

5, rue du Pont-de-Lodi.

—

1869

A SON ALTESSE IMPÉRIALE

LE PRINCE IMPÉRIAL

MONSEIGNEUR,

Le livre dont je supplie Votre Altesse Impériale d'agréer l'humble hommage publie à l'univers les faits mémorables de l'empereur Napoléon III, votre illustre père, dans la période de vingt années, avec les discours, messages et allocutions émanés de cette bouche auguste. Ce livre va devenir le *vade-mecum* des princes et des rois, pour peu qu'ils aient souci du bonheur des peuples et du jugement de la postérité. Il sera aussi un sujet d'admiration et d'enseignement pour toutes les classes de la société, l'agriculteur, l'ouvrier des villes, l'artiste, le fabricant, le magistrat, le militaire, l'instituteur, l'élève maître. A qui pouvais-je mieux le dédier, Monseigneur, qu'au Prince objet de nos espérances les plus chères, au Prince que ses droits et nos vœux unanimes les plus ardents appellent à continuer un jour à venir ce règne si glorieux ? Et si j'en parle avec avantage, c'est sans le moindre sentiment d'orgueil personnel, puisque, simple spectateur, mais spectateur enthousiaste de ces œuvres impérissables, je ne puis avoir d'autre mérite aux yeux de Votre Altesse Impériale que mes modestes efforts pour en perpétuer le souvenir.

Je suis, avec un très-profond respect, de Votre Altesse Impériale,

Monseigneur,

Le très-humble et très-obéissant serviteur,

BOUSQUET.

CABINET DE L'EMPEREUR

Palais des Tuileries, le 12 mars 1867.

Monsieur,

L'Empereur a daigné, sur votre demande, vous autoriser à dédier au Prince Impérial l'ouvrage intitulé : *Vingt ans de règne*. Sa Majesté m'a chargé de vous faire connaître cette bienveillante disposition.

Recevez, Monsieur, l'assurance de ma considération distinguée.

Pour le conseiller d'État, secrétaire de l'Empereur, chef du cabinet, et par autorisation :

Le sous-chef : SACALAY.

A M. Bousquet attaché au ministère de l'instruction publique.

VINGT ANS DE RÈGNE.

(1848-1868)

NAPOLÉON III

Napoléon Ier parvint au consulat et bientôt à l'empire en détrônant l'anarchie; Napoléon III a sauvé la France d'une ruine certaine où l'avaient plongée les fureurs de la démagogie, et il a su lui rendre, en peu d'années, par la sagesse et l'habileté de son gouvernement, la prospérité, la gloire et la place qu'elle doit toujours occuper à la tête des nations européennes.

Le Prince Louis-Napoléon, autant par ses écrits que par ses actes, avait su fixer sur lui l'attention publique, avant que huit millions de suffrages l'élevassent sur le pavois. Aussi, la nouvelle de la révolution de Février en 1848 ne le trouva pas oisif dans son exil à Londres; car il s'occupait à éditer des ouvrages du plus haut mérite et d'un intérêt immense où il plaide avec succès la cause de l'ouvrier, de l'indigent, du prolétaire, dont il devait dans peu de temps soulager l'infortune, même en les accoutumant aux règles du devoir.

Le Prince se rend aussitôt à Paris et adresse aux membres du gouvernement provisoire une lettre qui se résume ainsi :

« Sans autre ambition que celle de servir mon pays, je viens annoncer mon arrivée aux membres du gouvernement provisoire et les assurer de mon dévouement.... »

Le gouvernement provisoire ayant exprimé des craintes au sujet de la présence à Paris du neveu de l'Empereur, qui pouvait devenir une cause de troubles et d'embarras, le Prince quitte Paris, après avoir adressé aux membres du gouvernement provisoire la lettre suivante :

« Après trente-trois années d'exil et de persécutions, je croyais avoir acquis le droit de retrouver un foyer sur le sol de la patrie.

« Vous pensez que ma présence à Paris est maintenant un sujet d'embarras : je m'éloigne donc momentanément. Vous verrez dans ce sacrifice la pureté de mes intentions et de mon patriotisme. »

Le Prince est néanmoins élu représentant ; mais

il décline cet honneur dans une lettre adressée de Londres, le 11 mai, à M. Vieillard.

« Son nom, ses antécédents ont fait de lui, bon gré malgré, non un chef de parti, mais un homme sur lequel s'attachent les regards de tous les mécontents. »

Puis il ajoute :

« J'ai donc pris la ferme résolution de me tenir à l'écart et de résister à toutes les séductions que peut avoir pour moi le séjour de mon pays.

« Si la France avait besoin de moi, si mon rôle était tout tracé, si enfin je pouvais croire être utile à mon pays, je n'hésiterais pas à passer sur toutes ces considérations secondaires pour remplir un devoir ; mais dans les circonstances actuelles, je ne puis être bon à rien ; je ne serais tout au plus qu'un embarras. »

Plusieurs élections furent annulées, d'autres étaient doubles. Le 3 juin les collèges électoraux furent convoqués de nouveau pour remplir les vides dans l'Assemblée. Bien des candidatures sont alors offertes au Prince Louis-Napoléon, qui déclare qu'il ne les acceptera pas.

Cependant le Prince est élu par la Seine, l'Yonne, la Charente-Inférieure et la Corse.

Informé partout de son élection, il se hâte d'adresser aux électeurs des remercîments :

« Vos suffrages me pénètrent de reconnaissance. Cette marque de sympathie, d'autant plus flatteuse que je ne l'avais point sollicitée, vient me trouver au moment où je regrettais de rester inactif, alors que la patrie a besoin du concours de tous ses enfants pour sortir des circonstances difficiles où elle se trouve placée.

« Votre confiance m'impose des devoirs que je saurai remplir ; nos intérêts, nos sentiments, nos vœux sont les mêmes. Enfant de Paris, aujourd'hui représentant du peuple, je joindrai mes efforts à ceux de mes collègues pour rétablir l'ordre, le crédit, le travail, pour assurer la paix extérieure, pour consolider les institutions démocratiques et concilier entre eux des intérêts qui semblent hostiles aujourd'hui, parce qu'ils se soupçonnent et se heurtent au lieu de marcher ensemble vers un but unique : la prospérité et la grandeur du pays. »

La commission exécutive avait fait proposer dans les bureaux d'annuler la quadruple élection du Prince, en invoquant la loi qui exile du territoire français la famille Bonaparte. Mais l'Assemblée nationale repousse le projet de décret proposé par la commission exécutive et admet au contraire Louis-Napoléon. Aussitôt ses adversaires, c'est-à-dire, les fauteurs de troubles et les mécontents de tous les partis, cherchent à exploiter l'émotion générale à leur profit pour perdre Louis-Napoléon. Le Prince en est informé, et il adresse au président de l'Assemblée nationale la lettre suivante :

« Monsieur le Président,

« Je partais pour me rendre à mon poste, quand j'apprends que mon élection sert de prétexte à des troubles déplorables et à des erreurs. Je n'ai pas cherché l'honneur d'être représentant du peuple, parce que je savais les soupçons injurieux dont j'étais l'objet. Je rechercherais encore moins le pouvoir; si le peuple m'imposait des devoirs, je saurais les remplir.

« Mais je désavoue tous ceux qui me prêtent des intentions que je n'ai pas. Mon nom est un symbole d'ordre, de nationalité, de gloire, et ce serait avec la plus vive douleur que je le verrais servir à augmenter les troubles et les déchirements de la patrie. Pour éviter un tel malheur, je resterais plutôt en exil.

« Je suis prêt à tous les sacrifices pour le bonheur de la France. »

Mais cette lecture excite encore de nouvelles rumeurs de la part de ceux qui veulent faire exclure à tout prix le Prince de l'Assemblée. Ils se déchaînent contre lui avec une nouvelle fureur.

Louis-Napoléon cherche dans sa sagesse à mettre un terme à des débats si animés, et il écrit :

« Londres, le 15 juin 1848.

« Monsieur le Président,

« J'étais fier d'avoir été élu représentant à Paris et dans trois autres départements ; c'était, à mes yeux, une ample réparation pour trente années d'exil et six ans de captivité ; mais les soupçons injurieux qu'a fait naître mon élection, mais les troubles dont elle a été le prétexte, mais l'hostilité du pouvoir exécutif m'imposent le devoir de refuser un honneur qu'on croit avoir été obtenu par l'intrigue.

« Je désire l'ordre et le maintien d'une république sage, grande, intelligente ; et puisque, involontairement, je favorise le désordre, je dépose, non sans de vifs regrets, ma démission entre vos mains.

« Bientôt, je l'espère, le calme renaîtra et me permettra de rentrer en France comme le plus simple des citoyens, et aussi comme l'un des plus dévoués au repos et à la prospérité de mon pays. »

La nouvelle de l'élection de la Corse arriva sur ces entrefaites, et, pour prévenir le rapport qui devait en être fait, le Prince écrit de rechef au président de l'Assemblée pour affirmer son refus. « Je veux, dit-il dans cette lettre, que mon désintéressement prouve la sincérité de mon patriotisme ; je veux que ceux qui m'accusent d'ambition soient convaincus de leur erreur. »

Mais l'intérêt chez les uns semblait croître, à mesure que l'acharnement des autres s'efforçait d'éloigner le Prince de l'Assemblée.

De nouvelles élections se préparent, toujours pour remplir les vides, et le nom de Napoléon est dans toutes les bouches. Le général Piat écrit au Prince pour lui demander s'il accepte la candidature. Louis-Napoléon lui répond :

« Général, vous me demandez si j'accepterai le mandat de représentant du peuple, dans le cas où je serais réélu ; je vous réponds : Oui, sans hésiter.

« Aujourd'hui qu'il a été démontré sans réplique que mon élection dans quatre départements (non compris la Corse) n'a pas été le résultat d'une intrigue, et que je suis resté étranger à toute manifestation, à toute manœuvre politique, je croirais manquer à mon devoir si je ne répondais pas à l'appel de mes concitoyens.

« Mon nom ne peut plus être un prétexte de désordre ; il me tarde donc de rentrer en France et de m'asseoir au milieu des représentants du peuple... »

A ce langage net et précis, trois cent mille suffrages proclament de nouveau représentant du peuple Louis-Napoléon.

Ce ne fut cependant que le 26 septembre que l'Assemblée fut enfin unanime pour admettre Louis-Napoléon dans son sein, et le Prince vint y prendre place. C'est encore à l'unanimité des suffrages que l'Assemblée nationale, quelques jours après, vote le projet de décret suivant :

« L'article 6 de la loi du 8 avril 1832, relatif au bannissement de la famille Bonaparte, est abrogé. »

Mais, en lisant les comptes rendus de ces séances désordonnées, combien le Prince devait souffrir; comme il devait être impatient d'arracher la France à des mains inhabiles, imprudentes, pernicieuses !

A peine le président de l'Assemblée avait proclamé l'admission du citoyen Louis-Napoléon Bonaparte, dans cette même séance du 26 septembre, que le Prince demande la parole. « J'ai besoin d'exposer ici hautement, dit-il, et dès le premier jour où il m'est permis de siéger parmi vous, les vrais sentiments qui m'animent. Après trente-quatre années de proscription et d'exil, je retrouve enfin ma patrie et tous mes droits de citoyen ! La République m'a fait ce bonheur. Que la République reçoive mon serment de reconnaissance et de dévouement et que les généreux patriotes qui m'ont porté dans cette enceinte soient certains que je m'efforcerai de justifier leurs suffrages en travaillant avec vous au maintien de la tranquillité, le premier besoin du pays, et au développement des institutions démocratiques que le peuple est en droit de réclamer.

« Longtemps je n'ai pu consacrer à la France que les méditations de l'exil et de la captivité; aujourd'hui la carrière où vous marchez m'est ouverte. Recevez-moi dans vos rangs, mes chers collègues, avec le sentiment d'affectueuse confiance que j'y apporte. Ma conduite, toujours inspirée par le devoir, toujours animée par le respect de la loi, ma conduite prouvera, à l'encontre des passions qui ont essayé de me noircir pour me proscrire encore, que nul ici plus que moi n'est résolu à se dévouer à la défense de l'ordre et à l'affermissement de la République. »

A propos de la candidature à la présidence de la République, de nouvelles attaques surgirent d'un certain côté de l'Assemblée pour y mettre obstacle; mais le Prince se hâta de dissiper l'orage avant qu'il fût tout à fait formé.

« Citoyens représentants, l'incident regrettable qui s'est élevé hier à mon sujet ne me permet pas de me taire. Je déplore profondément d'être obligé de parler encore de moi, car il me répugne de voir sans cesse porter devant l'Assemblée des questions personnelles, alors que nous n'avons pas un moment à perdre pour nous occuper des graves intérêts de la patrie.

« Je ne parlerai point de mes sentiments ni de mes opinions ; je les ai déjà manifestés devant vous, et jamais personne n'a pu douter encore de ma parole.

« Quant à ma conduite parlementaire, de même que je ne me permettrais jamais de demander à aucun de mes collègues compte de celle qu'il croira devoir tenir, de même je ne reconnais à aucun d'eux le droit de m'interpeller sur la mienne. Ce compte, je ne le dois qu'à mes commettants.

« De quoi m'accuse-t-on ? d'accepter, des sentiments populaires, une candidature que je n'ai pas réclamée !

« Eh bien, oui, je l'accepte cette candidature qui m'honore. Je l'accepte, parce que trois élections successives et le décret unanime de l'Assemblée nationale contre la proscription de ma famille m'autorisent à croire que la France regarde le nom que je porte comme pouvant servir à la consolidation de la société ébranlée jusque dans ses fondements, à l'affermissement et à la prospérité de la République.

« Que ceux qui m'accusent d'ambition connaissent peu mon cœur ! Si un devoir impérieux ne me retenait pas ici, si la sympathie de mes concitoyens ne me consolait pas de l'animosité de quelques attaques et de l'impétuosité même de quelques défenses, il y a longtemps que j'aurais regretté l'exil.

« On me reproche mon silence ! Il n'est donné

qu'à peu de personnes d'apporter ici une parole éloquente au service d'idées justes et saines. N'y a-t-il donc qu'un seul moyen de servir son pays ? Ce qu'il lui faut surtout, ce sont des actes ; ce qu'il lui faut, c'est un gouvernement ferme, intelligent et sage, qui pense plus à guérir les maux de la société qu'à les venger, un gouvernement qui se mette franchement à la tête des idées vraies, pour repousser ainsi, mille fois mieux que par les baïonnettes, les théories qui ne sont pas fondées sur l'expérience et sur la raison.

« Je sais qu'on veut semer mon chemin d'écueils et d'embûches, je n'y tomberai pas. Je suivrai toujours, comme je l'entends, la ligne que je me suis tracée, sans m'inquiéter, sans m'irriter. Rien ne m'ôtera mon calme, rien ne me fera oublier mes devoirs. Je n'ai qu'un but, c'est de mériter l'estime de l'Assemblée, et, avec cette estime, celle de tous les hommes de bien, et la confiance de ce peuple magnanime qu'on a si légèrement traité hier.

« Je déclare donc à ceux qui voudraient organiser contre moi un système de provocation, que dorénavant je ne répondrai à aucune des interpellations, à aucune excitation de ceux qui voudraient me faire parler quand je voudrai me taire ; et, fort de ma conscience, je resterai inébranlable contre toutes les attaques, impassible contre toutes les calomnies. »

Un mois après, il fallait décider qui, de l'Assemblée ou du peuple, nommerait le Président de la République ; car le pays voulait absolument sortir d'un provisoire qui se prolongeait depuis huit mois, et le gouvernement ajournait sans cesse sous le prétexte qu'il y avait encore à voter des lois organiques. C'est alors que le citoyen Molé s'adressant au gouvernement lui dit, entre autres vérités :

« .... Et cependant, quoique vous paraissiez le retenir, le pouvoir tend à vous échapper ; il vous échappe malgré vous, et le pouvoir qui vous échappe, gardez-vous de croire qu'il aille au pouvoir exécutif ; non, l'affaiblissement est pour lui comme pour vous.

« En présence de cette Assemblée constituante omnipotente, il restera frappé de stupeur ou tenté d'envahir, soyez-en bien sûrs. Jamais il ne pourra exister avec elle, et ce pays, avide de définitif, qu'aura-t-il ? Un nouveau provisoire avec des entraves ; que dis-je, des impossibilités de plus. »

L'Assemblée décida qu'il fallait recourir au vote universel.

Le Prince Napoléon apporte à l'Assemblée national son programme. Son Altesse Impériale trace à grands traits, avec autant de profondeur que de modération, ce qu'il y aurait à faire :

« ...Quel que soit le résultat de l'élection, je m'inclinerai devant la volonté du peuple, et mon concours est acquis d'avance à tout gouvernement juste et ferme qui rétablisse l'ordre dans les esprits comme dans les choses ; qui protége efficacement la religion, la famille, la propriété, base éternelle de tout état social ; qui provoque les réformes possibles, calme les haines, réconcilie les partis, et permette ainsi à la patrie inquiète de compter sur un lendemain.

« Rétablir l'ordre, c'est ramener la confiance, pourvoir par le crédit à l'insuffisance passagère des ressources, restaurer les finances.

« Protéger la religion et la famille, c'est assurer la liberté des cultes et la liberté de l'enseignement.

« Protéger la propriété, c'est maintenir les produits de tous les travaux ; c'est garantir l'indépendance et la sécurité de la possession, fondement indispensable de la liberté civile.

« Quant aux réformes possibles voici celles qui me paraissent les plus urgentes.

« Admettre toutes les économies qui, sans désorganiser les services publics, permettent la diminution des impôts les plus onéreux au peuple ; encourager les entreprises qui, en développant les richesses de l'agriculture, peuvent, en France et en Algérie, donner du travail aux bras inoccupés ; pourvoir à la vieillesse des travailleurs par des institutions de prévoyance ; introduire dans nos lois industrielles les améliorations qui tendent, non à ruiner le riche au profit du pauvre, mais à fonder le bien-être de chacun sur la prospérité de tous.

« Restreindre, dans de justes limites, le nombre des emplois qui dépendent du pouvoir, et qui souvent font d'un peuple libre un peuple de solliciteurs.

« Éviter cette tendance funeste qui entraîne l'État à exécuter lui-même ce que les particuliers peuvent faire aussi bien et mieux que lui. La centralisation des intérêts et des entreprises est dans la nature du despotisme. La nature de la République repousse le monopole.

« Enfin, préserver la liberté de la presse des deux excès qui la compromettent toujours : l'arbitraire et sa propre licence.

« Avec la guerre, point de soulagement à nos maux. La paix serait donc le plus cher de mes désirs. La France, lors de sa première Révolution, a été guerrière parce qu'on l'avait forcée de l'être. A l'invasion, elle répondit par la conquête. Aujourd'hui qu'elle n'est pas provoquée, elle peut consacrer ses ressources aux améliorations pacifiques, sans renoncer à une politique loyale et résolue. Une grande nation doit se taire ou ne jamais parler en vain.

« Songer à la dignité nationale, c'est songer à l'armée, dont le patriotisme si noble et si désintéressé a été souvent méconnu.

« Il faut, tout en maintenant les lois fondamentales, qui font la force de notre organisation militaire, alléger et non aggraver le fardeau de la conscription. Il faut veiller au présent et à l'avenir, non seulement des officiers, mais aussi des sous-officiers et des soldats, et préparer aux hommes qui ont servi longtemps sous les drapeaux, une existence assurée. »

Ce programme ainsi exposé aux yeux de la France et de l'Europe, ne pouvait que gagner les esprits au parti du Prince Louis-Napoléon, car toutes les aspirations se portaient vers le calme et le repos, après tant de luttes sanglantes et toujours stériles.

Le 9 décembre, le président du conseil, chargé du pouvoir exécutif, adressait au peuple français la proclamation dont voici l'extrait :

« ... Demain, chacun de vous va concourir à l'accomplissement de l'acte le plus solennel de la souveraineté populaire. Une grande nation, confiante dans ses droits, confiante dans sa force, confiante dans ses lumières, va choisir l'homme auquel elle veut, pour un temps, imposer le soin, la charge de veiller, avec l'Assemblée nationale, à sa sécurité, à ses intérêts, à son honneur.

« Depuis six semaines, le gouvernement de la République, fidèle à ses convictions comme à ses devoirs, a voulu qu'une liberté entière, absolue, telle que la loi a pris soin elle-même de la proclamer, fût laissée à l'examen, à la discussion, à la lutte politique qui devait précéder l'élection suprême. Cette liberté si prête à dégénérer en licence, le gouvernement l'a respectée ; mais, s'il a compris ses devoirs, même les plus difficiles, il s'est acquis le droit de vous parler des vôtres.

« Citoyens ! si demain vous vous montrez calmes, réfléchis, résolus, vous aurez donné à votre œuvre une base solide et respectable. Vos ennemis, ceux de la société, voudraient peut-être exploiter vos agitations, vos luttes ; ils s'arrêteront devant l'œuvre imposante de votre recueillement...

« CAVAIGNAC. »

A quatre heures, le 20 décembre, le président de la commission présente à l'Assemblée nationale le rapport sur l'élection du Président de la République. Ce rapport qui constate que le citoyen Charles-Louis-Napoléon Bonaparte a obtenu la majorité absolue des suffrages (6 millions) a été mis aux voix et adopté. Le président prête le serment prescrit par l'article 48 de la Constitution, et entre immédiatement en fonctions. (Délibération du 12 décembre 1848.) En cette circonstance si solennelle, le Président de la République a prononcé le discours suivant :

« Citoyens représentants,

« Les suffrages de la nation et le serment que je viens de prêter commandent ma conduite future. Mon devoir est tracé ; je le remplirai en homme d'honneur.

« Je verrai des ennemis de la patrie dans tous ceux qui tenteraient de changer, par des voies illégales, ce que la France entière a établi. (Très-bien! trèsbien!)

« Entre vous et moi, citoyens représentants, il ne saurait y avoir de véritables dissentiments. Nos volontés, nos désirs sont les mêmes.

« Je veux, comme vous, rasseoir la société sur ses bases, affermir les institutions démocratiques et rechercher tous les moyens propres à soulager les maux de ce peuple généreux et intelligent qui vient de me donner un témoignage si éclatant de sa confiance. (Très-bien! très-bien!)

« La majorité que j'ai obtenue, non-seulement me pénètre de reconnaissance, mais elle donnera au gouvernement nouveau la force morale sans laquelle il n'y a pas d'autorité.

« Avec la paix et l'ordre, notre pays peut se relever, guérir ses plaies, ramener les hommes égarés et calmer les passions.

« Animé de cet esprit de conciliation, j'ai appelé près de moi des hommes honnêtes, capables et dévoués au pays, assuré que, malgré les diversités d'origine politique, il sont d'accord pour concourir avec vous à l'application de la Constitution, au perfectionnement des lois, à la gloire de la République. (Approbation.)

« La nouvelle administration, en entrant aux affaires, doit remercier celle qui la précède des efforts qu'elle a faits pour transmettre le pouvoir intact, pour maintenir la tranquilité publique. (Marques d'assentiment.)

« La conduite de l'honorable général Cavaignac (son compétiteur) a été digne de la loyauté de son caractère et de ce sentiment du devoir qui est la première qualité du chef d'un État. (Nouvelle approbation.)

« Nous avons, citoyens représentants, une grande mission à remplir, c'est de fonder une République dans l'intérêt de tous et un gouvernement juste, ferme, qui soit animé d'un sincère amour du progrès, sans être réactionnaire ou utopiste. (Très-bien !)

« Soyons des hommes du pays, non des hommes d'un parti, et, Dieu aidant, nous ferons du moins le bien, si nous ne pouvons faire de grandes choses. »

Après ce discours, l'assemblée entière se lève et fait entendre à plusieurs reprises le cri de *Vive la République !*

Le bureau de l'Assemblée a reconduit le Président de la République, qui a reçu les honneurs dus au chef de l'État.

Le Président de la République s'est rendu immédiatement au palais de l'Élysée-National, affecté à sa résidence. Partout, sur son passage, la population a témoigné par son empressement et ses acclamations de ses respectueuses sympathies.

A la date de ce même jour, le Président nomme

ses ministres au nom du peuple français ; prend des arrêtés portant règlement d'attributions de l'administration générale en Algérie, du gouverneur général ; des attributions du secrétaire général du gouvernement, de l'administration départementale, du préfet de la Seine, du conseil de préfecture, du secrétaire général, des sous-préfets, des commissaires civils, des conseils généraux, enfin des conseils d'hygiène et de salubrité dans tous les arrondissements du territoire de la République. Il est à remarquer que c'est en vertu des articles 47 et 48 de la Constitution que l'Assemblée nationale, par l'organe de son président, a proclamé Louis-Napoléon Président de la République française, depuis le présent jour, jusqu'au deuxième dimanche du mois de mai 1852.

Au milieu de tant de mesures qu'il faut regarder comme l'expression du sentiment universel de la France, il en est une que nous devons surtout signaler en passant. Si la patrie a traversé avec autant de calme et de dignité la plus grande, la plus difficile épreuve à laquelle puisse être soumis un peuple libre, on doit l'attribuer sans doute au progrès de nos mœurs politiques; mais il est permis d'en reporter aussi l'honneur à l'heureuse influence de ce nom qui a laissé dans le cœurs de nos concitoyens un si cher et un si glorieux souvenir.

Le général de division Jérôme Bonaparte est nommé gouverneur de l'Hôtel des Invalides.

Le même jour encore, le général Changarnier est investi du commandement en chef des gardes nationales de la Seine, de la garde nationale mobile, et des troupes de toutes armes, stationnées dans toute l'étendue de la première division militaire. Le quartier général est établi au palais des Tuileries.

Le 24 le Prince Président passait la revue des troupes de cette première division, lorsqu'apercevant le général Petit, il pousse vivement son cheval vers ce commandant des vétérans de la garde et lui dit : « L'Empereur vous a embrassé lorsqu'il a passé sa dernière revue, je suis heureux de vous serrer la main lorsque je passe ma première. » La foule qui a compris ce noble mouvement, s'y est associée par une ardente démonstation. Partout sur son passage, le Président a trouvé des témoignages de la plus chaleureuse sympathie ; partout les cris de *Vive Napoléon!* se mêlaient à ceux de *Vive la République!*

En remettant le pouvoir législatif à une Assemblée unique sortie du suffrage universel, et le pouvoir exécutif à un Président issu de la même origine, la Constitution avait voulu qu'un corps intermédiaire se plaçât entre ces deux pouvoirs, leur prêtât son appui, les éclairât de ses connaissances propres, allégeât leur responsabilité par son concours, facilitât leurs relations mutuelles, et tempérât même ce que l'Assemblée unique pouvait avoir de trop hardi, ce que le gouvernement pouvait avoir d'arbitraire. Cette mission avait été confiée au conseil d'État, dont le zèle semble se retremper sans cesse en changeant la matière de ses travaux.

Il tenait une place considérable dans l'État : c'est cette place que le Président de la République saura lui conserver en lui donnant toute sa confiance et en consacrant de nouveau ces mêmes attributions dans la révision de la Constitution.

Dès les premiers mois de 1849, le Président visitait successivement les principaux établissements industriels de la capitale, le musée d'artillerie, les salles de campement des troupes au Luxembourg, où la grande humidité pouvait engendrer des maladies ; il examinait minutieusement les objets de literie ou d'habillement, les cantines où il goûtait le pain et la soupe du soldat, afin de s'assurer par lui-même dans quelles conditions d'hygiène et de bien-être se trouvent les troupes ; puis les hôpitaux de l'Hôtel-Dieu, du Val-de-Grâce et de la Salpêtrière, alors désolés par le choléra ; l'hôpital militaire du Gros-Caillou, l'Observatoire, l'institution des sourds-muets, des aveugles, et plusieurs filatures ou fabriques, laissant partout un mot d'encouragement et un souvenir de son passage au patron comme à l'ouvrier.

On le vit souvent dans les ateliers du faubourg Saint-Antoine et dans les environs ; aux constructions de la cité ouvrière du deuxième arrondissement où il exprimait le vœu que de nouvelles constructions de ce genre pussent être prochainement exécutées, afin d'apporter une plus grande aisance à la classe ouvrière tout en la moralisant. Cependant le calme n'était pas encore possible; trop d'intérêts étaient en présence et trop d'ambitions avaient été froissées par la nomination du Prince. Tandis qu'à Paris, au mois de février, le gouvernement déjouait un complot avec ses ramifications les plus étendues, à Marseille, l'autorité prévenue doublait les postes; à Lyon, la présence d'une garnison nombreuse avait pu contenir les agitateurs ; à Mâcon, les habitués des clubs s'étaient livrés à des démonstrations tumultueuses et des dicours séditieux avaient été prononcés ; à Strasbourg, des meneurs, auxquels s'étaient joints des ouvriers en petit nombre, avaient parcouru la ville et proféré des cris alarmants, sous prétexte de demander du travail.

A Strasbourg, à Limoges, l'attitude des ouvriers avait été fort inquiétante d'abord; mais l'excellente tenue de la garde nationale et la fermeté de la garnison avaient rassuré les esprits. A Troyes, le préfet avait saisi treize caisses de fusils expédiées sur Châlons; sur notre frontière du nord-est et sur celle de l'est on avait constaté l'introduction clandestine de munitions de guerre. Sur toutes les routes, aux abords de la capitale, on a même observé le passage de bandes nombreuses qui accouraient des départements au rendez-vous de l'émeute, pendant que des émissaires, partis de Paris, allaient organiser dans les départements l'agitation et la révolte. Le bruit d'une insurrection prochaine était partout hautement répandu. Les mauvais citoyens ne dissimulaient plus leurs espérances, On aurait pu se croire encore à la veille des journées de juin. Voilà le mouvement qu'il fallait conjurer par la vigilance et réprimer avec énergie.

Heureusement que la population des villes et des campagnes protestait toujours de sa confiance dans le gouvernement, et son indignation contre les sociétés secrètes qui se flattaient d'être en mesure de donner une cruelle et dernière leçon à la bourgeoisie. La crainte de voir vérifier ces terribles menaces était telle que, dans quelques chefs-lieux, les membres des conseils généraux avaient spontanément pressé les préfets de les convoquer, afin de donner, jusque dans les endroits les plus reculés du territoire, un point d'appui au pouvoir contre les factieux.

Le 2 février, pendant la revue du champ de Mars, le Président de la République, avant de distribuer les croix de la Légion d'honneur, a fait former le cercle aux officiers et leur a dit :

« Les décorations que j'ai à distribuer aujourd'hui sont en petit nombre, mais elles n'en sont que plus honorables pour ceux qui les ont obtenues. La croix de la Légion d'honneur a été trop souvent prodiguée sous les gouvernements qui m'ont précédé. Il n'en sera plus ainsi désormais. Je veux faire en sorte que la décoration de la Légion d'honneur ne soit plus que la récompense directe des services rendus à la patrie, et qu'elle ne soit décernée qu'au mérite incontesté. C'est ainsi, Messieurs, que j'espère rendre à cette institution tout son glorieux prestige. » Ces belles paroles ont été couvertes d'approbations unanimes.

Dans la soirée du 7 février, la ville de Cette a été le théâtre de graves désordres. Une foule égarée a pénétré violemment dans la salle où le conseil municipal délibère ; elle a saccagé plusieurs maisons dont le mobilier a été livré aux flammes. Les propriétés, les personnes, la force publique rien n'a été respecté. Cette scène de dévastation et de violence s'est prolongée pendant quatre heures, au milieu d'une ville importante qui avait une garnison, une garde nationale et des autorités municipales, sans qu'aucun effort ait été tenté pour rétablir l'ordre. La satiété seule a pu mettre un terme à d'aussi coupables excès.

Nous ne citerons pas d'autres faits de cette nature. Nous voulons seulement justifier les mesures de rigueur que le Président peut prendre dans un avenir plus ou moins prochain, mais dont il est seul juge.

Bien que les salons de l'Élysée soient d'une exiguïté reconnue, le Président de la République y réunit journellement les illustrations de l'armée, de la diplomatie, de la politique, des arts et des lettres. Plus souvent encore ce sont les manœuvres de troupes au champ de Mars qui attirent une grande partie de sa sollicitude.

A l'inauguration du chemin de fer, section de Compiègne à Noyon, un seul toast avait été porté par le maire de cette dernière ville au Président de la République :

M. le Président a répondu :

« Je vous remercie, monsieur le maire, des paroles que vous venez de faire entendre, et de l'accueil que me fait avec vous la ville de Noyon.

« Les espérances qu'a fait concevoir au pays mon élection ne se seront pas trompées ; je partage ses vœux pour l'affermissement de la République ; j'espère que tous les partis qui ont divisé le pays depuis quarante ans y trouveront un terrain neutre où ils pourront se donner la main pour la grandeur et la prospérité de la France. »

En passant en revue quatre brigades de la première division au champ des manœuvres, le Président de la République leur a adressé quelques paroles vivement senties :

« Je suis heureux, a-t-il dit, d'avoir à vous décerner des décorations, récompenses des services que vous avez rendus à la patrie et gages certains du bon esprit et de la louable émulation qui règnent dans l'armée. Ces récompenses, honorablement acquises, sont à mes yeux un moyen assuré d'entretenir dans ses rangs cet esprit militaire qui fait, au dedans comme au dehors, la gloire, la force et la grandeur de notre patrie ! »

Nous devons constater ici que, chaque jour, le travail et le crédit font de nouveaux progrès. La confiance que le gouvernement inspire au pays rend déjà l'impulsion aux affaires. L'ordre s'affermit par les résistances mêmes qu'il a eu encore à surmonter; et, bien que les préfets signalent encore sur quelques points des désordres, ces manifestations socialistes sont heureusement d'une faible importance.

Une première tentative est faite pour découvrir les moyens de propager promptement, en Algérie, la langue arabe parmi les Européens, et la langue française parmi les indigènes. Le gouvernement ne pouvait donner un meilleur témoignage de sa sympathie et de sa sollicitude pour la grande et difficile question de la colonisation algérienne.

Il ne faut pas oublier encore que la crèche a continué son action bienfaisante au milieu des crises terribles que nous venons de subir, et, tandis que la guerre civile couvrait Paris de décombres, l'enfant du pauvre dormait, paisible, dans les bras de la charité.

Message du Président de la République (séance du 6 juin 1849).

Messieurs les Représentants,

« La Constitution prescrit au Président de la République de vous présenter, chaque année, l'exposé de l'état général des affaires du pays. Je me conforme à cette obligation qui me permet, en vous soumettant la vérité dans toute sa simplicité, les faits dans ce qu'ils ont d'instructif, de vous parler aussi de ma conduite passée et de mes intentions pour l'avenir.

« Mon élection à la première magistrature de la République avait fait naître des espérances qui n'ont pas encore pu toutes se réaliser. Jusqu'au jour où vous vous êtes réunis dans cette enceinte, le pouvoir exécutif ne jouissait pas de la plénitude de ses prérogatives constitutionnelles. Dans une telle position, il lui était difficile d'avoir une marche bien assurée. Néanmoins, je suis resté fidèle à mon manifeste...

« A quoi, en effet, me suis-je engagé en acceptant les suffrages de la nation ? A défendre la société, audacieusement attaquée ; — à affermir une République sage, grande, honnête ; — à protéger la famille, la religion, la propriété ; — à provoquer toutes les améliorations et toutes les économies possibles ; — à protéger la presse contre l'arbitraire et la licence ; — à diminuer les abus de la centralisation ; — à effacer les traces de nos discordes civiles ; enfin, à adopter à l'extérieur une politique sans arrogance comme sans faiblesse. Le temps et les circonstances ne m'ont point permis de remplir tous ces engagements ; cependant de grands pas ont été faits dans cette voie...

« Le premier devoir du gouvernement était de consacrer tous ses efforts au rétablissement de la confiance, qui ne pouvait être complète que sous un pouvoir définitif. Le défaut de sécurité dans le présent, de foi dans l'avenir, détruit le crédit, arrête le travail, diminue les revenus publics et privés, rend les emprunts impossibles et tarit les sources de la richesse.

« Avant d'avoir ramené la confiance, on aurait beau recourir à tous les systèmes de crédit, comme aux expédients les plus révolutionnaires, on ne ferait pas renaître l'abondance là où la crainte et la défiance du lendemain ont produit la stérilité. Notre politique étrangère, elle-même, ne pouvait être à la hauteur de notre puissance passée, qu'autant que nous aurions reconstitué à l'intérieur ce qui fait la force des nations, l'union des citoyens, la prospérité des finances. Pour atteindre ce but, le gouvernement n'a eu qu'à suivre une marche ferme et résolue, en montrant à tous que, sans sortir de la légalité, il emploierait les moyens les plus énergiques pour rassurer la société.

« Partout aussi il s'est efforcé de rétablir le prestige de l'autorité en mettant tous ses soins à appeler aux fonctions publiques les hommes qu'il jugeait les plus honnêtes et les plus capables, sans s'arrêter à leurs antécédents politiques. C'est encore afin de ne pas inquiéter les esprits que le gouvernement a dû ajourner le projet de rendre la liberté aux victimes de nos discordes civiles. Au seul mot d'amnistie, l'opinion publique s'est émue en sens divers. On a craint le retour de nouveaux troubles : néanmoins, j'ai usé d'indulgence partout où elle n'a pas eu d'inconvénients... »

Le Président de la République, témoin de nouvelles menées, voulut les prévenir, ou du moins justifier les mesures de rigueur qu'il allait prendre, si on le poussait à cette extrémité. Dans ce but, il fit afficher la proclamation suivante dans Paris :

Le Président de la République au Peuple français.

« Quelques factieux osent encore lever l'étendard de la révolte, contre un gouvernement légitime, puisqu'il est le produit du suffrage universel.

« Ils m'accusent d'avoir violé la Constitution, moi, qui ai supporté depuis six mois, sans en être ému, leurs injures, leurs calomnies, leurs provocations. La majorité de l'Assemblée elle-même est le but de leurs outrages. L'accusation dont je suis l'objet n'est qu'un prétexte, et la preuve, c'est que ceux qui attaquent, me poursuivaient déjà avec la même haine, la même injustice, alors que le peuple de Paris me nommait représentant, et le peuple de la France Président de la République.

« Ce système d'agitation entretient dans le pays le malaise et la défiance qui engendrent la misère : il faut qu'il cesse. Il est temps que les bons se rassurent et que les méchants tremblent. La République n'a pas d'ennemis plus implacables que ces hommes qui, perpétuant le désordre, nous forcent de changer la France en un vaste camp, nos projets d'amélioration et de progrès en des préparatifs de lutte et de défense.

« Élu par la nation, la cause que je défends est la vôtre, c'est celle de vos familles comme celle de vos propriétés, et celle du pauvre comme celle du riche, celle de la civilisation tout entière. Je ne reculerai devant rien pour la faire triompher. »

De son côté, l'Assemblée nationale législative, qui voyait le danger, avait mis, le même jour, la ville de Paris et toute la circonscription comprise dans la première division militaire en état de siége. Cette mesure était suffisamment justifiée par la violence des clubs, les excès du langage tenu dans les banquets publics, la licence anarchique d'une partie de la presse, enfin par les appels incessants faits à toutes les passions révolutionnaires sous toutes les formes de la publicité. Mais elle n'arrêta point les forcenés qui attendaient tout succès d'une guerre civile.

Nous devons faire connaître ici les dispositions adoptées par le gouvernement dans cette fatale journée du 13 juin, qui donnèrent gain de cause au Président de la République. — L'attitude prise depuis quelque temps par les membres influents de la minorité de l'Assemblée, les provocations incessantes et chaque jour plus incendiaires de la presse anarchiste, l'annonce d'une manifestation à laquelle étaient conviés tous les éléments de désordre qui fermentent dans Paris, tout, en un mot, avait donné dès le 10 juin la certitude que nous touchions à une crise, et que la société allait encore une fois être mise en demeure de pourvoir à son salut par la force des armes.

Dès lors toutes les préoccupations du général Changarnier tendirent à faire tomber sur les anarchistes le poids d'une de ces répressions qui, laissant dans la mémoire des populations un durable et salutaire souvenir, donnent à un gouvernement ébranlé par les factions les moyens de se rasseoir et d'en imposer pour longtemps à ses ennemis.

Dès la matinée, les rapports étaient unanimes pour signaler au commandant des forces civile et militaire, non-seulement une manifestation, qui n'était qu'un prétexte ou un moyen d'agitation, mais tout un plan d'insurrection devant aboutir à une révolution nouvelle. Dans la confiance que leur inspiraient, sans doute, leurs moyens d'action, leur prétendue influence sur l'esprit de l'armée, bien que la révolution de Février n'eût eu pour elle aucun des égards qu'elle mérite, et enfin leurs incurables illusions, les hommes que depuis vingt ans on voit figurer dans toutes les conspirations ne faisaient plus mystère de leurs espérances, ni du concours qu'ils s'apprêtaient à donner au mouvement insurrectionnel.

A midi les factieux étaient partis du boulevard du Temple pour se rendre à l'Assemblée législative. Ils formaient une longue colonne, dont la tête avait déjà dépassé la rue de la Paix à midi et demi.

Il était temps d'agir : les brigades extérieures reçoivent l'ordre d'être à une heure aux barrières les plus rapprochées de leur poste de combat à l'intérieur de Paris, et le général débouche de la rue de la Paix à la tête de sa colonne pour couper en deux celle des insurgés sur le boulevard ; il balaye tous leurs débris sans leur laisser le temps de se reformer. On charge à la fois à droite et à gauche, après les sommations légales, et les bataillons suivent leur mouvement en poussant devant eux ces forcenés, châtiant ceux qui se portaient à des voies de fait, arrêtant ceux qui, par leur exaspération, leurs menaces et leurs insultes, semblaient jouer un rôle au milieu de cette affreuse mêlée.

La charge de droite s'arrêta à la hauteur de la porte Saint-Denis ; celle de gauche s'arrêta à la Madelaine. L'accueil fait aux factieux par ces deux têtes de colonne dut faire dès lors comprendre aux chefs du mouvement que la journée, loin de leur préparer un triomphe et la dictature, ne faisait que hâter la ruine complète de leurs criminels projets.

Sur tous les points de la capitale on avait tenté d'établir des barricades. Omnibus et voitures de place, tout y fut employé. Mais, déconcertés par l'attitude de la troupe et par cet ensemble admirable de dispositions enveloppant comme dans un réseau de fer le quartier où, dans d'autres circonstances, l'insurrection s'était trouvée maîtresse, les factieux n'osèrent rien entreprendre de sérieux.

Le pouvaient-ils? Pendant qu'une barrière infranchissable était ainsi établie sur la ligne des boulevards, toutes les positions importantes de Paris sur les deux rives de la Seine étaient occupées et mises dans un état de défense non moins respectable; car Orléans, Évreux, Versailles, Saint-Germain, Fontainebleau, Meaux, Melun, Rambouillet, toutes ces garnisons avaient fourni chacune son contingent et force resta à la loi et au bon droit.

Ainsi s'est terminée cette journée qui, presque sans effusion de sang, a fait remporter à la société une victoire plus éclatante et plus complète qu'elle ne l'eût pu obtenir dans un combat acharné. Elle a vengé l'armée de ces insultes que lui prodiguaient chaque jour les anarchistes, en s'efforçant, par toute sorte de mensonges, de faire douter de sa fidélité religieuse au drapeau. Toute la population de Paris a pu se rassurer en voyant nos soldats, dont leur chef illustre n'avait eu qu'à contenir l'ardeur, s'élancer à la poursuite des implacables ennemis de toute société.

A l'inauguration du chemin de fer de Paris à Chartres, le préfet d'Eure-et-Loir adressait au Prince-Président des paroles bien senties :

Le Président a répondu par ce toast :

« Je suis heureux de visiter cette ville qui rappelle

deux grandes époques, deux grands souvenirs de notre histoire.

« C'est à Chartres que saint Bernard vint prêcher la deuxième croisade, magnifique idée du moyen âge, qui arracha la France aux luttes intestines et éleva le culte de la foi au-dessus du culte des intérêts matériels.

« C'est aussi à Chartres que fut sacré Henri IV ; c'est ici qu'il marqua le terme de dix années de guerre civile, en venant demander à la religion de bénir le retour à la paix et à la concorde.

« Eh bien, aujourd'hui, c'est encore à la foi et à la conciliation qu'il faut faire appel : à la foi, qui nous soutient et nous permet de supporter toutes les difficultés du jour; à la conciliation, qui augmente nos forces et nous fait espérer un meilleur avenir. Ainsi donc : A la Foi ! A la ville de Chartres ! »

Une députation des ouvriers de Chartres dans le département de l'Eure, vint saluer le Prince-Président, et lui adresser ces paroles qui faisaient allusion à la journée du 13 juin :

« Nous venons déposer à vos pieds l'hommage de nos ardentes sympathies et de notre profonde reconnaissance.

« Le grand homme dont vous portez le nom et dont nous chérissons la mémoire, a sauvé la France de l'anarchie révolutionnaire. La Providence vous réservait la même gloire. Désormais, nos cœurs vous confondront l'un et l'autre dans les mêmes bénédictions et dans le même amour.

« Oui, vous remplissez toutes les espérances que nous avons mises en vous. Votre victoire, la victoire de la France sur les ennemis de l'ordre, va faire luire des jours meilleurs sur notre patrie bien-aimée, et la paix sociale ramènera bientôt, avec la confiance, le travail dans nos ateliers et l'aisance dans nos familles. Grâces vous soient donc à jamais rendues ! »

Le Prince voulut visiter la ville de Ham et sa forteresse ; la ville lui offrit un banquet, et il répondit à un toast du maire, par ces paroles :

« Je suis profondément ému de la réception affectueuse que je reçois de vos concitoyens : mais, croyez-le, si je suis venu à Ham, ce n'est pas par orgueil, c'est par reconnaissance. J'avais à cœur de remercier les habitants de cette ville et des environs, de toutes les marques de sympathie qu'ils n'ont cessé de me donner pendant mes malheurs.

« Aujourd'hui, qu'élu par la France entière, je suis devenu le chef légitime de cette grande nation, je ne saurais me glorifier d'une captivité qui avait pour cause l'attaque contre un gouvernement régulier. Quand on a vu combien les révolutions les plus justes entraînent de maux après elles, on comprend à peine l'audace d'avoir voulu assumer sur moi la terrible responsabilité d'un changement. Je ne me plains donc pas d'avoir expié ici, pendant un emprisonnement de six années, ma témérité contre les lois de ma patrie ; et c'est avec bonheur que, dans les lieux mêmes où j'ai souffert, je vous propose un toast en l'honneur des hommes qui sont déterminés, malgré leurs convictions, à respecter les institutions de leur pays. »

A l'inauguration du chemin de fer de Tours à Angers, le Prince-Président répond au maire de cette dernière ville, à l'évêque, au préfet, par l'allocution suivante :

« Messieurs, en parcourant aujourd'hui votre ville, au milieu des acclamations de la population, je me demandais ce que j'avais fait pour mériter un accueil si flatteur, si enthousiaste. »

A Amiens, le 15 juillet, le Président a dit, après la distribution des drapeaux à la garde nationale :

« L'accueil flatteur et enthousiaste que je reçois aujourd'hui me touche profondément. J'ai fait si peu encore pour mon pays que je suis à la fois fier et confus de cette ovation. Aussi, je l'attribue bien plus à mon nom qu'à moi-même.

« Ce nom, la France le savait en me donnant ses

suffrages, représentait non-seulement la conquête, mais encore l'ordre et la paix.

« La ville d'Amiens surtout en était convaincue elle qui, au milieu d'une conflagration européenne, avait vu dans ses murs, et dans la salle même où nous sommes, se signer ce fameux traité qui devait en 1802 concilier les intérêts des deux nations les plus civilisées du monde.

« La seule idée de paix de l'empire passera à la postérité sous le nom de la ville d'Amiens.

« C'est donc à ce souvenir que je reporte ma réception vraiment triomphale.

« Vous voulez la paix, mais une paix glorieuse, fertile en bienfaits au dedans, en influence au dehors.

« A la Paix ! à la ville d'Amiens ! »

Son Altesse Impériale a répondu au maire de Tours par le toast suivant :

« Je dois remercier d'abord la ville de Tours de l'aimable accueil qu'elle m'a fait; mais je dois dire aussi que les acclamations dont je suis l'objet me touchent bien plus qu'elles ne m'enorgueillissent. J'ai trop bien connu le malheur pour ne pas être à l'abri des entraînements de la prospérité. (Bravos et applaudissements.) Je ne suis pas venu au milieu de vous avec une arrière-pensée, mais pour me montrer tel que je suis, et non tel que la calomnie veut me faire. On a prétendu, on prétend encore aujourd'hui à Paris, que le gouvernement médite quelque entreprise semblable au 18 brumaire. Mais, sommes-nous donc dans les mêmes circonstances? Les armées étrangères ont-elles envahi notre territoire? La France est-elle déchirée par la guerre civile? Y a-t-il quatre-vingt mille familles en émigration? Y a-t-il cent mille familles hors la loi par la loi des suspects? Enfin la loi est-elle sans vigueur, et l'autorité sans force?

« Non, nous ne sommes pas dans des conditions qui nécessitent de si héroïques remèdes. (Applaudissements et cris de *Vive Napoléon!*) A mes yeux la France peut être comparée à un vaisseau qui, après avoir été balotté par les tempêtes, a trouvé enfin une rade plus ou moins bonne, mais où il a jeté l'ancre. Eh bien, dans ce cas, il faut radouber le navire, refaire son lest, rétablir ses mâts et sa voilure, avant de se hasarder encore dans la pleine mer. (Tonnerre d'applaudissements.)

« Les lois que nous avons peuvent être plus ou moins défectueuses; mais elles sont susceptibles de perfectionnement; confiez-vous donc à l'avenir, sans songer ni aux coups d'État ni aux insurrections. Les coups d'État n'ont aucun prétexte; les insurrections n'ont aucune chance de succès; à peine commencées, elles seraient immédiatement réprimées. Ayez confiance dans l'Assemblée nationale et dans vos premiers magistrats, qui sont les élus de la nation, et surtout comptez sur la protection de l'Être suprême, qui, encore aujourd'hui, protége la France. — A la prospérité de la ville de Tours!

Cette improvisation, qui répond à toutes les insinuations dont le voyage du Président de la République est l'objet de la part des partis extrêmes, doit avoir en France un grand retentissement : elle servira à caractériser cette politique loyale, ferme et sage à la fois, qui a déjà placé si haut dans l'opinion publique le chef de l'État, l'élu du suffrage de la nation.

En visitant dans son voyage les principaux établissements industriels du Havre, de Rouen, de Louviers, d'Elbeuf, le Prince-Président voulait se rendre compte de leurs besoins, de leurs progrès. Dans cette dernière ville, un ouvrier lui adressa les paroles suivantes :

« Au 10 décembre, nos ateliers étaient déserts, nos souffrances inouïes. La volonté nationale vous place à la tête de l'État, et cette heureuse inspiration ramène, avec l'ordre et la confiance, l'activité de l'industrie qui nous fait vivre. Le travail a déjà ramené parmi nous quelque bien-être ; nous vous en rendons grâces, monsieur le Président, et nous espérons en vous pour l'avenir, car nous savons que notre sort vous touche et vous préoccupe vivement. »

M. le Président répond :

« Je suis bien touché des paroles que vous venez

de m'adresser, au nom des ouvriers d'Elbeuf. Vous ne vous trompez pas en pensant que ma sollicitude est acquise à la classe ouvrière ; mes efforts auront toujours pour objet d'améliorer sa position. »

Cette excursion, représentée il y a quelques jours comme le prélude d'une violation prochaine de la Constitution, donne, au contraire, le plus éclatant démenti aux bruits absurdes dont l'opinion publique s'était émue.

Le Président de la République a eu l'occasion de prononcer, dans plusieurs circonstances, des paroles qui auront, sans aucun doute, un heureux retentissement dans le pays, et feront disparaître l'inquiétude que, par d'indignes manœuvres, l'on s'efforce d'y répandre.

Il est impossible de se défendre d'une pensée amère contre les hommes qui, spéculant sur l'anxiété publique, inventent, répandent des bruits de complots imaginaires, et semblent avoir en quelque sorte pour mission de surveiller le moindre symptôme de confiance publique, afin d'en saisir, arrêter et tuer aussitôt le germe. Ce n'est point là de la passion politique. Ce sont de ces armes que les lois de l'honneur et les notions les plus simples de la morale interdisent. Il n'y a que la lie des partis qui puisse se faire un jeu du repos et de la prospérité de la France.

Une aveugle réaction commençait d'inspirer des

craintes dans Rome, et nos troupes qui formaient l'expédition française en Italie n'étaient pas traitées par l'entourage du Saint-Siége d'une manière convenable : d'ailleurs le vote de l'Assemblée nationale du 8 mai exprimait le vœu que cette expédition ne fût pas plus longtemps détournée de son but, mais en laissant toutefois au ministère toute la liberté dont il avait besoin pour « ce qu'exigerait la dignité de nos armes et l'honneur de la France »; le Prince Président adressa au lieutenant-colonel Edgar Ney, son officier d'ordonnance, la lettre suivante dans le but de mettre fin à ce triste état de choses :

« Mon cher Ney,

« La République française n'a pas envoyé une armée à Rome pour y étouffer la liberté italienne, mais, au contraire, pour la régler en la préservant contre ses propres excès, et pour lui donner une base solide, en remettant sur le trône pontifical le prince qui, le premier, s'est placé hardiment à la tête de toutes les réformes utiles.

« J'apprends avec peine que les intentions bienveillantes du Saint-Père, comme notre propre action, restent stériles, en présence de passions et d'influences hostiles. On voudrait donner comme base à la rentrée du Pape, la proscription et la tyrannie. Dites de ma part au général Rostolan, qu'il ne doit pas permettre qu'à l'ombre du drapeau tricolore on commette aucun acte qui puisse dénaturer le caractère de notre intervention.

« Je résume ainsi le rétablissement du pouvoir temporel du Pape : amnistie générale, sécularisation de l'administration, Code Napoléon, et gouvernement libéral.

« J'ai été personnellement blessé en lisant la proclamation des trois cardinaux, de voir qu'il n'était pas même fait mention du nom de la France, ni des souffrances de nos braves soldats.

« Toute insulte faite à notre drapeau ou à notre uniforme me va droit au cœur ; et je vous prie de bien faire savoir que si la France ne rend pas de service, elle exige au moins qu'on lui sache gré de ses sacrifices et de son abnégation.

« Lorsque nos armées firent le tour de l'Europe, elles laissèrent partout, comme trace de leur passage, la destruction des abus de la féodalité et les germes de la liberté ; il ne sera pas dit qu'en 1849 une armée française a pu agir dans un autre sens et amener d'autres résultats.

« Dites au général de remercier, en mon nom, l'armée de sa noble conduite. J'ai appris avec peine que, physiquement même, elle n'était pas traitée comme elle devait l'être ; rien ne doit être négligé pour rétablir convenablement nos troupes. »

Au banquet de l'industrie, le 31 août, le Président

répondait au toast qui lui était porté, par les paroles suivantes :

« Messieurs, le véritable congrès de la paix n'est pas dans la salle Sainte-Cécile. Il est ici, c'est vous qui le composez, vous l'élite de l'industrie française. Ailleurs, on ne formait que des vœux ; ici, sont représentés tous les grands intérêts que la paix seule développe. Lorsqu'on a admiré comme moi tous ces prodiges de l'industrie étalés aux regards de la France entière, lorsqu'on pense combien de bras ont concouru à la production de ces objets, et combien d'existences dépendent de leur vente, on se console d'être arrivé à une époque à laquelle est réservée une autre gloire que celle des armes. En effet, aujourd'hui c'est par le perfectionnement de l'industrie, par les conquêtes du commerce, qu'il faut lutter avec le monde entier ; et, dans cette lutte, vous m'en avez donné la conviction, nous ne succomberons pas. Mais aussi n'oubliez pas de répandre parmi les ouvriers les saines doctrines de l'économie politique, en leur faisant une juste part dans la rétribution du travail, prouvez-leur que l'intérêt du riche n'est pas opposé à l'intérêt du pauvre. »

Lors de l'institution de la magistrature qui eut lieu avec une solennité peu commune, le Prince-Président a prononcé le discours suivant :

« Messieurs, je suis heureux de me trouver aujourd'hui au milieu de vous et de présider une cérémonie solennelle qui, en reconstituant la magistrature, rétablit un principe qu'un égarement momentané a pu seul faire méconnaître. Aux époques agitées, dans les temps où les notions du juste et de l'injuste semblent confondues, il est utile de relever le prestige des grandes institutions et de prouver que certains principes renferment en eux une force indestructible. On aime à pouvoir dire : les lois fondamentales du pays ont été renouvelées, tous les pouvoirs de l'État sont passés en d'autres mains, et cependant, au milieu de ces bouleversements et de ces naufrages, le principe de l'inamovibilité de la magistrature est resté debout. En effet, les sociétés ne se transforment pas au gré des ambitions humaines; les formes changent, la chose reste. Malgré les tempêtes politiques survenues depuis 1815, nous ne vivons encore que grâce aux larges institutions fondées par le Consulat et l'Empire; les dynasties et les chartes ont passé; mais, ce qui a survécu et ce qui nous sauve, c'est la religion, c'est l'organisation de la justice, de l'armée, de l'administration.

« Honorons donc ce qui est immuable; mais honorons aussi ce qu'il peut y avoir de bon dans les changements introduits...

« Aujourd'hui, par exemple, que, accourus de tous les points de la France, vous venez devant le premier magistrat de la République prêter un serment, ce n'est pas à un homme que vous jurez fidélité, mais à la loi. Vous venez ici en présence de Dieu et des grands pouvoirs de l'État, jurer de remplir religieusement un mandat dont l'accomplissement austère a toujours distingué la magistrature française.

« Il est consolant de penser qu'en dehors des passions politiques et des agitations de la société, il existe un corps d'hommes n'ayant d'autre guide que leur conscience, d'autre passion que le bien, d'autre but que de faire régner la justice.

« Vous allez, Messieurs, retourner dans vos départements; rapportez-y la conviction que nous sommes sortis de l'ère des révolutions et que nous sommes entrés dans l'ère des améliorations qui préviennent les catastrophes.

« Appliquez donc avec fermeté, mais aussi avec l'impartialité la plus grande, les dispositions tutélaires de nos Codes. Qu'il n'y ait jamais de coupables impunis, ni d'innocents persécutés. Il est temps, comme je l'ai dit naguère, que ceux qui veulent le bien se rassurent, et que ceux-là se résignent qui tentent de mettre leurs opinions et leurs passions à la place des volontés nationales. »

L'archevêque de Paris avait été le premier à prendre la parole dans cette auguste et mémorable solennité, à la Sainte-Chapelle. Voici des extraits de cette touchante allocution : « C'est une grande pensée d'avoir amené aux pieds de Celui qui *juge les justices mêmes*, la magistrature du pays, au moment où elle va recevoir une institution nouvelle. C'est en même temps une belle inspiration d'avoir voulu marquer cette auguste solennité par l'inauguration nouvelle de ce temple depuis si longtemps fermé, de ce temple qui rappelle les plus glorieux souvenirs de notre histoire... — Magistrats, pourquoi vous appelle-t-on les ministres de la loi humaine ? Souffrez qu'au nom de la vérité, je rende à vos fonctions toute leur grandeur : non, vous n'êtes pas seulement les ministres de la loi humaine, vous êtes encore les ministres de la loi divine... car religion, morale et justice sont choses éternellement inséparables... C'est ainsi que l'avait compris le grand homme qui, voulant restaurer la société en France restaura du même coup la religion et la justice...

« Il vous appartenait mieux qu'à personne, Monsieur le Président, de suivre ces belles et salutaires traditions, etc... La France, en vous conférant la première magistrature du pays, s'est souvenue qu'au nom que vous portez se rattachait la vraie restauration de l'ordre par celle de la religion et par la promulgation de nos Codes immortels. Vous donnez en ce moment une preuve éclatante de votre sagesse et du culte que vous avez voué à de glorieux souvenirs, en affermissant la magistrature, en l'environnant d'un nouveau lustre, et en rehaussant, en même temps, par votre présence la pompe de cette auguste et sainte solennité. C'est ainsi que vous apprenez aux peuples à respecter à la fois la religion et la justice, ces deux sources de la paix et de la prospérité des États.

« Bénissez, ô mon Dieu, le chef entre les mains de qui la première nation de l'univers a remis, en ces temps périlleux, le soin de ses destinées ! Qu'il soit, dans l'exercice si difficile du pouvoir, constamment digne de vous et digne d'elle ! épanchez sur lui les célestes trésors de la lumière et de la grâce. Que vos dons précieux se répandent également dans l'esprit et dans le cœur de ces magistrats qui sont venus s'incliner ici devant votre majesté souveraine. L'hommage qu'ils vous rendent aujourd'hui ajoute encore à la juste admiration et au respect dont cette belle institution de la magistrature française jouit auprès de tous les peuples de l'Europe...

« Dictez leur, ô Juge suprême, des jugements toujours équitables. Faites-en les organes de votre propre justice, et que jamais ne soit démenti par aucun d'eux cet oracle de votre bouche : *Per me judices decernunt justitiam.* »

Ces accents inspirés, ce zèle ardent qui éclate si spontanément pour le bonheur de la France, cette soif de justice humaine et divine, ces vœux répétés, prophétiques, pour nos magistrats, et en particulier pour le Prince accompli qui dirige nos destinées, sont d'un exemple frappant pour un peuple si éminemment doué : il va courir au pied des autels pour demander des consolations ou cacher ses regrets.

Le mois suivant, les feuilles publiques de nos provinces et, notamment, le *Courrier de Lyon*, s'exprimait ainsi : « Malgré un froid des plus vifs, toutes les églises de nos villes se sont trouvées trop petites pour contenir la foule que les cérémonies religieuses de la nuit de Noël y avaient attirées. »

Le Président de la République vient au Palais de l'Industrie distribuer au mérite les récompenses que le jury central lui décerne, et il prononce l'allocution suivante, qui a été couverte, à plusieurs reprises, par de nombreux applaudissements :

« Messieurs,

« En vous voyant recevoir le juste prix de ces travaux qui maintiennent la réputation industrielle de la France à la hauteur qui lui est due, je me disais : Elle n'a pas perdu le sentiment de l'honneur, cette nation où une simple distinction devient pour tous les mérites une ample récompense ; elle n'est pas dégénérée cette nation, qui, malgré ses bouleversements, alors qu'on croyait les ateliers déserts et le travail paralysé, est venue faire luire à nos yeux, comme une consolation et un espoir, les merveilles de ses produits.

« Le degré de civilisation d'un pays se révèle par les progrès de l'industrie, comme par ceux des sciences et des arts. L'exposition dernière doit nous rendre fiers; elle constate à la fois l'état de nos connaissances et l'état de notre société.

« Plus nous avançons, plus, ainsi que l'annonçait l'Empereur, les métiers deviennent des arts, et plus le luxe lui-même devient un objet d'utilité, une condition première de notre existence. Mais ce luxe qui, par l'attrait de séduisants produits, attire le superflu du riche pour rémunérer le travail du pauvre, ne prospère que si l'agriculture développée dans les mêmes proportions, augmente les richesses premières du pays et multiplie les consommateurs.

« Aussi le soin principal d'une administration éclairée et préoccupée surtout des intérêts généraux est de diminuer le plus possible les charges qui pèsent sur la terre. Malgré les sophismes répandus tous les jours pour égarer le peuple, il est un principe incontestable qui, en Suisse, en Amérique, en Angleterre, a donné les résultats les plus avantageux; c'est d'affranchir la production, et de n'imposer que la consommation. La richesse d'un pays est comme un fleuve; si l'on prend les eaux à sa source on le tarit; si on les prend, au contraire, lorsque le fleuve a grandi, on peut en détourner une large masse sans altérer son cours. (Applaudissements.)

« Au gouvernement appartient d'établir et de propager les bons principes d'économie politique, d'encourager, de protéger, d'honorer le travail national. Il doit être l'instigateur de tout ce qui tend à élever la condition des hommes; mais le plus grand bienfait qu'il puisse donner, celui d'où découlent tous les autres, c'est d'établir une bonne administration qui crée la confiance et assure un lendemain. Le plus grand danger peut-être des temps modernes vient de cette fausse opinion, inculquée dans les esprits, qu'un gouvernement peut tout, et qu'il est de l'essence d'un système quelconque de répondre à toutes les exigences, de remédier à tous les maux.

« Mais les améliorations ne s'improvisent pas, elles naissent de celles qui les précèdent; comme l'espèce humaine, elles ont une filiation qui nous permet de mesurer l'étendue du progrès possible et de la séparer des utopies. Ne faisons donc pas naître de vaines espérances ; mais tâchons d'accomplir toutes celles qu'il est raisonnable d'accepter ; manifestons par nos actes une constante sollicitude pour les intérêts du peuple. Réalisons, au profit de ceux qui travaillent, ce vœu philanthropique d'une part meilleure dans les bénéfices, et d'un avenir plus assuré. (Approbation unanime.)

« Lorsque, de retour dans vos départements, vous serez au milieu de vos ouvriers, affermissez-les dans les bons sentiments, les saines maximes, et, par la pratique de cette justice qui récompense chacun selon ses œuvres, apaisez leurs souffrances, rendez leur condition meilleure. Dites-leur que le pouvoir est animé de deux passions également vives : l'amour du bien et la volonté de combattre l'erreur et le mensonge. Pendant que vous ferez ainsi votre devoir de citoyens, moi, n'en doutez pas, je ferai mon devoir de premier magistrat de la République : impassible devant les calomnies comme devant les séductions, sans faiblesse comme sans jactance, je veillerai à vos intérêts, qui sont les miens ; je maintiendrai mes droits qui sont les vôtres. » (Trois salves d'applaudissements.)

Déjà, par un décret du 26 octobre dernier, le Prince-Président avait décerné des récompenses honorifiques aux citoyens qui s'étaient distingués par leur dévouement et leur zèle, pendant l'invasion du choléra, soit à Paris, soit dans les missions qui leur avaient été confiées. Plusieurs membres du clergé qui s'étaient fait remarquer par leur noble conduite, et auxquels des médailles d'honneur avaient été décernées ont décliné cette distinction. Mais le gouvernement avait de grands devoirs à remplir devant les généreux dévouements du corps médical et du comité d'hygiène. Le Président accorda même la décoration de la Légion d'honneur à des médecins distingués, quoique étrangers, qui s'étaient rendus en Orient, dans la haute et la basse Egypte, pour y observer l'état sanitaire, et qui nous envoyaient relativement au résultat de leur exploration, des mémoires plein d'intérêt, sur la désastreuse invasion du choléra au Caire et sur les ravages qu'il avait exercés dans la ville de Salonique. C'est à l'occasion du 1er janvier 1850 que le nouveau décret a été rendu en faveur des médecins et de leurs aides qui avaient opposé au mal si mystérieux et si puissant qu'ils avaient à combattre, une infatigable activité, un inépuisable dévouement. Mais tous les citoyens qui se sont signalés à Paris ou dans les départements en volant au secours de leurs semblables, ont eu part à ces distinctions honorifiques, surtout dans les quarante-deux départements où l'épidémie avait sévi avec le plus de rigueur et d'intensité.

Le Prince-Président, sensible à tout ce qui peut contribuer aux progrès des arts et des sciences, comme à la gloire héréditaire de la France, habitué à prendre l'initiative de toutes les découvertes, décrète « que la collection plastique et épigraphique rapportée de l'Asie centrale et de l'Asie-Mineure, par M. Lottin de Laval, est acquise par l'État, et sera déposée au musée du Louvre pour faire suite à la galerie Assyrienne. »

Au nom du peuple français, l'Assemblée nationale a adopté la loi sur l'enseignement :

Composition du conseil supérieur; des conseils académiques ; des écoles ; de l'inspection ; de l'enseignement primaire, des instituteurs publics ou libres ; délégués cantonaux, écoles de filles, pensionnats, écoles d'adultes, salles d'asile; instruction secondaire avec les établissements publics. Le même jour, un décret du Président ouvrit un crédit de 50,000 francs au ministre de l'agriculture et du commerce, sur l'exercice 1850, à l'effet de pourvoir aux dépenses qu'entraînera la tenue du conseil général de l'agriculture, du commerce et des manufactures.

A l'ouverture de la session de ce conseil général au palais du Luxembourg, le Président de la République a prononcé, debout, l'allocution dont voici l'extrait :

« Messieurs,

« Jamais le concours de toutes les intelligences n'a été plus nécessaire que dans les circonstances actuelles. Il y a quatre ans, époque de votre dernière réunion, vous jouissiez d'une sécurité complète qui vous donnait le temps d'étudier à loisir les améliorations destinées à faciliter le jeu régulier des institutions. Aujourd'hui, la tâche est plus difficile : un bouleversement imprévu a fait trembler le sol sous vos pas, tout a été remis en question.

« Il faut d'un côté, raffermir les choses ébranlées; de l'autre, adopter avec résolution les mesures propres à venir en aide aux intérêts en souffrance. Le meilleur moyen de réduire à l'impuissance ce qui est dangereux et faux, c'est d'accepter ce qui est vraiment bon et utile. (Applaudissements unanimes.) La position embarrassée de l'agriculture appelle avant tout les conseils de votre expérience. Déjà le gouvernement lui a porté les premiers secours par le dégrèvement de 27 millions sur la propriété foncière, annoncé à l'Assemblée législative, et par la présentation du projet de loi sur la réforme hypothécaire. De plus, pour faciliter les emprunts, il a renoncé à une partie du droit d'enregistrement des créances hypothécaires, et bientôt il vous consultera sur un projet de crédit foncier qui offrira, je l'espère, de réels avantages à la propriété, et n'exposera pas néanmoins le pays aux dangers du papier monnaie. (Applaudissements.)

« On attend avec impatience votre avis au sujet du dégrèvement successif de l'impôt du sucre. Sans nuire à l'industrie importante du sucre indigène ni à la production coloniale, nous voudrions, dans l'intérêt des consommateurs, diminuer le prix d'une denrée devenue de première nécessité...

« Bien des industries languissent ; elles ne se relèveront, comme l'agriculture et le commerce, que lorsque le crédit lui-même sera rétabli. Le crédit, ne l'oublions pas, c'est le côté moral des intérêts matériels, c'est l'esprit qui anime le corps (Applaudissements prolongés) ; il décuple par la confiance, la valeur de tous les produits, tandis que la défiance les réduit à néant.

« La France ne possède pas aujourd'hui trop de blé, mais le manque de foi dans l'avenir paralyse les transactions, maintient le bas prix des denrées premières et cause à l'agriculture une perte immense hors de toute proportion avec certains remèdes indiqués.

« Ainsi, au lieu de se lancer dans de vaines théories,

les hommes sensés doivent réunir leurs efforts aux nôtres, afin de relever le crédit en donnant au gouvernement la force indispensable au maintien de l'ordre et au respect de la loi.

« Tout en prenant les mesures générales qui doivent concourir à la prospérité du pays, le gouvernement s'est occupé du sort des classes laborieuses. Les caisses d'épargne, les caisses de retraites, les caisses de secours mutuels, la salubrité des logements d'ouvriers, tels sont les objets sur lesquels, en attendant la décision de l'Assemblée, le gouvernement appelera votre attention.

« Une réunion comme la vôtre, composée d'hommes spéciaux aussi éclairés, aussi compétents, sera fertile, j'aime à le croire, en heureux résultats.

« Exempte de cet esprit de parti qui paralyse aujourd'hui les meilleures intentions et prolonge le malaise, vous n'avez qu'un mobile, l'intérêt du pays.

« Examinez donc, avec le soin consciencieux dont vous êtes capables, les questions les plus pratiques, celles d'une application immédiate. De mon côté, je le ferai avec l'appui de l'Assemblée ; mais, je ne saurais trop le répéter, hâtons-nous, le temps presse ; que la marche des mauvaises passions ne devance pas la nôtre. »

Deux décrets du Président de la République, en date du 9 avril, viennent de fonder une caisse de retraites et une caisse de secours mutuels pour les ouvriers de la fabrique de soie à Lyon et dans les communes suburbaines. Ces deux établissements seront la pierre angulaire de l'édifice de l'assistance dans cette grande ville. Amplement dotés dès le début, par la généreuse initiative de la chambre de commerce, ils sont destinés à prendre un immense développement, et serviront de modèle au soulagement de toutes les industries.

Le Président de la République est parti ce matin à cinq heures pour Angers, afin de s'assurer par lui-même de la situation des victimes de la terrible catastrophe qui vient de répandre le deuil dans cette ville et dans la France entière, et de mettre si cruellement en défaut toutes les prévisions de la prudence humaine. En même temps qu'elle impose à l'administration le devoir de réparer autant que possible les malheurs qui ont été la suite de ce déplorable accident, elle lui impose aussi l'obligation de chercher dans l'examen de ses causes les moyens d'en prévenir le retour. Le tablier du pont de la Basse-Maine s'est affaissé hier à onze heures et demie du matin, au moment même où le 1er bataillon et l'état-major du 11e léger passaient sur ce pont. Deux cents soldats ont péri dans les flots.

Le Président est allé aussi pour récompenser les actes de dévouement qui ont éclaté dans ce jour néfaste, et le *Journal de Maine-et-Loire* nous assure qu'il a été parfaitement accueilli à Angers, où son arrivée a produit le meilleur effet. « Décrire l'affreux spectacle qui se présente alors, ajoute ce journal, les cris de désespoir qui se font entendre, est impossible : le souvenir de la Bérésina peut seul en donner une idée. »

Un crédit extraordinaire de 150,000 francs pour secours d'urgence à donner aux familles de ces militaires, ainsi qu'à ceux qui ont été blessés d'une manière grave dans ce déplorable événement, est ouvert au ministère de la guerre.

Il vient de se former, une société de bienfaisance qui se propose de fonder des bibliothèques communales gratuites. Cette généreuse pensée de doter d'une bibliothèque toutes les communes rurales de la France, et de satisfaire ainsi à un besoin généralement senti, a droit à tous les encouragements de l'autorité supérieure, et le Prince-Président qui connaît son existence, son organisation, la haute utilité de son but, va lui prêter le plus actif concours.

Le Prince disait aux habitants des campagnes, lors de l'inauguration du chemin de fer de Creil à Saint-Quentin :

« Je suis heureux de me trouver parmi vous, et je recherche avec plaisir ces occasions qui me mettent en contact avec ce grand et généreux peuple qui m'a élu ; car, voyez-vous, mes amis les plus sincères, les plus dévoués, ne sont pas dans les palais, ils sont sous le chaume ; ils ne sont pas sous les lambris dorés, ils sont dans les ateliers, dans les campagnes.

« Je sens, comme disait l'Empereur, que ma fibre répond à la vôtre, et que nous avons les mêmes intérêts ainsi que les mêmes instincts. Persévérez dans cette voie honnête et laborieuse qui conduit à l'aisance, et que ces livrets que je me plais à vous offrir comme une faible marque de ma sympathie, vous rappellent le trop court séjour que je fais parmi vous. »

A la harangue de l'évêque de Soissons, le président répondait :

« Monseigneur,

« Vous avez interprété mes sentiments et je vous en remercie. Avec vous je reconnais de plus en plus que la puissance de la religion est indispensable pour consolider le bien du pays.

« Je suis heureux que vous vouliez bien bénir mes efforts, et je vous prie d'intéresser le ciel à leur succès. »

Louis-Napoléon a remercié de même M. Duclere à Chauny, en quelques mots, dans lesquels il s'est plu à reconnaître que la religion est l'un des plus puissants éléments d'ordre et de paix que possède la société, ajoutant que son gouvernement mettait sa gloire à ne pas l'oublier.

La visite à Compiègne a été signalée par quelques incidents.

A la station de Beaumont, une femme du peuple s'est avancée vers le Président et lui a demandé le congé de son fils, jeune soldat du 18e de ligne, qui a encore quelques mois à faire pour être libéré. Le Président a reçu avec bonté la supplique de cette pauvre femme, et a chargé le ministre de la guerre de lui rendre ce fils qui est l'objet de ses vœux et de ses larmes.

Lors de la visite à la manufacture de l'Ourscamp, près de Compiègne, une pauvre femme, soutenant à peine un enfant de douze ans, s'est portée à la rencontre de l'évêque de Beauvais, qui marchait à côté du Président. L'évêque a béni le malade, en même temps que le chef de l'État donnait à la malheureuse mère une preuve de sa munificence.

Plus loin, dans l'une des habitations visitées, se célébrait une noce. Le Président, sur l'invitation de la mariée, s'est rendu dans la modeste chambre, où étaient réunis les gens de la fête, et il a joint aux souhaits de bonheur pour le jeune ménage, un cadeau de 200 francs pour le futur premier-né. — Il a déposé une somme de 400 francs dans le tronc des malades de l'ancienne abbaye de l'Ourscamp, à l'exemple des anciens seigneurs de la contrée.

Le dimanche, le Président a assisté à la messe. La première pensée du chef de l'État avait été pour Dieu, sa seconde pensée a été pour les malheureux; après la messe, il a été visiter les hospices de Compiègne.

Enfin le Président a fait mettre à la disposition de vingt instituteurs la somme nécessaire à la location, par chacun d'eux, de 2 hectares de terre propres à la culture pour être exploités, sous leur surveillance, par les enfants qui fréquentent leur école.

Cette allocation du Président permettra de tenter cette expérience sur divers points de la France, soit auprès des grandes villes et des centres manufacturiers, soit dans les communes rurales proprement dites; si elle réussit en France, comme il en a été dans les pays qui nous avoisinent, elle aura ouvert une voie nouvelle tant à la bienfaisance publique qu'à la charité privée.

La nécessité de rattacher la population à l'agriculture et de ramener sans cesse une jeunesse, que les villes n'attirent que trop, vers le travail des champs, est si bien comprise, d'ailleurs, que l'exemple du Président de la République trouvera bientôt des imitateurs dans tout le pays, si l'exécution répond à sa généreuse pensée.

Le Préfet de la Côte-d'Or attendait à Azy, limite de son département, le Prince-Président, et lui a fait prendre place dans sa voiture. A Montbard, un assez grand nombre de femmes, dont les maris, anciens militaires, ont été décorés de la Légion d'honneur, sont venues, lui en exprimer leur reconnaissance. Jamais nulle part les sentiments de sympathie des populations pour Louis-Napoléon ne s'étaient manifestés avec plus d'effusion qu'à Montbard.

Quelques habitants, le capitaine de la garde nationale en tête, montaient sur la calèche, serraient les mains au Président et lui juraient un dévouement sans bornes.

A neuf heures du soir, on approchait de Dijon : là tout était illuminé depuis le viaduc du chemin de fer ; les fusées d'artifice, et une salve de 21 coups de canon annoncèrent l'entrée du cortége dans la ville. Des détachements de chacun des corps composant la garnison, les sapeurs-pompiers, etc., etc., escortaient la voiture. Plus de vingt mille âmes encombraient les rues ; mais les fenêtres comme les rues étaient garnies de spectateurs. Un arc de triomphe ainsi que tous les monuments publics étaient illuminés. Le Président s'est dirigé vers la préfecture au milieu des acclamations de la foule.

A Châlon-sur-Saône, à Tournus, à Mâcon, toutes les populations s'étaient réunies spontanément sur son passage, municipalités et gardes nationales en tête. Les barques pavoisées, les feux de mousqueterie et d'artillerie, et les acclamations sympathiques de la population, tout contribuait à donner au voyage du Prince l'apparence d'une fête continue.

Sur les deux rives de la Saône, elles ont témoigné, par leur empressement à venir attendre le passage de l'auguste voyageur, de la vivacité de leurs sentiments. Partout même accueil, mêmes acclamations. A Trévoux qui passait pour une ville socialiste, un groupe de jeunes filles est venu lui présenter des bouquets.

et l'une d'elles lui a fait un petit discours auquel il a répondu, en l'embrassant, quelques paroles pleines de bonté.

Après la revue, le corps des pompiers se formait en cercle : « Mes amis, leur a dit le Président, ouvrez vos rangs, que je me mêle à une population qui me reçoit si bien. » Et il s'est confondu pendant quelques instants dans la foule qui l'acclamait avec enthousiasme.

Mais c'est à Lyon surtout que l'accueil fait au Prince-Président sera digne de la seconde ville de France. Le commissaire extraordinaire, préfet du Rhône, avait fait afficher le 13 une proclamation enthousiaste, et les sentiments qu'elle exprime ont trouvé de l'écho dans la population lyonnaise.

L'organe du conseil municipal, interprète des sentiments de tous, a dit au Président :

« Nous nous félicitons, monsieur le Président, que cette noble sollicitude vous ait appelé dans notre industrieuse cité, et, après un long orage, nous sommes heureux de vous la montrer florissante par le calme que nous ont donné votre prudence, votre énergie et qu'a su maintenir l'action salutaire de votre esprit conciliateur. »

Le maire a ajouté :

« Notre population se presse sur vos pas, entraînée par le sentiment respectueux de votre haute dynastie, mais émue aussi au souvenir du grand nom que vous portez, conservé comme une religion dans le cœur reconnaissant des Lyonnais... »

Le Prince, après quelques paroles en réponse au discours du maire de Lyon, est allé à la cathédrale, où il a entendu la messe, dimanche 18 août. Il s'est ensuite rendu à l'hôtel de la préfecture, où ont eu lieu les réceptions officielles.

C'est dans la cour même qu'il a passé en revue les anciens soldats, qui étaient fort nombreux. Mais au moment où il se disposait à prendre quelque repos dans les appartements, une députation d'environ trois mille habitants de la Guillotière se présente avec une adresse. Cette manifestation imposante prouvait déjà évidemment que les adeptes du socialisme avaient perdu de leur empire sur les masses. Le Président a accueilli avec bienveillance cette députation, et c'est avec une vive émotion qu'il a entendu la lecture de l'adresse qu'on venait lui remettre, et que nous regrettons de ne pouvoir reproduire en entier, mais qui se termine ainsi :

« Si l'expression d'un vœu leur était permise, ils vous diraient ces bons ouvriers, par notre organe : « Venez parmi nous, Prince, sur cette terre nouvelle où déjà s'élève une cité puissante, toute parée des prestiges de l'avenir ; venez sur cette rive où la famille lyonnaise doit trouver un jour l'accomplissement de sa destinée.

« Là vous trouverez encore ces classes laborieuses que vous aimez tant ; leurs sympathies vous feront cortége, et le silence de quelques voix trouvera sa réparation dans l'hommage éclatant de mille cœurs dévoués. »

A quatre heures, le Président est allé visiter les hospices et l'Hôtel-Dieu de Lyon, monument magnifique, l'Hôtel de Ville, et quand il s'est montré du haut du balcon qui regarde la place de Terreaux, la population qui couvrait cette place et les rues adjacentes, a fait entendre les cris mille fois répétés de *Vive le Président! vive Napoléon!* Jamais pareil accueil n'avait été reçu à Lyon par aucun souverain, par aucun prince.

Au banquet, qui a été splendide, le maire venait de porter un toast au Prince en lui disant que la ville de Lyon, aujourd'hui si animée par sa présence, avait été bien cruellement frappée par le génie des révolutions... que le rétablissement de l'ordre public lui était surtout nécessaire, et que son raffermissement serait un bienfait.

Le Prince a répondu au maire :

« Monsieur le maire,

« Que la ville de Lyon, dont vous êtes le digne interprète, reçoive l'expression sincère de ma reconnaissance pour l'accueil sympathique qu'elle m'a fait ; mais croyez-le bien, je ne suis pas venu dans ces contrées, où l'Empereur mon oncle a laissé de si profondes traces, afin de recueillir seulement des ovations et passer des revues.

« Le but de mon voyage est, par ma présence, d'encourager les bons, de ramener les esprits égarés, de juger par moi-même des sentiments et des besoins du pays.

« La tâche que j'ai à accomplir exige votre concours, et, pour que ce concours me soit complétement acquis, je dois vous dire avec franchise ce que je suis et ce que je veux. Je suis, non pas le représentant d'un parti, mais le représentant des deux grandes manifestations nationales qui, en 1804 comme en 1848, ont voulu sauver par l'ordre, les grands principes de la Révolution française. Fier de mon origine et de mon drapeau, je leur resterai fidèle ; je serai tout entier au pays, quelque chose qu'il exige de moi, *abnégation* ou *persévérance*. (Applaudissement prolongés).

« Des bruits de coup d'État sont peut-être venus jusqu'à vous, Messieurs; mais vous n'y avez pas ajouté foi, je vous en remercie : les surprises et les usurpations peuvent être le rêve des partis sans appui dans la nation ; mais l'élu de six millions de suffrages exécute les volontés du peuple, il ne les trahit pas. (Triple salve d'applaudissements.) Le patriotisme, je le répète, peut consister dans l'abnégation comme dans la persévérance.

« Devant un danger général, toute ambition personnelle doit disparaître ; en cela le patriotisme se reconnaît, comme on reconnaît la maternité dans un jugement célèbre. Vous vous souvenez de ces deux jeunes femmes réclamant le même enfant : à quel signe reconnaît-on les entrailles de la véritable mère? au renoncement à ses droits que lui arrache le péril d'une tête chérie. Que les partis qui animent la France n'oublient pas cette sublime leçon; moi-même, s'il le faut, je m'en souviendrai. (Marques d'assentiment.) Mais, d'un autre côté, si des prétentions coupables se ranimaient et menaçaient de compromettre le repos de la France, je saurais les réduire à l'impuissance en invoquant encore la souveraineté du peuple (Applaudissements.) car je ne reconnais à personne le droit de se dire son représentant plus que moi. (Vifs applaudissements.)

« Ces sentiments, vous devez les comprendre, car tout ce qui est noble, généreux, sincère, trouve de l'écho parmi les Lyonnais; votre histoire en offre d'immortels exemples. Considérez donc mes paroles comme une preuve de ma confiance et de mon estime. Permettez-moi de porter un toast à la ville de Lyon ! »

Depuis trois jours la population avait doublé dans cette grande ville ; et un nombre considérable d'étrangers affluaient de toutes parts : les diligences, les chemins de fer et surtout les bateaux à vapeur en déposaient par milliers sur le sol à chaque instant.

L'adresse collective des consuls résidant à Lyon est ainsi conçue :

« Les consuls des États-Unis d'Amérique, de la Porte Ottomane, du grand-duché de Bade et de la Confédération Suisse ont l'honneur de présenter leurs hommages et leurs vœux de bonheur au Président de la République : ils appellent sur la France, sur vous et votre gouvernement, la bénédiction divine. — Nous vous remercions des efforts que vous avez faits pour la prospérité du commerce ; il ont été couronnés de succès. — Nous vous sommes reconnaissants de ce que vous avez entrepris pour l'ordre, la tranquillité à l'intérieur, et la paix à l'extérieur ; nous désirons que les bonnes relations qui existent entre la France et nos gouvernements ne soient jamais interrompues. — Nous sommes heureux, Monsieur le Président, de vous apporter aujourd'hui le témoignage de nos respectueuses sympathies. »

M..... lui a présenté une pauvre femme dont le mari a été récemment condamné par un conseil de guerre. Louis-Napoléon a bien voulu, à la prière de cet honorable négociant, accorder à cette femme la grâce de son mari.

A six heures, M. le Président quittait la Croix-Rousse pour se rendre au palais Saint-Pierre, où il a visité l'exposition improvisée par la chambre de commerce, à l'occasion de son voyage. C'est là qu'a eu lieu la touchante cérémonie de l'inauguration de la caisse de retraites et de secours, destinée à la population lyonnaise. Louis-Napoléon a dit :

« L'institution que vous m'avez invité à inaugurer est une de celles qui doivent avoir les effets les plus salutaires sur le sort des classes laborieuses. Je ne puis croire qu'il y ait des hommes assez pervers pour prêcher le mal en connaissance de cause ; mais lorsque les esprits sont exaltés par des bouleversements sociaux, on inculque au peuple des idées pernicieuses, qui engendrent la misère... L'ignorance est la cause des utopies : les systèmes les plus séduisants en apparence sont trop souvent inapplicables ; l'empire de la raison est insuffisant pour détruire les fausses doctrines ; c'est par l'application des améliorations pratiques qu'on les combat plus efficacement.

« Les sociétés de secours mutuels telles que je les comprends ont le précieux avantage de réunir les différentes classes de la société, de neutraliser en grande partie les résultats de la misère, en faisant concourir le riche volontairement par le superflu de sa fortune, et le travailleur par le produit de ses économies, à une institution où l'ouvrier laborieux trouve toujours conseil et appui.

« On donne ainsi aux différentes communautés un but d'émulation, on réconcilie les classes et on moralise les individus. C'est donc ma ferme intention de faire tous mes efforts pour répandre sur la surface de la France des sociétés de secours mutuels ; car, à mes yeux, ces institutions, une fois établies partout, seraient le meilleur moyen, non de résoudre des problèmes insolubles, mais de secourir les véritables souffrances, en stimulant également et la probité dans le travail, et la charité dans l'opulence.

« Je suis heureux de commencer par celle de Lyon, où les idées philantrhopiques ont un si grand retentissement : je souhaite à votre société la prospérité dont elle est digne, et je remercie ses fondateurs qui ont si bien mérité de leurs concitoyens. »

A huit heures le Président de la République a pris place dans la grande salle de l'hôtel de ville, à un second banquet qui lui était offert par la chambre de commerce et qui comptait deux cent quarante couverts. Voici en quels termes il a répondu au discours de M. Brosset, président de cette chambre :

« Je remercie le commerce et l'industrie des félicitations qu'ils m'adressent, et je donne ma sympathie entière aux vœux qu'ils expriment. Rétablir l'ordre et la confiance, maintenir la paix, terminer le plus promptement possible nos grandes lignes de chemin de fer, protéger notre industrie et développer l'échange de nos produits par un système commercial progressivement libéral, tel a été et tel sera le but constant de nos efforts.

« Si des résultats plus décisifs n'ont pas été obtenus, la faute, vous le savez, n'en est pas à mon gouvernement. Mais espérons-le, Messieurs, plus vite notre pays rentrera dans les voies régulières, plus vite sa prospérité renaîtra ; car il est bon de le répéter : les intérêts matériels ne grandissent que par la bonne direction des intérêts moraux ; c'est l'âme qui conduit le corps... Aussi, se tromperait-il d'une étrange manière, le gouvernement qui baserait sa politique sur l'avarice, l'égoïsme et la peur. Non, c'est en protégeant libéralement les diverses branches de la richesse publique ; c'est, à l'étranger, en défendant hardiment nos alliés, c'est en portant haut le drapeau de la France qu'on procurera au pays, agricole, commercial et industriel, le plus de bénéfices ; car ce système aura l'honneur pour base, et l'honneur est toujours le meilleur guide. »

Après la lecture de ce discours, le Président ajoute d'une voix émue :

« A la veille de vous faire mes adieux, laissez-moi vous rappeler des paroles célèbres... Non ! je m'arrête ; il y aurait de ma part trop d'orgueil à vous dire, comme l'Empereur : Lyonnais, je vous aime ! mais vous me permettrez de vous dire du fond de mon cœur : Lyonnais, *aimez-moi !* »

Ce discours a produit une impression des plus favorables : il a été accueilli par une vive satisfaction, et les dernières paroles du Président de la République ont été couronnées par une triple salve d'applaudissements.

A son départ de Lyon, le Président était accompagné du maire, qui, en arrivant à la limite du territoire, a dit au Prince au moment du départ :

« Monsieur le Président,

« En regrettant que l'exigence des affaires publiques ne vous ait pas permis de rester plus longtemps parmi nous, permettez-nous de vous remercier, au nom du conseil municipal, de l'honneur de nous avoir fait entendre de nobles paroles qui auront partout un utile retentissement. Ces deux jours resteront gravés dans nos cœurs et rempliront une belle page de notre histoire. Nous souhaitons, monsieur le Président, que vous gardiez un bon souvenir de la ville de Lyon. »

Le Président a répondu :

« Monsieur le maire,

« Je regrette vivement de n'avoir pu rester plus longtemps au milieu des Lyonnais. Je promets de revenir. Croyez bien, monsieur le maire, que le souvenir de l'accueil que j'ai reçu ne s'effacera jamais de ma mémoire. »

Le Président de la République continue son voyage par Lons-le-Saulnier, Bourg, Besançon ; il arrive le 22 août à Strasbourg et partout il reçoit le même accueil, partout se manifeste le même enthousiasme.

A Colmar même, l'attitude de la population, constamment respectueuse et dévouée, a donné un démenti aux coupables espérances des hommes de désordre ; et l'on peut dire que l'Alsace a fait éclater pour le Prince toutes les sympathies de la Franche-Comté. Un envoyé du duc de Bade est venu complimenter le Président, à Strasbourg. Le chambellan du roi des Pays-Bas est aussi arrivé le 22, pour lui offrir, de la part de son souverain, l'expression de ses vœux, et plusieurs membres du corps diplomatique étranger sont arrivés également pour lui présenter leurs hommages. Le banquet offert par la chambre de commerce a été magnifique et l'allocution du Président couverte d'applaudissements.

Le Prince, touché de la franche cordialité avec laquelle il était accueilli, a dit aux Alsaciens : « La meilleure manière de me fêter, c'est de me promettre, comme vous venez de le faire, votre appui dans la lutte engagée entre les utopies et les réformes utiles.

« On a voulu me détourner d'un voyage en Alsace, en me répétant que j'y serais mal reçu. Cette contrée pervertie, disait-on, par des émissaires étrangers, ne connaît pas ces nobles mots d'honneur et de patrie que votre nom rappelle et qui ont fait vibrer le cœur de ses habitants pendant quarante années. Esclaves, sans s'en douter, d'hommes qui abusent de leur crédulité, les Alsaciens se refuseront à voir dans l'élu de la nation le représentant légitime de tous les droits et de tous les intérêts. Et moi, je me suis dit : Je dois aller partout où il y a des illusions dangereuses à dissiper et de bons citoyens à raffermir. On calomnie la vieille Alsace ; dans cette terre de souvenirs glorieux et de sentiments patriotiques, je trouverai, j'en suis assuré, des cœurs qui comprendront ma mission et mon dévouement au pays. (Oui ! oui ! crie-t-on de toutes parts.) Quelques mois, en effet, ne font pas d'un peuple profondément imbu des vertus solides du soldat et du laboureur, un peuple d'ennemis de la religion, de l'ordre et de la propriété... » (Applaudissements prolongés.)

A Sarrebourg, où il a couché, le Président a été accueilli avec un empressement marqué. Une foule immense était accourue de tous les points de l'arrondissement de Lunéville.

Malgré une pluie battante, de nombreuses gardes nationales rurales étaient venues aussi se joindre à la garde nationale de la ville.

De Sarrebourg à Metz, le Prince, en passant à Dieuze, a trouvé la réception la plus sympathique et la plus dévouée.

On remarquait à l'entrée des salines un magnifique arc de triomphe, avec un revêtement de mousse et de sel gemme, qui portait l'inscription suivante : *Au Président de la République, l'industrie de Dieuze reconnaissante.*

A Dieuze, les ouvriers des salines et les habitants des campagnes s'étaient réunis pour faire au neveu de l'Empereur un accueil qui a été une véritable ovation. Le maire et le conseil municipal, et tous les maires des communes voisines, s'étaient mis à la tête des populations, et rivalisaient avec elles d'enthousiasme et de dévouement.

En entrant à Nancy, le Président a trouvé, aux premières maisons, un arc de triomphe élevé par les ouvriers du faubourg, avec cette inscription : *Dieu protége la France ; à Louis Napoléon, les ouvriers du faubourg ;* un peu plus loin il a rencontré le maire qui venait le recevoir à la tête du corps municipal de la ville.

M. le maire a adressé au Président, d'abord ses hommages respectueux, et ensuite ses félicitations, toujours au nom du conseil municipal ; enfin, il a touché deux questions seulement relatives aux vœux de la localité.

L'existence de l'école forestière avait été menacée lors de la discussion du budget de 1850, et, malgré les assurances données à l'Assemblée nationale, les craintes n'étaient pas complétement évanouies. Le maire la plaça sous l'égide du Prince dont la sollicitude pour tout ce qui est utile et bon fera triompher, dans de nouvelles épreuves, le grand établissement. — Ensuite, il appella l'attention du chef de l'État sur le canal de la Marne au Rhin ; la suspension des travaux entre Lunéville et Sarrebourg arrête l'ouverture de cette grande voie de communication, de cette grande artère qui est destinée à porter la vie à des contrées industrieuses et fertiles....

Le Prince a répondu qu'il recevait avec plaisir les vœux du conseil municipal ; qu'il en appréciait l'importance, et que ces vœux, comme tous ceux qui avaient un caractère d'utilité publique, deviendraient l'objet de sa sollicitude.

Le Président s'est rendu à l'hôtel de la préfecture dans sa calèche, au milieu des acclamations de la population, dont quelques hommes, inspirés par des sentiments hostiles que la grande masse des citoyens réprouvait avec énergie, n'ont pu réussir à diminuer l'enthousiasme. La place Stanislas, l'avenue qui conduit à la préfecture et les abords présentaient un magnifique tableau. L'hôtel de ville, la promenade, tous les hôtels et beaucoup de maisons particulières des autres quartiers étaient illuminés.

La réception que les habitants de Nancy avaient faite au neveu de l'Empereur était pleine de dévouement et de respect ; le parcours de Nancy à Metz a vu se renouveler cet empressement des populations, cette sympathie et ce respect des conseils municipaux, du clergé, des gardes nationales, que nous avons eu déjà si souvent occasion de signaler.

En passant à Pont-à-Mousson, le juge de paix adresse au Président une chaleureuse allocution qu'il termine par ces mots : « Tous les bons citoyens ne feront plus aujourd'hui qu'un même souhait, c'est que la durée du pouvoir se prolonge en vos dignes mains. »

A Metz, le Président a répondu au discours du maire :

« Je suis heureux de me trouver dans le département de la Moselle, l'un des premiers dont le vote ait contribué à m'ouvrir les portes de la patrie. Je connais en particulier les bons sentiments qui animent la ville de Metz et son dévouement au maintien de l'ordre. Elle peut compter sur mes efforts persévérants à assurer le règne de la loi. »

Le Prince a reçu les officiers de toutes armes qui se sont empressés de venir lui présenter leurs hommages, et qui ont défilé devant lui dans le grand salon. Quand le tour des officiers de la garde nationale est arrivé, les cris de *Vive la République!* sont partis d'un groupe de ces officiers, avec une affectation caractéristique. Louis-Napoléon, s'adressant à ce groupe, a dit aussitôt :

« Veuillez, Messieurs, vous arrêter un moment; si c'est une exhortation que vous entendez m'adresser, je n'en ai pas besoin; si c'est une leçon, je n'en reçois de personne. » Tous les témoins de cette scène, indignés de ce que l'intention évidente qui animait les officiers auxquels s'adressait cette apostrophe méritée, avait d'inconvenant, ont vivement applaudi à l'énergique attitude et au langage ferme du chef de l'État.

La Société de prévoyance et de secours mutuels

de Metz, l'une des plus anciennes et des mieux organisées qu'il y ait en France, est venue en masse offrir au Prince un exemplaire de ses statuts. Son président lui a adressé une allocution pour le remercier d'avoir contribué, par sa haute influence, à rendre, par la loi, le bienfait des associations de prévoyance accessible à tous.

Le Président de la République a répondu :

« Vous savez avec quelle ardeur j'ai poursuivi partout l'établissement des sociétés de secours mutuels, dont vous m'avez offert un modèle si parfait. Puissent nos concitoyens suivre bientôt votre exemple! En soulageant toutes les misères, en sympathisant à toutes les souffrances, les sociétés de secours mutuels chasseront l'envie du cœur de ceux que la maladie afflige; elles donneront à ceux qui vivent dans l'aisance les moyens de faire le bien avec discernement. C'est à ce double titre qu'elles font toujours l'objet de mes plus vives sollicitudes. »

Le Prince Napoléon, sur la demande du comice agricole de Metz lui avait donné récemment une machine de 1,000 francs pour fabriquer les tuyaux de drainage. Le président du comice, en lui présentant l'hommage de son respect, l'en a remercié avec effusion. Louis-Napoléon a répondu :

« Dites aux populations que vous représentez que toute ma sollicitude leur est acquise.

« Je n'ai pas besoin de me rappeler que c'est à leur vote que j'ai l'honneur d'être placé à la tête du pays, pour m'inquiéter de leur avenir. Ne suffit-il pas de songer au rôle que l'agriculture joue dans les destinées de la patrie? Elle en est la nourrice et la défense. Ces bras robustes, qui ouvrent les sillons, sont aussi ceux qui manient le fusil; je n'ai qu'un regret lorsqu'il s'agit de l'agriculture, Messieurs, c'est que mes moyens, pour lui venir en aide, soient toujours bien au-dessous des désirs de mon cœur. En particulier, je n'ai que trop senti cette impuissance cette année devant la détresse des producteurs de céréales. Espérons pourtant que les mesures que le gouvernement prépare, préviendront le retour de telles calamités. »

Le Président a visité l'arsenal, l'hôpital militaire, l'hospice civil, l'école d'application, les casernes du génie et de l'artillerie. Partout il a rencontré une foule immense avide de voir le neveu de l'Empereur; partout il a été salué par les acclamations les plus vives.

Le roi de Prusse a envoyé à Sarrebourg pour complimenter le Président de la République, à son passage dans cette ville, M. Lichmann, gouverneur général des provinces rhénanes, accompagné de M. Van Caertner, conseiller de la couronne.

Il était environ dix heures lorsque le Président de la République a quitté Châlons pour se rendre à

Reims, où il est arrivé conduit, pour ainsi dire, triomphalement, par une foule immense accourue de toutes les communes rurales, et qui l'attendait à deux kilomètres en avant de l'entrée de la ville. La malveillance avait essayé de refroidir l'attachement que les populations de ces contrées portent au chef de l'État, en semant avec perfidie des bruits mensongers; mais l'empressement qu'elles ont mis à venir saluer le neveu de l'Empereur a prouvé l'impuissance des ennemis de Louis-Napoléon à affaiblir la popularité qui l'entoure.

Le Président a répondu à l'allocution du maire par quelques paroles appropriées à la circonstance, puis, il s'est rendu au palais de l'archevêché où ont eu lieu les réceptions officielles. Le prélat a complimenté à son entrée le chef de l'État, et l'a remercié des services qu'il a rendus à l'ordre et à la religion. Louis-Napoléon, dans sa réponse, a promis son concours constant pour faire honorer la religion, et pour défendre la cause également sacrée de la société, de la civilisation et de l'ordre. Il a terminé en annonçant à Sa Grandeur que Sa Sainteté venait de lui accorder les trois chapeaux de cardinal qu'il avait demandés, et que le premier était celui de l'archevêque de Reims.

Le maire s'est présenté de nouveau, mais entouré des membres du conseil municipal, pour saluer le Prince-Président. Après avoir dit : « C'est une grande et généreuse pensée que celle qui vous porte à vous rendre au sein des populations pour en pénétrer l'esprit, en reconnaître les intérêts, en étudier les besoins, » ce magistrat a exposé que la ville de Reims, cité active, où l'ordre et le travail sont en honneur, n'aura obtenu toute la satisfaction réclamée par les graves intérêts qu'elle représente, que lorsqu'elle pourra jouir entièrement des deux grandes voies de communication actuellement en cours d'exécution, et qui doivent relier l'Aisne à la Marne par un canal.

A Rouen, le Prince a dit : « Il s'agit de donner à la société plus de calme et de stabilité, et comme l'a dit un homme que la France estime et que vous aimez tous ici, M. Thiers (l'historien national était à son côté) (Approbation prolongée.) le véritable génie de notre époque consiste dans le simple bon sens. (Bravos prolongés.)

« C'est surtout dans cette belle ville de Rouen que règne le bon sens (Vive approbation.) et c'est à lui que je dois l'unanimité des suffrages du 10 décembre ; car, Messieurs, vous m'avez bien jugé en pensant que le neveu de l'homme qui a tout fait pour asseoir la société sur ses bases naturelles, ne pouvait pas avoir la pensée de jeter cette société dans le vague des théories. (Bravos enthousiastes.)

« Aussi, Messieurs, je suis heureux de pouvoir vous remercier des 180,000 votes que vous m'avez donnés. Je suis heureux de me trouver au milieu de cette belle ville de Rouen, qui renferme en elle le germe de tant de richesses (Mouvement prolongé d'approbation.); et j'ai admiré ces collines parées des trésors de l'agriculture ; j'ai admiré cette rivière qui porte au loin les produits de votre industrie... (Bravos.)

« Enfin, je n'ai pas moins été frappé à l'aspect de la statue du grand Corneille. (Applaudissements.) Savez-vous ce qu'elle me prouve ? c'est que vous n'êtes pas seulement dévoués aux grands intérêts du commerce, mais que vous avez aussi de l'admiration pour tout ce qu'il y a de noble dans les lettres, les arts et les sciences. (Triple salve d'applaudissements.)

Dans ces voyages si pleins d'ovations, partout où le Président ne pouvait s'arrêter, partout où la foule présentait un caractère d'agitation empressée, où les dames même joignaient leurs acclamations à celles du peuple, en agitant leurs mouchoirs, il exprimait des regrets en disant : « Recevez mes compliments pour l'accueil si franchement dévoué qui m'est fait. J'espère qu'il me sera donné plus tard de rester plus longtemps au milieu de vous. »

On a vu dans toutes les villes de l'ouest le Président recevoir à chaque instant les plus vifs témoignages d'attachement à la République et singulièrement à sa personne.

Le retour du Prince à Paris n'a été qu'une marche

triomphale, et il a trouvé en rentrant dans la capitales, de la part du vrai peuple, soit au débarcadère du chemin de fer de Strasbourg, soit sur la ligne des boulevards, qu'il a parcourue, soit aux abords du palais de l'Elysée, un accueil tout à fait en harmonie avec les sentiments des populations qu'il avait vues dans la journée. C'est à neuf heures du soir que le Président rentrait à l'Élysée.

Le Président de la République est parti le 3 septembre pour son voyage de Cherbourg, et la réception qui lui a été faite à Évreux, par le conseil municipal, l'évêque, les autorités civiles et militaires, tous les corps religieux l'a profondément touché.

Sur cette route on rencontre un village nommé l'Hôtellerie, qui sert de limite aux deux départements de l'Eure et du Calvados : les habitants de cette localité avaient eu l'ingénieuse idée de marquer cette limite par deux colonnes surmontées de drapeaux et entourées de feuillages, avec cette inscription : *Le Calvados, à Louis Napoléon !*

C'est là que le préfet de l'Eure a pris congé du chef de l'État et que le préfet du Calvados est venu le recevoir. Son entrée dans ce département a été saluée par de nombreuses populations rurales aux cris de : *Vive Napoléon! vive le Président!* et à Lisieux leur affluence et leur sympathie ont été plus grandes encore si c'est possible, et la réception plus chaleureuse et plus dévouée. Le prince n'a pu s'y arrêter qu'un instant.

A Moult, deux arcs de triomphe avaient été élevés sur la route ; l'un portait : *Au Président!* l'autre : *A Louis Napoléon !* Le neveu de l'Empereur a traversé la double haie formée par ces populations l'acclamant avec enthousiasme et traduisant dans leurs vivat les inscriptions des arcs de triomphe.

L'entrée de Louis-Napoléon à Caen a eu lieu à six heures du soir, et cette entrée a été un véritable triomphe.

Salves d'artillerie, carillonnage des cloches, et acclamations enthousiastes d'une foule immense qui se mariaient aux détonations des canons et au son joyeux des cloches sonnant à toute volée. Là, le maire, à la tête de son conseil municipal, est venu complimenter le Prince.

Au banquet qui fut donné au Prince, le maire porta ce toast :

« A celui qui, appelé, de l'exil, à la première magistrature de la République, n'a gardé le souvenir de ses malheurs que pour proclamer du haut des murs de Ham le devoir rigoureux de l'obéissance aux lois ;

« Qui a défendu l'ordre quand il a été menacé, qui saurait défendre la liberté si elle venait jamais à l'être ;

« Qui, héritier d'un grand nom, représentant d'une grande gloire, a déclaré qu'il entendait placer la sienne dans son dévouement à son pays, dans ses efforts pour en éteindre les divisions, pour en faire cesser les luttes ; pour y fonder, par un loyal concours, l'acord de tous les pouvoirs, le maintien de tous les droits, et y ramener, avec l'union et la paix, la confiance et la prospérité ! »

Le Président a répondu à l'improvisation du maire :

« Messieurs, l'accueil si bienveillant, si sympathique, je dirai presque si enthousiaste, que je reçois à l'ouest comme à l'est de la France, me touche profondément ; mais je ne m'en enorgueillis pas, et je ne m'en attribue que la plus faible partie : ce qu'on acclame en moi, c'est le représentant de l'ordre et d'un meilleur avenir. (Bravos prolongés.)

« Quand je traverse vos populations, entouré des hommes qui méritent votre estime et votre confiance, je suis heureux d'entendre dire : Les mauvais jours sont passés ; nous en attendons de meilleurs... (Applaudissements.)

« Aussi, lorsque partout la prospérité semble renaître, il serait bien coupable celui qui tenterait d'en arrêter l'essor par le changement de ce qui existe aujourd'hui, quelque imparfait que ce puisse être. De même, si des jours orageux devaient reparaître, et que le peuple voulût imposer un nouveau fardeau au chef du gouvernement, ce chef, à son tour, saurait se mettre à la hauteur de sa nouvelle tâche... »

Au départ du Prince, le maire ajoute :

« En visitant plusieurs parties de la France, Louis-Napoléon a fait entendre partout de nobles paroles, puisqu'il y était venu avec le désir sincère de connaître leurs besoins. Le devoir de chaque maire est de lui exposer ceux de l'agriculture, de l'industrie, des travaux publics qui sont en souffrance, alors qu'ils auraient pu donner quelque adoucissement aux misères du peuple depuis trois ans. Les trois départements de la basse Normandie réclament également et avec instances de n'être pas plus longtemps déshérités d'une voie de fer, etc. »

Le Président a répondu en ces termes :

« Je suis venu dans ce département, non pour m'assurer du bon esprit de ses habitants, je le connaissais, mais pour les remercier de leur concours. Ils savent bien que, sans la stabilité du pouvoir, il n'y a ni ordre ni prospérité possibles.

« Quant à leurs intérêts matériels, ce que vous me dites, au nom des représentants légitimes de la cité, me prouve leur importance, et la nécessité de préparer la solution la plus prochaine des questions qu'ils font naître. Assurez vos administrés de mon désir sincère de me pénétrer de leurs vœux et de leurs besoins. »

L'entrée du Prince-Président à Cherbourg a été saluée avec encore plus d'enthousiasme. Le maire, en présentant au chef de l'État les clefs de la ville, a dit :

« Nous voici dans le lieu même où nos concitoyens eurent l'honneur de complimenter, en 1811, le grand homme dont le génie avait compris Cherbourg. Le maire lui adressa cette courte allocution : « Nous vous recevons mal, mais nous vous aimons « bien. »

« Nous tiendrons le même langage. Nous aimons et respectons en vous l'élu de la nation, le premier magistrat de la République, celui qui ayant reçu la mission de rétablir l'ordre et de raffermir la société ébranlée, a constamment marché vers ce but d'un pas ferme et digne du nom qu'il porte. »

Le Président a répondu :

« Je ne pouvais manquer de visiter une ville où le génie de l'Empereur a laissé une de ses immortelles empreintes ; j'accepte avec plaisir l'hospitalité que vous m'offrez ; je suis heureux et fier de vous entendre répéter pour moi ces paroles que Cherbourg reconnaissant adressait autrefois à celui qui en fit l'un des premiers ports du monde, je vous remercie de me les rappeler. »

Louis-Napoléon s'est rendu à la préfecture maritime dans sa calèche de voyage, entre une double haie formée par la garde nationale et la troupe. La foule était si considérable que, pour parcourir moins de deux kilomètres, il a fallu plus d'une heure et demie.

Au moment où le cortége s'est mis en marche, les vaisseaux de la rade allumaient leurs fanaux portugais ; chaque sabord avait les siens ; la digue s'illuminait aussi de lumières plus éclatantes que celles des vaisseaux : soixante-dix pots à feu dessinaient sur la mer, à l'horizon de la rade, un long sillon de flammes. Ce spectacle était saisissant. Un grand nombre de maisons particulières étaient également illuminées ; deux hautes pyramides embrasées jetaient dans la rue où est situé l'hôtel de la préfecture maritime de longs flots de lumière.

Le Prince a invité à dîner les autorités civiles et militaires.

Le lendemain le Président a reçu les officiers de la garde nationale, les officiers de la garnison, les états-majors des bâtiments de l'escadre, deux cent cinquante officiers, sous-officiers et soldats de l'Empire avec lesquels il s'est longtemps entretenu familièrement. Il a fait remettre à plusieurs d'entre eux des sommes en or. A une heure il a passé la revue de la garde nationale, aux acclamations les plus chaleureuses de *Vive Napoléon ! vive le Président !*

A trois heures, Son Altesse Impériale s'est rendue au splendide banquet qui avait été préparé, au nom de la ville, dans la salle des Cabarits.

Cette salle, de 157 mètres de long, était magnifiquement décorée à l'entrée et à l'intérieur de pavillons, de faisceaux d'armes, de canons.

Cette salle contenait deux cents convives choisis

dans tous les rangs et parmi lesquels figuraient plus de vingt notabilités anglaises, sir Charles Napier, sir Thomas Cochrane, sir Edmond Lyons... Tous ces Anglais de distinction ou de la plus haute aristocratie, étaient arrivés la veille à Cherbourg sur des bâtiments de plaisance, pour saluer le chef du Gouvernement.

Le Prince a passé une journée entière à visiter la flotte, et au banquet qui lui a été offert à bord du *Friedland*, il a porté un toast à la marine dont le dévouement ne s'est jamais démenti dans les bons comme dans les mauvais jours, dont le courage a été si héroïque que, lorsque la Fortune s'est tournée contre elle, on a pu lui appliquer ces paroles d'un poëte : *Ses cyprès ont été aussi beaux que des lauriers.*

« A LA MARINE FRANÇAISE! »

Cette allocution a été suivie de vifs applaudissements. Le Président a quitté *le Friedland* à neuf heures et demie à la lueur des feux de Bengale répétés par tous les vaisseaux de l'escadre.

Deux gerbes de feu parties, l'une de terre, l'autre du fort central de la digue, sont venues tout à coup éclairer la rade d'une lumière éblouissante. Le Président est rentré à la préfecture maritime, après avoir passé une journée entière au milieu de l'escadre, tout ayant favorisé cette fête magnifique qui a montré dans le même tableau le plus beau soleil, la plus belle mer, la plus belle flotte.

Le Président de la République a quitté Cherbourg le 9, à neuf heures du matin, au milieu d'un immense concours de population assemblée le long des quais jusqu'à la sortie de la ville. Les acclamations les plus chaleureuses ont partout salué le chef de l'État, et aucune démonstration hostile n'a osé se produire devant l'ensemble imposant de ces adieux sympathiques.

Il est arrivé à Valognes au moment de toute l'activité d'un jour de marché, et au milieu d'un nombre considérable de paysans qui lui ont fait la réception la plus cordiale. A Carentan, le Président s'est arrêté quelque temps pour examiner les travaux qui s'y exécutent. Il a reçu de la part des habitants de la localité et des environs accourus sur son passage, une véritable ovation ; et sur toute la route qu'il a parcourue de Cherbourg à Saint-Lô, on eût dit que les communes rivalisaient d'empressement à lui donner les marques les plus vives d'affection et de sympathie.

A quatre heures et demie Louis-Napoléon a fait son entrée à Saint-Lô sous un arc de triomphe et au milieu d'un peuple immense.

La disposition de la localité rendait éminemment pittoresque l'affluence des spectateurs, dont les rangs paraissaient superposés par étages.

Le maire de la ville à la tête du conseil municipal,

a adressé au chef de l'État une allocution cette fois bien désintéressée, mais dont les vœux étaient personnellement et sans réserve, non pas seulement pour le chef de l'État, pour le Prince héritier d'un nom à jamais glorieux pour la France, mais bien encore pour l'élu de la nation, celui dont l'avénement au pouvoir a été le signal d'un retour heureux vers l'ordre, celui enfin qui, par la sagesse et la fermeté de son gouvernement, a su en imposer aux factions, vaincre l'anarchie, et raffermir ainsi sur ses bases la société, si fortement ébranlée par tant de secousses révolutionnaires. Tout n'est qu'effusion de cœur parmi ses administrés, amour et gratitude.

Le Président a répondu :

« Les acclamations que je viens d'entendre et les vœux que vous m'exprimez me touchent profondément. Un accueil aussi sympathique est l'approbation la plus manifeste de ma conduite et l'encouragement le plus puissant à persévérer. Vous me promettez la reconnaissance des populations de la Manche ; assurez celle de Saint-Lô de tous mes efforts pour la mériter. » (Vive approbation.)

Le Président est monté à cheval immédiatement après pour passer en revue les troupes de la garde nationale et plus de huit mille paysans, presque tous armés, qui ont défilé devant lui aux cris de *Vive Napoléon!*

Le Prince a reçu ensuite les différentes autorités. Les membres du tribunal de commerce étaient heureux de pouvoir exprimer au neveu du grand Empereur leur sympathie et leur reconnaissance pour les immenses services qu'il a rendus au pays. Le rétablissement d'un dépôt de remonte et une succursale de la Banque de France contribueraient puissamment à la prospérité de la Manche.

Le Président de la République a répondu :

« Vous m'adressez, pour les services que je puis avoir rendus au commerce, l'expression d'une reconnaissance à laquelle je suis bien sensible. Les deux établissements dont vous demandez la création à Saint-Lô ont été déjà, de la part de vos représentants, l'objet de communications sérieuses. Dès mon retour, j'en conférerai avec les ministres auxquels en appartient l'examen spécial, et croyez à mon désir sincère de pouvoir vous donner une réponse favorable. »

Dans la soirée, le Président s'est rendu au bal qui lui était offert par la ville. Il a été reçu à son entrée aux acclamations enthousiastes de la foule qui s'y pressait. De jeunes filles vêtues de blanc sont venues lui offrir un bouquet. Louis-Napoléon a ouvert le bal, où il est resté jusqu'à dix heures et demie. Les mêmes acclamations qui l'avaient accueilli à son arrivée l'ont salué à son départ.

Le Prince a visité le dépôt de remonte de Saint-Lô, et ensuite le haras du Pin.

A Laigle, le Prince a trouvé un arc de triomphe sur lequel on remarquait l'inscription suivante :

Les ouvriers de Boisthorel à Louis-Napoléon, au travail rétabli, à l'ordre fortifié.

Il s'est arrêté quelques instants dans cette localité pour visiter l'usine ; puis, dans le bourg de Rugle, il a trouvé un accueil des plus sympathiques.

Un arc de triomphe s'élevait à l'entrée de la ville de Laigle, avec cette inscription : *Vive le Président ! Industrie, Commerce.*

Quatre bannières ayant pour inscription : *10 décembre !* étaient portées par des ouvriers ; la foule était immense : les cris de *Vive Napoléon ! vive le Président !* ont été unanimes.

A la date du 29 septembre, le nombre des personnes qui venaient journellement à l'Élysée s'était accru au point d'enlever au Président un temps réclamé par les affaires. Il s'est donc vu contraint de prendre une mesure générale qui, sans doute, frappera même ses amis intimes, mais dont ils seront les premiers à reconnaître la rigoureuse nécessité. Personne, désormais, excepté les ministres et les hauts fonctionnaires de l'État, ne sera plus admis sans une lettre d'audience.

Le 1er octobre, le Président songeait à organiser,

surveiller et diriger l'enseignement public en Algérie, et rien en effet ne doit plus influer sur l'avenir de notre domination dans la colonie. Si la terreur qu'inspirent nos armes doit rester longtemps encore la garantie principale pour maintenir dans l'obéissance des populations turbulentes que la différence de race et de religion sépare profondément de nous, il faut reconnaître que l'équité de notre Gouvernement, que ses bienfaits pour le peuple vaincu, peuvent, en rassurant les indigènes sur nos intentions, calmer les inquiétudes que leur cause l'envahissement progressif par la colonisation européenne, d'une partie du sol qu'ils cultivent. Nul doute que les soins à donner à l'instruction publique ne concourent à ce résultat. En matière de croyance, la violence irrite les consciences, tandis que, par le développement gradué et intelligent des études musulmanes, nous pouvons espérer de désarmer le fanatisme et le réduire à l'impuissance. Jusqu'à ce moment, l'État n'avait aucune part immédiate à la direction et à la surveillance de l'enseignement. A l'avenir, l'instruction primaire et l'instruction secondaire, données dans les écoles musulmanes, sont placées sous la haute surveillance du gouverneur général, qui s'exercera par l'intermédiaire des préfets dans les territoires civils, et dans les territoires militaires par les généraux commandant les divisions. Un fonds annuel, inscrit au budget de l'État, sera affecté à accorder des gratifications aux instituteurs qui se seront fait remarquer, et aux élèves les plus méritants.

En même temps le gouvernement s'occupe de l'organisation dans chacun de nos départements d'une commission d'agriculture, laquelle pourra défendre légalement et officiellement ses intérêts, en présence des souffrances qu'elle éprouve. En attendant qu'une loi ait définitivement constitué des chambres consultatives d'agriculture, cette commission, établie par arrêté préfectoral et composée d'agriculteurs praticiens dans chaque canton, pourra fournir à l'autorité centrale ou locale tous les avis ou renseignements qui lui seront demandés sur les besoins de l'agriculture, sur la législation rurale, et sur les divers objets spéciaux soumis à son examen.

C'est à une sage application de ce principe que le commerce et les manufactures ont dû cette rapide impulsion qui a tant contribué, depuis un demi-siècle, à la gloire et à la puissance de notre pays; c'est pour en avoir refusé le bénéfice à l'agriculture qu'elle demeure dans un regrettable isolement; et néanmoins elle fait la force du pays, elle en prépare la richesse, elle en conserve la moralité à travers les âges.

Le Président de la République a reçu en audience particulière messieurs les délégués de la Sologne qui venaient le remercier, au nom de cette contrée, de la sollicitude qu'il a témoignée pour l'avenir de ce pays.

Le Président a répondu :

« Les intérêts des populations agricoles me sont chers partout ; mais une contrée souffrante et décimée par les fièvres appelait mes premières sollicitudes. J'ai voulu savoir directement et exactement quelle était l'étendue du mal, quelle confiance méritaient les remèdes proposés. J'ai appris avec bonheur, par le rapport de mon ministre, que les moyens mis en usage depuis vingt années, sur une grande échelle, ont été couronnés de succès partout où on a pu les appliquer. Ils montrent que la Sologne peut être assainie et fertilisée à la fois. Le gouvernement prendra en sérieuse considération ce fait bien constaté maintenant. »

Message du Président de la République, adressé à l'Assemblée nationale législative sur l'exposé général des affaires, le 12 novembre 1850.

« Messieurs les représentants,

« Mon premier message a coïncidé avec la première réunion de l'Assemblée législative. Les mêmes électeurs qui venaient de me nommer à la suprême magistrature du pays vous appelèrent par leurs suffrages à siéger ici. La France vous vit arriver avec joie, car la même pensée avait présidé à nos deux élections. Elle nous imposait le même mandat et faisait espérer de notre union le rétablissement de l'ordre et le maintien de la paix extérieure. Depuis le mois de juin 1849, une amélioration sensible s'est opérée...

« Lorsque vous êtes arrivés, le pays était encore remué par les derniers moments de la Constituante. Plusieurs votes imprudents avaient créé de grands embarras au pouvoir. Les emportements de la tribune s'étaient, comme toujours, traduits en agitations dans la rue, et le 13 juin vit éclore une nouvelle tentative d'insurrection. Quoique facilement comprimée, elle fit sentir davantage l'impérieuse nécessité de réunir nos efforts contre les mauvaises passions. Pour les vaincre, il fallait d'abord prouver à la nation que la meilleure intelligence régnait entre l'Assemblée et le Pouvoir exécutif, imprimer à l'administration une direction une et ferme, combattre résolûment les causes de désordre, ranimer les éléments de prospérité. »

Après ce préambule, le Prince-Président passe en revue les actes administratifs accomplis, les lois importantes que la gravité des circonstances fit adopter, les travaux du conseil d'État, les améliorations introduites. La justice a dignement secondé le pouvoir ; la garde nationale a souvent agi dans un sens contraire à son institution ; des pouvoirs plus étendus ont été créés dans les provinces agitées ; la propagande qu'exerçaient les instituteurs dans les campagnes a été réprimée ; le gouvernement a usé d'indulgence toutes les fois qu'il a pu le faire sans danger.

Les lois relatives aux caisses de retraite et de secours mutuels votées par l'Assemblée exerceront la plus salutaire influence sur le sort des classes ouvrières. Le compte de 1848 a fait connaître le solde définitif de cet exercice. Grâce aux économies introduites, le budget de 1849 n'imposera pas au Trésor la charge de 300 millions, ainsi qu'on l'a craint au moment du vote. Ce découvert sera réduit de près de 100 millions. Tout fait espérer que le déficit prévu pour le budget de 1850 sera sensiblement atténué. La paix et l'ordre intérieur ont porté d'autres fruits. Les fonds déposés aux caisses d'épargne depuis le 1er janvier 1849, excèdent les remboursements de 69 millions. Le chiffre du portefeuille de la banque qui était tombé au-dessous de 100 millions est remonté, et le 7 de ce mois, il dépassait 135 millions de francs. Si le produit des douanes a éprouvé quelque diminution, la différence provient de causes accidentelles et qui sont afférentes au sel et aux sucres coloniaux. Le recouvrement des contributions directes s'opère avec une exactitude remarquable, etc., etc. Malgré la réduction de plusieurs taxes importantes, on a pu, dans l'espace de trois années, doter le pays de plus de 260 millions de travaux publics, soulager les dernières classes de patentables, faire remise de 27 millions à l'agriculture, solder ponctuellement toutes les dépenses des budgets en déficit, et arriver enfin, c'est notre vif désir et notre ferme espoir, à établir la balance entre les charges et les ressources annuelles de l'État. Ces résultats auront été obtenus sans exiger un recours extraordinaire au crédit et sans imposer au Trésor des avances exagérées. La réorganisation de tous les arrondissements de perception, l'industrie métallurgique, les moyens d'arroser et de dessécher les terres, la pratique des procédés agricoles, la liberté du roulage ont sans cesse occupé l'administration. L'effectif de l'armée de terre a été réduit. Des succès récents ont été obtenus en Algérie : Rome, la Grèce,... etc.

« Je puis dire ici sans présomption : la position de la France en Europe, est digne et honorable. Partout où sa voix se fait entendre, elle conseille la paix, protége l'ordre et le bon droit ; partout aussi elle est écoutée. »

En résumé, le Président ajoute : « Malgré la difficulté des circonstances, la loi, l'autorité ont recouvré à tel point leur empire, que personne ne croit désormais au succès de la violence. Mais aussi, plus les craintes sur le présent disparaissent, plus les esprits se livrent avec entraînement aux préoccupations de l'avenir. Cependant, la France veut, avant tout, le repos. Encore émue des dangers que la société a courus, elle reste étrangère aux querelles de partis ou d'hommes, si mesquines en présence des grands intérêts qui sont en jeu...

« Comme premier magistrat de la République, j'étais obligé de me mettre en relations avec le clergé, la magistrature, les agriculteurs, les industriels, l'administration, l'armée, et je me suis empressé de saisir toutes les occasions de leur témoigner ma sympathie et ma reconnaissance pour le concours qu'ils me prêtent ; et, surtout, si mon nom comme mes efforts ont concouru à raffermir l'esprit de l'armée, de laquelle je dispose seul d'après les termes de la Constitution, c'est un service, j'ose le dire, que je crois avoir rendu au pays, car toujours j'ai fait tourner au profit de l'ordre mon influence personnelle...

« Les conseils généraux ont en grand nombre émis le vœu de la révision de la Constitution. Ce vœu ne s'adresse qu'au pouvoir législatif. Quant à moi, élu du peuple, ne relevant que de lui, je me conformerai toujours à ses volontés légalement exprimées. (Très-bien ! très-bien !)

« L'incertitude de l'avenir fait naître, je le sais, bien des appréhensions en réveillant bien des espérances. Sachons tous faire à la patrie le sacrifice de ces espérances, et ne nous occupons que de ses intérêts. (Très-bien ! Bravo !)

« Si, dans cette session vous votez la révision de la Constitution, une Constituante viendra refaire nos lois fondamentales et régler le sort du Pouvoir exécutif. Si vous ne la votez pas, le peuple, en 1852, manifestera solennellement l'expression de sa volonté nouvelle. Mais quelles que puissent être les solutions de l'avenir, entendons-nous, afin que ce ne soit jamais la passion, la surprise ou la violence qui décident du sort d'une grande nation. (Nouvelle approbation mêlée de quelques applaudissements.) Inspirons au peuple l'amour du repos, en mettant du calme dans nos délibérations ; inspirons-lui la religion du droit, en ne nous en écartant jamais nous-mêmes ; et alors, croyez-le, le progrès des mœurs politiques compensera le danger d'institutions créées dans des jours de défiance et d'incertitude.

« Ce qui me préoccupe surtout, soyez-en bien persuadés, ce n'est pas de savoir qui gouvernera la France en 1852, c'est d'employer le temps dont je dispose, de manière que la transition, quelle qu'elle soit, se passe sans agitation et sans trouble. (Très-bien !)

« Le but le plus noble et le plus digne d'une âme élevée n'est point de rechercher quand on est au pouvoir, par quel expédient on s'y perpétuera, mais de veiller sans cesse aux moyens de consolider, à l'avantage de tous, les principes d'autorité et de morale qui défient les passions des hommes et l'instabilité des lois. (Nombreuses marques d'approbation.)

« Je vous ai loyalement ouvert mon cœur : vous répondrez à ma franchise par votre confiance, à mes bonnes intentions par votre concours, et Dieu fera le reste. (Très-bien ! Très-bien ! Applaudissements nombreux et prolongés.)

Le 10 décembre, la ville de Paris donne un banquet et un bal au Président de la République pour fêter le second anniversaire de son élection. Le jour est déjà loin de nous où cette salle Saint-Jean retentissait au bruit de la lutte suprême soutenue par l'ordre opprimé contre l'anarchie presque triomphante ; l'hôtel de ville a repris ses paisibles travaux et le bruit seul de ses fêtes vient interrompre aujourd'hui un calme laborieux. Le banquet a commencé à 7 heures ; une table de cent quatre-vingt-dix couverts était dressée dans cette salle du Trône toute resplendissante d'or et de lumière.

Le Président a répondu au toast du préfet de la Seine, en ces termes :

« Messieurs,

« Fêter l'anniversaire de mon élection à l'hôtel de ville, dans ce palais du peuple de Paris, c'est me rappeler l'origine de mon pouvoir et les devoirs que cette origine m'impose. Me dire que la France a vu depuis deux ans sa prospérité s'accroître, c'est m'adresser l'éloge qui me touche le plus. Aujourd'hui, je le reconnais avec bonheur, le calme est revenu dans les esprits ; les dangers qui existaient, il y a deux années, ont disparu, et malgré l'incertitude des choses, on compte sur l'avenir, parce qu'on sait que, si des modifications doivent avoir lieu, elles s'accompliront sans trouble. (Sensation.)

« A quoi devons-nous d'avoir substitué l'ordre au désordre, l'espérance au découragement ? Ce n'est pas parce que, fils et neveu de soldats, j'ai moi-même remplacé un autre soldat ; mais parce qu'au 10 décembre, pour la première fois depuis Février, le pouvoir a surgi de l'exercice d'un droit légitime et non d'un fait révolutionnaire. (Vifs applaudissements.)

« J'aime à profiter de ces anniversaires qui sont des jalons à l'aide desquels se mesure la marche des événements pour constater les causes qui fortifient ou affaiblissent les gouvernements....

« Les grandes vérités sanctionnées par l'histoire des peuples sont toujours utiles à proclamer. Les gouvernements qui, après de longs troubles civils sont parvenus à rétablir le pouvoir et la liberté, et à prévenir des bouleversements nouveaux, ont, tout en domptant l'esprit révolutionnaire, puisé leur force dans le droit né de la révolution même. Ceux-là, au contraire, ont été impuissants, qui sont allés chercher le droit dans la contre-révolution. Si quelque bien s'est fait depuis deux ans, il faut donc en savoir gré surtout à ce principe d'élection qui a fait sortir du conflit des ambitions un droit réel et incontestable.

« Disons-le donc hautement, ce sont les grands principes, les nobles passions, telles que la loyauté et le désintéressement, qui sauvent les sociétés, et non les spéculations de la force et du hasard. Grâce à l'application de cette politique, nous goûtons quelque repos, et aussi pouvons-nous cette année, mieux que par le passé, réaliser le progrès.

« Le bien ne peut-il donc se produire sans porter en soi un germe de dissolution? Rien ne serait plus digne des pouvoirs publics que de donner l'exemple du contraire. Puisse donc notre union continuer dans le calme, comme elle s'est formée dans la tempête !

« *A la concorde des pouvoirs publics! A l'Assemblée nationale ! A son honorable président !* »

Louis-Napoléon qui n'avait pu assister, le jour de la Sainte-Cécile, à l'exécution de la messe d'Adolphe Adam, ni contribuer à la quête au profit de la caisse de secours des artistes, a envoyé une somme de 200 francs à l'association des musiciens ; il a pris, en outre, pour 500 francs de billets à la loterie des artistes.

On constate avec plaisir que le commerce de détail a repris depuis cette seconde quinzaine avec beaucoup d'activité.

Les étrennes du jour de l'an attirent en ce moment la foule des acheteurs dans les nombreux magasins de Paris.

La splendeur des fêtes d'hiver réalise les plus belles espérances dans la population parisienne. Depuis quelques jours les étrangers de distinction et les familles riches arrivent en masse à Paris passer la saison.

Le Président de la République a fait remettre encore 200 francs pour la caisse réunie de secours des associations des auteurs, compositeurs et artistes. C'est donc 900 francs que ces diverses associations ont obtenus de la générosité du chef de l'État.

Le Président de la République a bien voulu promettre d'honorer de sa présence le bal donné le 30 avril, à l'Opéra italien, par la société d'adoption pour les enfants trouvés, abandonnés et orphelins pauvres, au profit de la colonie agricole du Mesnil-Saint-Firmin.

Le chef de l'État fait annoncer par le ministre de l'agriculure et du commerce que l'Exposition universelle de Londres va s'ouvrir dans quelques jours, que bientôt devra s'y rendre la commission française du jury international chargée de représenter notre industrie dans ce grand concours de toutes les nations, et d'en constater les résultats.

Le gouvernement n'attache pas moins de prix à faire étudier l'Exposition par l'élite de nos contre-maîtres et de nos ouvriers. L'Assemblée nationale a affecté à cette destination une somme de 50,000 francs. Le moment étant venu de s'occuper de l'emploi de cette somme, le ministre fait appel aux membres des chambres de commerce.

Le 3 mai le ministre de l'intérieur va distribuer au Palais-National, les récompenses décernées à la suite de l'exposition de 1850, par les jurys d'examen. Le Président de la République, dans sa sollicitude éclairée pour les arts, a bien voulu ajouter à cet honneur pour le ministre la mission de remettre, au nom du pouvoir exécutif, ces insignes aux hommes de talent que la voix publique désignait à son choix. Il se félicite d'avoir à clore une exposition que l'Europe nous envie par des marques de satisfaction aussi méritées qu'elles sont éclatantes. Et, en effet, au milieu des agitations que nous avons eues à traverser, les artistes n'ont pas perdu courage. Les deux grandes puissances de ce monde, le travail et la foi, les ont soutenus. On n'a remarqué dans leurs productions ni temps d'arrêt, ni décadence. Grâce à tant d'efforts, grâce au génie de ses peintres, de ses sculpteurs, de ses graveurs et de ses architectes, la France n'a pas cessé d'être l'arbitre du goût. Dans le domaine des arts, elle n'a perdu aucune de ses conquêtes. Mais il faut rendre justice aussi à la munificence des pouvoirs publics ; quel que fût l'embarras de nos finances, alors même que le Trésor, en épuisant les ressources de l'impôt et du crédit, liquidait avec peine les charges que les révolutions laissent toujours après elles, ni le gouvernement, ni les assemblées, n'ont consenti à mutiler le budget des musées, des monuments, des souscriptions, des commandes. C'est la gloire des pouvoirs publics d'avoir compris qu'il leur appartenait, dans les jours d'épreuve, de ranimer le flambeau de l'imagination qui menaçait de s'éteindre.

Les travaux des chemin de fer marchent bon train dans nos provinces sous l'impulsion du chef de l'État. C'est demain 1er juin que doit avoir lieu l'inauguration de la section du chemin de fer de Lyon comprise entre Tonnerre et Dijon. Les ouvrages d'art exécutés sur cette ligne, en deux ans, sont au nombre de deux cent dix-neuf. Le plus important est le souterrain du Blaisy, entièrement revêtu de maçonnerie, dans les portions répondant aux terrains marneux : il a une longueur de 4,100 mètres. Des puits, au nombre de dix-neuf, ont été ouverts pour sa construction : ils sont maçonnés et mis en communication avec la galerie principale par des galeries transversales. Le maximum de profondeur de ces puits est de 196 mètres. Ce souterrain a coûté 10 millions de francs, soit 2,439 francs le mètre courant. Il n'a d'égal que le tunnel de la Nerthe, aux abords de Marseille, qui a 4,600 mètres d'étendue sur une ligne de quarante-deux stations.

A deux heures et demie le convoi arrivait aux portes de la capitale de la Bourgogne. La gare de Dijon avait été disposée de la manière la plus heureuse pour la cérémonie qui devait avoir lieu. A la descente du wagon d'honneur, le Président a été reçu par toutes les autorités civiles et militaires de Dijon et du département de la Côte-d'Or. Mgr l'évêque de Dijon, la mitre en tête et la crosse à la main, était devant l'autel, assisté d'un nombreux clergé : c'est du haut de cette estrade qu'il a prononcé un discours analogue aux nobles sentiments qui ont provoqué cette imposante réunion, cette auguste solennité, en se félicitant d'y exercer son sacré ministère. C'était pour lui une double jouissance à laquelle il abandonnait son cœur d'évêque et de Français...

Il a fait sentir tout ce qu'a de consolant et de sublime ce grand et émouvant spectacle d'une nation réclamant, dans toutes les phases solennelles de son existence, le secours du Dieu qui préside aux destinées des peuples. Le prélat a vu, dans le Prince revêtu de la suprême magistrature et s'inclinant devant les autels, un rapprochement historique du meilleur effet :

« Oui, Messieurs, s'est-il écrié, Dieu seul est grand! et il communique quelque chose de divin à l'existence des hommes, à leur génie, à leurs travaux, à leur gloire. Oui, Condé, à genoux sur le champ de la victoire à Rocroy, parut plus grand en s'abaissant devant le Dieu des armées qu'au moment même où, triomphant des vieilles bandes espagnoles, il cueillait pour la première fois ces lauriers immortels qui pour jamais ombragent son nom glorieux.

« Vous ne la repousserez pas non plus cette doctrine qui rapproche l'homme de la Divinité, vous, Messieurs, dont le génie, planant sur ce long intervalle qui sépare deux mers, en a calculé les difficultés pour les vaincre, les ressources et les avantages pour en profiter, etc. etc. Je laisse à des hommes plus compétents que moi le droit de reconnaître et le plaisir de publier tout ce qu'il a fallu de puissance dans l'esprit, de précision dans les calculs, de savoir dans les plans, d'habileté et d'exactitude dans le tracé, pour qu'un succès aussi complet vînt justifier vos précisions si positives. »

Après avoir loué les ingénieurs de tant de magnifiques résultats, le prélat loue encore de préférence ce haut prix qu'ils attachent à la bénédiction de leurs œuvres, et il les félicite d'avoir, par cette consécration solennelle, rendu gloire à Celui de qui émane toute science.

Maintenant, c'est au vénérable pontife à répondre à l'attente générale, en appelant sur cette ligne que l'on inaugure aujourd'hui les bénédictions du Tout-Puissant, et il ajoute : « Daigne sa bonté paternelle exaucer nos vœux et faire circuler sur cette voie admirable, à l'abri de tout accident funeste, les produits des provinces qu'elle unit, les provenances des deux hémisphères qu'elle rapproche. Qu'elle ouvre pour notre brave département, et pour la capitale des deux Bourgognes, une ère nouvelle de prospérité ; qu'elle soit enfin comme un fleuve bienfaisant qui, tout en portant au loin les richesses des contrées étrangères, féconde le pays qu'il traverse, répande et entretienne sur ses rives l'abondance et la vie. »

Après la bénédiction des locomotives, le Président est monté à cheval pour se rendre à la préfecture, où les réceptions officielles devaient avoir lieu.

A ce moment la ville de Dijon offrait l'aspect le plus pittoresque et le plus animé ; la foule compacte, attirée par l'arrivée du Prince-Président, le saluait de brillantes acclamations, et se précipitait sur son passage par toutes les voies de communication.

Au banquet, le Prince a dit :

« Si mon gouvernement n'a pu réaliser toutes les améliorations qu'il avait en vue, il faut s'en prendre aux manœuvres des factions qui paralysent la bonne volonté des assemblées comme celle des gouvernements les plus dévoués au bien public. C'est parce que vous l'avez compris ainsi que j'ai trouvé dans la patriotique Bourgogne un accueil qui est pour moi une approbation et un encouragement.

« Je profite de ce banquet comme d'une tribune pour ouvrir à mes concitoyens le fond de mon cœur. — Une nouvelle phase de notre politique commence. D'un bout de la France à l'autre, des pétitions se signent pour demander la révision de la Constitution. J'attends avec confiance les manifestations du pays et les décisions de l'Assemblée, qui ne seront inspirées que par la seule pensée du bien public.

« Depuis que je suis au pouvoir, j'ai prouvé combien, en présence des grands intérêts de la société, je faisais abstraction de ce qui me touche. Les attaques les plus injustes et les plus violentes n'ont pu me faire sortir de mon calme. Quels que soient les devoirs que le pays m'impose, il me trouvera décidé à suivre sa volonté ; et, croyez-le bien, Messieurs, la France ne périra pas dans nos mains. »

Le 5 juin avait lieu une autre grande et belle solennité : l'inauguration des travaux exécutés dans différentes parties du musée du Louvre,

Le directeur avait adressé de nombreuses invitations pour cette magnifique fête des arts. Dès avant l'heure indiquée, une brillante assemblée, où figuraient les principales notabilités de la politique, de l'administration, de l'armée, de la littérature, de la presse, des arts, et des dames parées des toilettes les plus élégantes, se répandait avec empressement dans les salles et dans les galeries.

Le Président de la République a voulu aussi honorer de sa présence cette intéressante cérémonie ; il a été introduit par la galerie d'Apollon, et il a fait le tour du salon Carré, où il s'est arrêté. Là, le ministre de l'intérieur lui a adressé un discours par lequel il lui témoigne que cette œuvre de Napoléon, continuée par tous les gouvernemens, et rendue à sa destination sans partage, a déjà pu non pas encore s'achever, mais s'étendre et s'agrandir grâce à sa sollicitude.

Ainsi, la lumière pénètre aujourd'hui dans les galeries, que leur obscurité ne permettait pas d'affecter aux tableaux des grands maîtres. Une classification intelligente a mis en relief tant de chefs-d'œuvre dont la valeur est rehaussée par la magnificence de la décoration. Les pertes que le musée avait faites ont été réparées : les parties du monument qui menaçaient ruine ont été habilement relevées, et se présentent revêtues de toutes les splendeurs de l'architecture, de la sculpture, ainsi que de la peinture.

La France n'a plus rien à envier aux nations les plus richement dotées de l'Europe. « Venez, a dit le ministre, venez, monsieur le Président, jouir de ces richesses nationales que le public doit contempler après vous. »

Le Président a répondu :

« En inaugurant l'ouverture de ce vieux monument si riche en souvenirs historiques et en objets d'art, ma première pensée est de me réjouir de ce que, malgré les révolutions, malgré les préoccupations politiques, la France soit restée la patrie des arts et des sciences, toujours prête à admirer, à provoquer, à suivre ce qu'il y a de grand, de beau, de généreux. Je dois ensuite adresser mes félicitations sympathiques à ceux qui ont restauré ce monument avec tant d'habileté, et classé ces chefs-d'œuvre avec tant de goût. Enfin, je suis heureux qu'une cérémonie, qui a son importance et son éclat, se fasse sous les auspices d'un ministre (M. Léon Faucher) qui a tant de titres à ma confiance et à ma reconnaissance. »

De nombreuses marques d'assentiment ont suivi cette allocution.

Le Président de la République a visité toutes les parties du musée qui viennent d'être restaurées ; il a témoigné sa satisfaction et accordé des récompenses aux personnes qui ont dirigé et exécuté les travaux dont l'effet sera de rehausser encore la magnificence et l'admirable ensemble de richesses artistiques renfermées dans le Louvre.

À l'occasion de l'inauguration du chemin de fer de Paris à Poitiers, deux députations de la Rochelle et de Saintes ont eu l'honneur d'être présentées au Président de la République, le 19 juin, pour lui exprimer, dans les termes les mieux sentis, la joie qu'éprouveraient les populations représentées par eux, s'il daignait se rendre au milieu d'elles, au milieu de ces électeurs intelligents qui, les premiers, par leurs suffrages, ont rendu le neveu de l'Empereur à sa chère patrie. Le Président, touché du vœu qui lui était exprimé, a manifesté le regret de ne pouvoir y accéder, quant à présent; mais il a pris l'engagement d'acquitter plus tard la dette, qu'il a dit lui-même être celle de sa reconnaissance et de son cœur. — Ces députations ont trouvé dans la représentation de la Charente-Inférieure le concours le plus bienveillant, et ont été accompagnées par plusieurs de ses membres dans les salons de l'Élysée.

Le 1er juillet, le Président est parti à six heures et demie du matin de Paris pour Poitiers, par le chemin de fer d'Orléans; il était accompagné des ministres de l'intérieur, de la guerre, des affaires étrangères, des travaux publics, de la marine, et d'une foule de notabilités de tout genre.

Deux immenses tribunes, disposées en hémicycle, avaient été réservées pour les invités de la ville de

Poitiers. Toutes les tribunes étaient ornées à profusion de faisceaux de drapeaux et surmontées des pavillons de toutes les nations. La garde nationale et la garnison étaient postées devant ces tribunes : la cavalerie était rangée sur la route, au pied de la ville.

Le Président, reçu par toutes les autorités du département, ayant pris sa place, le prélat, se tournant vers lui, a prononcé un discours plein d'onction et de patriotisme et tout à fait analogue à la circonstance, comme à Dijon.

Deux fois déjà, il avait été appelé à bénir solennellement, au nom de Dieu, ces magnifiques mais périlleuses créations de la science et de l'industrie modernes ; aussi rappelle-t-il fort à propos les paroles vraiment nationales prononcées par le Président dans une cité dont les monuments et les souvenirs inspirèrent au Prince, avec les noms de saint Bernard et d'Henri IV, des allusions historiques si heureuses et si brillantes, qu'elles obtinrent l'applaudissement de l'Europe entière.

« Aujourd'hui comme alors, continue le prélat, l'Eglise apporte ici par mon entremise, ses bénédictions et ses suffrages..... Oui, Messieurs, cette cérémonie si imposante par elle-même, et que relève encore ce cortége distingué où se réunissent tant de gloire et de mérites, est une manifestation publique de votre foi : c'est une reconnaissance solennelle du souverain domaine de Dieu ; c'est un acte éclatant d'adoration adressé au nom du pays tout entier à la

7.

majesté suprême de Celui en qui toutes choses ont l'être, le mouvement et la vie. Il s'agit donc de lui reporter la gloire des œuvres les plus étonnantes de l'esprit humain, et d'obtenir pour elles le concours nécessaire de sa constante protection...

« En ce moment, Messieurs, je crois voir ce que le monde a de plus grand, la puissance, le courage et le génie s'incliner devant le Dieu qui les a créés, et lui dire par votre bouche : « Nous sommes votre « ouvrage ; c'est vous qui nous avez faits, et nous « ne nous sommes point faits nous-mêmes. C'est vous « qui avez mis sous nos pieds toute la création, « qui nous avez appris à la plier à nos usages. Que « toutes les œuvres du Seigneur le bénissent, et que « ce feu et cette vapeur, en sillonnant le globe, pro- « clament au milieu des peuples étonnés la gloire de « son nom ! »

Après ce discours, qu'il faudrait pouvoir citer tout entier, tant il est admirable de ferveur et de patriotisme, le prélat est descendu, a béni la locomotive, *la ville de Poitiers*, et, après le *Te Deum*, s'est retiré avec son clergé.

Le Président est monté à cheval, et traversant, au milieu de la plus chaleureuse réception, les gardes nationaux et les spectateurs qui remplissaient les tribunes et la gare, il est descendu à la préfecture, a reçu immédiatement les corps constitués, et les autorités civiles et militaires ainsi que les préfets, sous-préfets, et des députations de plusieurs départements.

A sept heures et demie le Président s'est retiré, en calèche découverte, et à travers les flots d'une population tellement pressée que le passage du cortége était devenu presque impossible.

Au palais de justice, là, dans la magnifique salle des pas perdus, autrefois la salle des gardes des comtes de Poitou, était préparé le banquet de 400 couverts offert par la ville de Poitiers.

Au dessert, le maire remercie, au nom du conseil municipal et de tous les administrés, le Prince-Président qui a bien voulu par sa présence augmenter la solennité de ces fêtes d'inauguration. Avec la voie de fer s'ouvre pour eux une ère nouvelle d'importance et d'activité : ils touchent aux portes de Paris et de Bordeaux : quelle précieuse conquête pour leur commerce et leur industrie !

Ce magistrat demande, pour couronner tant de bienfaits, l'établissement à Poitiers de la faculté des sciences depuis longtemps promise, et l'appui du gouvernement pour donner aux nouvelles voies d'accession le développement qu'elles réclament... »

Le Président de la République a répondu au toast qui lui était porté :

« Monsieur le maire,

« Soyez mon interprète auprès de vos concitoyens

pour les remercier de leur accueil si empressé et si cordial.

« Comme vous, j'envisage l'avenir du pays sans crainte, car son salut viendra toujours de la volonté du peuple, librement exprimée, religieusement acceptée..(Explosion de bravos.)

« Aussi j'appelle de tous mes vœux le moment solennel où la voix puissante de la nation dominera toutes les oppositions et mettra d'accord toutes les rivalités. (Applaudissements réitérés.) Car il est bien triste de voir les révolutions ébranler la société, amonceler les ruines, et cependant laisser toujours debout les mêmes passions, les mêmes exigences, les mêmes éléments de trouble. (Nouvelle salve d'applaudissements.)

« Quand on parcourt la France, et que l'on voit la richesse variée de son sol, les produits merveilleux de son industrie; lorsqu'on admire ses fleuves, ses routes, ses canaux, ses chemins de fer, ses ports que baignent deux mers, on se demande à quel degré de prospérité elle n'atteindrait pas si une tranquillité durable permettait à ses habitants de concourir de tous leurs moyens à ce bien général, au lieu de se livrer à des discussions intestines. (Applaudissements.)

« Lorsque, sous un autre point de vue, on réfléchit à cette unité territoriale que nous ont léguée les efforts persévérants de la royauté, à cette unité politique, judiciaire, administrative et commerciale que nous a léguée la Révolution; quand on contemple cette population intelligente et laborieuse animée presque tout entière de la même croyance et parlant le même langage, ce clergé vénérable qui enseigne la morale et la vertu, cette magistrature intègre qui fait respecter la justice, cette armée vaillante et disciplinée qui ne connaît que l'honneur et le devoir (Bravos enthousiastes.) enfin, quand on vient à apprécier cette foule d'hommes éminents, capables de guider le gouvernement, d'illustrer les assemblées aussi bien que les sciences et les arts, on recherche avec anxiété quelles sont les causes qui empêchent cette nation, déjà si grande, d'être plus grande encore, et l'on s'étonne qu'une société qui renferme tant d'éléments de puissance et de prospérité s'expose si souvent à s'abîmer sur elle-même... »

A Châtellerault, le maire a terminé par ce toast un discours plein de chaleur, d'effusion et de verve :

« A l'homme dont les populations ont salué l'avénement au pouvoir comme la garantie du rétablissement de l'ordre, du respect aux lois et du salut du pays!

Louis-Napoléon, dans sa réponse, s'est exprimé ainsi :

« Messieurs,

« En remerciant monsieur le maire des paroles

affectueuses qu'il m'adresse, je ne puis attribuer à moi seul les heureux résultats qu'il a bien voulu signaler. Depuis trois ans, ma conduite peut se résumer en quelques mots. Je me suis mis résolûment à la tête des hommes d'ordre de tous les partis. S'il y a quelques défections, je l'ignore : je marche en avant sans regarder derrière moi. Pour marcher dans des temps comme le nôtre, il faut, en effet, avoir un mobile et un but. Mon mobile, c'est l'amour du pays; mon but, c'est de faire que la religion et la raison l'emportent sur les utopies, c'est que la bonne cause ne tremble plus devant l'erreur.

« Ce résultat sera obtenu, si nous suivons dans toute la France l'exemple de Châtellerault, et si nous forgeons des armes, non pour l'émeute et pour la guerre civile, mais pour accroître la force, la grandeur et l'indépendance de la nation.

« A la ville de Châtellerault! »

Un décret du Président de la République, en date du 4 décembre 1849, accorde aux employés de l'administration civile proprement dite en Algérie, qui justifieront de leur connaissance de la langue arabe, une prime de 200 francs, ou 400 francs selon qu'ils répondront aux examens des interprètes militaires de 3e et de 1re classe. Ce décret a déjà produit d'excellents résultats. Un certain nombre d'employés se sont présentés devant la commission d'examen, et ont été admis par elle : un plus grand nombre se livrent avec ardeur à l'étude de cette langue, certains d'y trouver une double récompense à leurs efforts; d'abord la prime, ensuite un avancement plus rapide.

En vulgarisant ainsi la langue arabe parmi les agents de l'administration, le Président veut arriver à la suppression des interprètes civils, dont la plupart, sans posséder à fond la langue arabe, n'ont, en fait d'instruction générale, que des connaissances incomplètes. En conséquence, un nouveau décret, du 4 avril 1851, étend le privilége à tous les fonctionnaires, non-seulement des préfectures, sous-préfectures, etc., mais à tous les agents qui se trouvent journellement en rapport avec les indigènes. Tels sont ceux du domaine, des forêts, des contributions directes, des poids et mesures, des mines, des opérations topographiques, des inspecteurs de colonisation, de la police.

En février, le Prince-Président, voyant que le moment était venu de réhabiliter la mémoire de celui que l'Empereur appelait *le brave des braves*, fit ratifier par l'Assemblée constituante le décret qui ordonne « qu'un monument sera élevé au maréchal Ney, sur « le lieu même où il a été fusillé. » C'était aller au-devant des vœux du public; car il fallait écrire quelque part l'expression de ce regret qu'avaient ressenti tant de cœurs, et il convenait de le faire à l'endroit même où le maréchal était tombé.

Un sentiment analogue qui répondait à celui du

pays, attira presque en même temps l'attention du Président sur la situation précaire, sur l'injuste oubli dans lesquels des événements douloureux, des révolutions successives ont laissé de dignes citoyens, de vieux soldats qui servirent glorieusement la France dans les grandes luttes de la République et de l'Empire. C'était là une dette négligée longtemps, ou incomplétement acquittée, qu'il ne lui était pas possible de méconnaître. Les souvenirs qui s'attachent à son nom font, en quelque sorte, pour lui, de cette sollicitude un héritage personnel, et l'assentiment public même ne pouvait manquer de sanctionner cette inspiration de son cœur généreux. Une commission fut nommée pour cet objet.

Parvenir graduellement à augmenter la fortune publique et à alléger les charges que nous nous imposons aujourd'hui, tel était, dans sa plus haute expression, l'idée fondamentale du projet présenté au Prince-Président : l'intérêt de la France étant le but capital à atteindre, la prospérité de l'Algérie paraissait l'un des meilleurs moyens pour y parvenir.

A l'égard du régime manufacturier du pays, le conseil général fut appelé à se prononcer sur certaines questions qui avaient paru de nature à éveiller toute la sollicitude du Président de la République : des modifications furent apportées à la loi sur les brevets d'invention, pour garantir aux inventeurs la récompense de leurs efforts et reconnaître les services qu'ils ont rendus à la société. La même protection dut être accordée au travail de l'ouvrier et surtout à celui des enfants dans les manufactures. Dans le même esprit, une commission spéciale prépara avec une sollicitude extrême, un règlement d'administration publique rendu nécessaire par la loi qui fixait à douze heures la durée du travail des adultes. Le travail du dimanche, sauf certaines exceptions faciles à déterminer, dut être interdit dans l'intérêt de la morale publique et du maintien des sentiments de famille.

Enfin des modifications furent préparées en vue de faire disparaître certaines dispositions de la loi relative aux livrets, qui avaient donné lieu à de regrettables abus. A toutes ces mesures dut s'ajouter un projet sur les marques de fabrique pour raffermir nos relations et étendre le cercle de nos opérations maritimes, afin de mettre la bonne foi en honneur et d'en faire la règle obligée de l'industrie et du commerce. Mais il ne suffisait pas de protéger l'essor de la production ou d'améliorer les conditions du travail, il fallait encore songer aux malheurs qui en dérivent, et en alléger le poids par le règlement des concordats. Et le bien produit par ces institutions ne devait pas demeurer concentré dans Paris, il fallut rechercher les moyens à prendre pour en assurer l'adoption dans toutes les villes commerçantes du pays.

L'industrie du fer était tombée dans une situation très-pénible, par suite de la suspension des travaux sur nos lignes de chemins de fer : de grands capitaux placés dans nos forges, dans nos ateliers de construction étaient frappés de stérilité : des ouvriers spéciaux, difficiles à réunir ou à remplacer, étaient près de se disperser ou de se déclasser : les houillères avaient dû ralentir leur production ; les bois et les charbons manquaient de placement et la propriété foncière se trouvait encore maltraitée sous ce rapport. Il fallut ranimer ces travaux, et faire cesser toutes ces souffrances.

Le service de la télégraphie électrique, mise à l'usage du public au 1er mars dernier, a déjà produit des résultats qui peuvent faire apprécier l'importance de ce nouveau mode de correspondance et de l'extension qu'il doit recevoir par la suite.

M. Lefèvre-Deumier, chargé par le Prince-Président des encouragements qu'il destine aux arts, a commandé à l'un de nos premiers statuaires, un groupe en marbre de *Psyché et l'Amour*. Au nombre des ouvrages de peinture qu'il vient d'acquérir pour le Prince, on cite un beau paysage de Bretagne, par Legentil, et une copie du tableau de David, représentant le Premier Consul au Saint-Bernard, par Marcel Verdier.

Les journaux ont annoncé que des ouvriers avaient été blessés dans la rue des Mauvaises-Paroles. Aussitôt que le Prince-Président en a été instruit par le préfet de police, il a envoyé à ces malheureux un secours de 400 francs.

Le 9 août le Prince est parti pour aller visiter les travaux qu'il fait exécuter en Sologne. Il sera de retour pour sa fête le 15 de ce mois, et le 16 il donnera un bal à Saint-Cloud, où l'on s'occupe déjà de grands préparatifs.

Le même M. Lefèvre vient d'envoyer, au nom du Prince-Président, 300 francs à la société des Amis des arts de l'Aube, 500 francs à la société d'Émulation des lettres et des arts de l'Allier, plus une médaille d'or de 500 francs pour être donnée en prix au concours d'orphéonistes de l'Yonne.

Tous les conseils d'arrondissement ont voté, dès leur première réunion, des remercîments au Président de la République pour l'acte énergique et courageux qui a sauvé la société.

Le Prince-Président a voulu assister à l'inauguration de la statue de Jeanne Hachette, à Beauvais, et sa présence a fait de cette solennité une double fête pour la ville, heureuse de posséder dans ses murs celui qui, à son tour, a sauvé la France. Jamais tant d'ovations en un jour n'avaient accueilli le prince Napoléon. Au banquet qui s'en est suivi, Son Altesse a rappelé avec bonheur l'époque de Jeanne d'Arc, et l'époque où Jeanne Hachette préserva sa ville natale de l'invasion étrangère; et puis, pour nous inviter à la fusion, le Prince ajoute en terminant :

« C'était la nation grande par huit cents ans de

monarchie, non moins grande après dix années de révolution ; travaillant à la fusion de tous les intérêts anciens et nouveaux, et adoptant toutes les gloires, sans acception de temps ou de cause.

« Nous avons tous hérité de ces sentiments, car je vois ici des représentants de tous les partis ; ils viennent avec moi rendre hommage à la vertu guerrière d'une époque, à l'héroïsme d'une femme.

« Portons un toast à la mémoire de Jeanne Hachette. »

Ce toast a été suivi d'applaudissements longs et réitérés. Ainsi finit cette belle journée que n'attrista aucun accident, et dont le plus brillant soleil avait rehaussé l'éclat.

Dans la nuit, plusieurs ministres, plusieurs représentants repartirent pour Paris avec une partie des invités. Le lendemain, dès neuf heures du matin, le Président, en voiture découverte, alla visiter la célèbre manufacture de tapisserie. Il s'arrêta également à la maison des pauvres, et descendit à l'hôtel de ville, dont le directeur lui adressa la parole dans le vestibule :

« Hier, c'était le jour de la splendeur et de la gloire ; vous veniez pour applaudir au courage heureux d'une fille du peuple, et vous, autant qu'elle, vous avez triomphé. Magnifique triomphe, où tout partait du cœur ! Aujourd'hui, c'est le jour des pauvres et de ceux qui souffrent. Prince, mille fois merci de ce sentiment de pitié ! »

C'est à ce même moment qu'eut lieu la première séance de la conférence sanitaire internationale, au ministère des affaires étrangères. Toutes les puissances amies avaient répondu avec empressement à l'appel de la commission formée des délégués les plus compétents en hygiène publique. Toutes avaient compris combien cette œuvre était utile et vraiment philanthropique. Depuis longtemps on se plaignait avec juste raison de la diversité des règlements sanitaires qui établissaient, au préjudice du commerce des différentes nations, tant de gêne et souvent une si fâcheuse inégalité. Il appartenait à cette époque où toutes les industries de l'univers semblent oublier leurs anciennes rivalités et se donner la main à cette merveilleuse Exposition de Londres, de mettre un terme à un état de choses souvent si regrettable.

Inaugurée sous d'aussi favorables auspices, il y a lieu d'espérer que l'œuvre confiée aux hommes éclairés qui composent la conférence sanitaire aboutira à un résultat de nature à concilier les intérêts si importants de la santé publique, et ceux du commerce et de la navigation dans la Méditerranée.

Plusieurs orages avaient éclaté sur divers points de la France et avaient occasionné des pertes considérables dans un certain nombre de départements.

L'ouragan du 23 juillet vint mettre le comble à ces désastres. Il est toutefois consolant de pouvoir constater ici le généreux élan de la charité privée. Elle s'est efforcée de proportionner ses bienfaits à la gravité des maux auxquels elle devait porter remède, et les personnes que leur position de fortune en rend les dispensateurs naturels, bien qu'étant elles-mêmes cruellement atteintes par le malheur commun, sont venues, avec le plus honorable empressement, au secours de leurs concitoyens encore plus éprouvés. Mais le Président de la République a voulu que, dans des circonstances aussi calamiteuses, son gouvernement remplît un grand devoir, et une somme de 40,000 francs est venue s'ajouter aux sacrifices que s'étaient déjà imposés les particuliers.

Après avoir secouru les uns, le chef de l'État se voit dans la cruelle nécessité de sévir contre les autres. Les sociétés secrètes, malgré la vigilance de l'administration, se développaient rapidement dans le département de l'Ardèche. On fabrique et l'on distribue clandestinement de la poudre et des armes. La configuration du sol, coupé de ravins et de torrents, en fait l'asile des contumaces qui fuient les départements voisins placés sous le régime de l'état de siége, et les dispositions à troubler l'ordre s'accroissent ainsi par la certitude de l'impunité. On agite évidemment cette contrée pour l'aguerrir à la révolte; déjà même on ne recule pas devant de lâches assassinats. Le département de l'Ardèche est mis en état de siége, par décret du Président.

Le 15 septembre a eu lieu la cérémonie de la pose

de la première pierre du pavillon n° 2 des halles centrales de Paris.

Quelques minutes avant une heure, la musique, le son des cloches, et surtout les bruyantes acclamations de la foule annoncèrent l'arrivée du Président de la République, qui, à sa descente de voiture, fut reçu par le clergé de Saint-Eustache, ayant à sa tête son vénérable curé, qui procède à la cérémonie religieuse, et s'avance ensuite vers le chef de l'État pour prononcer l'allocution d'usage.

Le Président était entouré de MM. le ministre de l'intérieur, le garde des sceaux, le ministre des finances, le ministre de la marine et le général Roguet.

« Puissent les halles centrales, dit M. l'abbé *Gautrot*, puissent ces halles, monument pacifique, s'élever au milieu du repos des esprits, et devenir, pendant tout le temps de leur construction, le gage de la concorde publique !

« Puissent-elles demeurer un témoignage impérissable du zèle que le chef illustre de l'État porte au bien-être de toutes les classes de la société, et de la constante sollicitude qui distingue l'administration municipale à l'égard de notre cité !

« Puissent-elles concourir, avec la diffusion des principes d'équité, de franchise, de loyauté, puisés dans la foi chrétienne et catholique, à favoriser le commerce, source de richesses légitimes et de bonheur pour notre patrie !

« Tels sont les vœux du clergé de Paris ; telles sont les espérances que nous assure l'acte religieux qui vient de s'accomplir. »

Après la bénédiction des fondations du nouvel édifice, le préfet de la Seine a remis au Président la boîte contenant les médailles et la plaque sur laquelle se trouve l'inscription commémorative de l'heureux événement qu'on célébrait.

Après avoir lu cette inscription, le Président a rendu la plaque au préfet, qui l'a remise aux architectes chargés de placer les médailles et monnaies réunies à l'avance dans le coffret que doit contenir la première pierre.

Le Président de la République, après avoir remercié affectueusement le préfet de la Seine, a pris la parole en ces termes :

« Voici quarante ans que l'on songe à élever un vaste monument destiné à préserver de l'intempérie des saisons cette classe nombreuse qui souffre journellement pour alimenter Paris de ce qui est nécessaire à son existence. Mais, grâce à la direction éclairée du ministre de l'intérieur, grâce au concours énergique du conseil municipal de Paris, et de son digne chef, grâce aux décisions de l'Assemblée nationale, cette œuvre que j'ai tant souhaitée s'accomplit enfin.

« La construction de ces halles, véritable bienfait

pour l'humanité, facilite l'approvisionnement de Paris, et appelle un plus grand nombre de départements à y concourir. Ce n'est donc pas une œuvre purement municipale, car Paris est le cœur de la France, et plus sa vie est active et puissante, plus elle se communique au reste du pays.

« En posant la première pierre d'un édifice dont la destination est si éminemment populaire, je me livre avec confiance à l'espoir qu'avec l'appui des bons citoyens et avec la protection du ciel, il nous sera donné de jeter dans le sol de la France quelques fondations sur lesquelles s'élèvera un édifice social assez solide pour offrir un abri contre la violence et la mobilité des passions humaines. »

Le 3 août, à dix heures du matin, le Président de la République a reçu les commissaires des gouvernements étrangers pour l'Exposition de Londres, et il leur a exprimé par des paroles pleines de justesse et d'élévation tout son intérêt pour la vaste entreprise à laquelle ils avaient tous concouru. Il a ajouté que le contact des peuples par le rapprochement, dans un concours, de toutes leurs forces productives devait nécessairement contribuer à créer des relations profitables pour tous, à raffermir les liens de bons rapports ; que désormais les nations devenaient tellement solidaires entre elles qu'aucun événement grave ne pourrait survenir sans que le contre-coup s'en fît sentir dans toute l'Europe. Il a témoigné enfin, combien il était heureux de voir réunis les représentants de toutes les industries du monde.

S. Exc. lord Normamby a écrit au ministre des affaires étrangères une lettre particulière, pour exprimer officiellement au Président de la République, aux membres du gouvernement, au préfet de la Seine et à la municipalité de Paris, la profonde gratitude de lord Granville, des autres membres de la commission royale, des jurés et des personnes qui se rattachent à d'autres titres à la grande Exposition internationale, pour la cordiale réception qu'ils ont trouvée partout, durant leur récente visite à Paris. Ils conserveront à jamais un vif souvenir du soin prévenant et flatteur qu'ont mis les autorités à leur offrir, pendant ces quelques jours, un spécimen de toutes les curieuses merveilles de cette splendide capitale, et ils sont partis profondément touchés du sentiment amical avec lequel ils ont été, en toute occasion, accueillis par toutes les classes de la population parisienne.

Le 18 août, au nom du Président de la République, le ministre des travaux publics inaugurait, au milieu des personnes qui composaient le train officiel, la section du chemin de fer qui va d'Angers à Nantes, et qui termine la ligne de cette dernière ville à Paris, sur un parcours général de 432 kilomètres; le voyage, déduction faite des arrêts, a été accompli en moins de dix heures. Cette cérémonie a été magnifique.

Message du Président de la République.

« Messieurs les Représentants, je viens, comme chaque année, vous présenter le compte sommaire des faits importants qui se sont accomplis depuis le dernier message. Toutefois, je crois devoir passer sous silence les événements qui, malgré moi, ont pu produire certains dissentiments toujours regrettables. La paix publique, sauf quelques agitations partielles, n'a pas été troublée ; et même, à plusieurs époques où les difficultés politiques étaient de nature à affaiblir le sentiment de sécurité et à exciter les alarmes, le pays, par son attitude paisible, a montré dans le gouvernement une confiance dont le témoignage m'est précieux.

« Il serait néanmoins imprudent de se faire illusion sur cette apparence de tranquillité. Une vaste conspiration démagogique s'organise en France et en Europe. Les sociétés secrètes cherchent à étendre leurs ramifications jusque dans les moindres communes. Tout ce que les partis renferment d'insensé, de violent, d'incorrigible, sans être d'accord sur les hommes ni sur les choses, s'est donné rendez-vous en 1852, non pour bâtir, mais pour renverser.

« Votre patriotisme et votre courage à l'égal desquels je m'efforcerai de marcher, épargneront, je n'en doute pas, à la France, le péril dont elle est menacée... (Ici le Président propose les moyens les plus propres à conjurer ces malheurs.) Un des premiers sera de rétablir le suffrage universel sur la base la plus large possible. C'est le vœu manifeste du pays... » Il termine ainsi :

« On objecte, je le sais, que, de ma part, ces propositions sont inspirées par l'intérêt personnel. (Mouvement contenu.) Ma conduite, depuis trois ans, doit repousser une allégation semblable. Le bien du pays, je le répète, sera toujours le seul mobile de ma conduite. Je crois de mon devoir de proposer tous les moyens de conciliation, et de faire tous mes efforts pour amener une solution pacifique, régulière, légale, quelle qu'en puisse être l'issue.

« Ainsi donc, Messieurs, la proposition que je vous fais n'est pas une tactique de parti, ni un calcul égoïste, ni une résolution subite ; c'est le résultat de méditations sérieuses et d'une conviction profonde. Je ne prétends pas que cette mesure fasse disparaître toutes les difficultés de la situation ; mais à chaque jour sa tâche. Aujourd'hui rétablir le suffrage universel, c'est enlever à la guerre civile son drapeau, à l'opposition son dernier argument. (Rumeurs et chuchotements à gauche et à droite.) Ce sera fournir à la France la possibilité de donner des institutions qui assurent son repos. Ce sera rendre aux pouvoirs à venir cette force morale qui n'existe qu'autant qu'elle repose sur un principe sacré, et sur une autorité incontestable... »

Il n'est pas, en effet, pour un pays libre, de moment plus grave, plus solennel, que celui du renouvellement, par un suffrage public, des grands pouvoirs de l'État. Nous touchons à l'époque où cet acte si important de la vie politique devra s'accomplir parmi nous. Les esprits s'en préoccupent vivement, et tous les regards sont dès à présent fixés sur cet avenir prochain. Cependant la proposition du Prince-Président trouvera dans l'Assemblée d'énergques résistances.

Le Président de la République voulut réunir autour de lui, le 25 novembre, dans une grande solennité, les chefs de l'industrie française, dont les produits ont brillé avec tant d'éclat à l'Exposition universelle de Londres, et c'est dans la salle du Cirque-Olympique des Champs-Elysées qu'il leur distribua des récompenses. Il voulut les remercier, au nom de la France, d'avoir ajouté à sa gloire, et remettre même l'insigne de l'honneur à quelques uns d'entre eux que le ministre de l'intérieur avait proposés à son choix, après avoir consulté les juges investis de toute leur confiance.

Jamais notre industrie n'a mieux mérité cette haute distinction. Elle sortait à peine d'une crise que les événements politiques avaient rendue si grave, lorsque le prince Albert prit la noble résolution d'établir un concours entre les artistes et les manufacturiers de toutes les nations en rassemblant leurs produits dans une même enceinte. C'était un acte de dévouement et de courage que de répondre à cet appel dans

8.

des circonstances si désavantageuses pour nous. Mais le succès a dépassé nos espérances.

Nos exposants n'étaient que 1,760, sur environ 19, 000, et ils ont obtenu 37 grandes médailles sur 172 ; 622 médailles de prix, sur 2,921 ; et 372 mentions honorables, sur 2,093.

Nous serions injustes si nous ne rendions en même temps hommage à la généreuse impartialité de nos rivaux qui ont consenti, eux si jaloux de toute supériorité industrielle, à s'avouer vaincus par nous, sur leur propre sol, dans plusieurs branches d'industrie.

A midi et demi précis le Président de la République fait son entrée, et salue l'Assemblée, qui l'accueille par des vivat répétés.

Il occupe le milieu de la tribune ; à sa droite et à sa gauche sont les ministres et le président de l'Assemblée nationale ; derrière le fauteuil présidentiel se tiennent les officiers d'ordonnance, le général Magnan, le général Perrot, le préfet de la Seine et divers généraux commandant à Paris. M. de Casabianca, naguère ministre du commerce, aujourd'hui ministre des finances, prononce un discours où il développe les obstacles qu'ont rencontrés dans cette lutte nos exposants, et puis finalement leurs succès.

M. Ch. Dupin est chargé de leur distribuer les médailles dont le « cuivre vaut 1 franc, dit-il, pour la première classe, et 50 centimes pour la seconde : mais, ces médailles, si vos juges ont fait leur devoir, si l'équité les a décernées, c'est le symbole magnifique de la supériorité parmi les peuples célèbres. »

Dans cette grande solennité, le discours patriotiques de M. Ch. Dupin, comme celui de M. de Casabianca, ont été couverts d'applaudissement.

S. A. I. a pris la parole, et s'est exprimée ainsi :

« Messieurs,

« Il est des cérémonies qui, par les sentiments qu'elles inspirent et les réflexions qu'elles font naître, ne sont pas un vain spectacle.

« Je ne puis me défendre d'un certain orgueil comme Français, en voyant autour de moi les hommes honorables qui, au prix de tant d'efforts et de sacrifices, ont maintenu avec éclat, à l'étranger, la réputation de nos métiers, de nos arts, de nos sciences.

« J'ai déjà rendu un juste hommage à la grande pensée qui présida à l'Exposition universelle de Londres ; mais au moment de couronner vos succès par une récompense nationale, puis-je oublier que tant de merveilles de l'industrie ont été commencées au bruit de l'émeute et achevées au milieu d'une société sans cesse agitée par la crainte du présent, comme par les menaces de l'avenir? Et, en réfléchissant aux obstacles qu'il vous a fallu vaincre, je me suis dit : *Combien elle serait grande cette nation, si on voulait la laisser respirer à l'aise et vivre de sa vie!* (Applaudissements.) En effet, c'est lorsque le crédit commençait à peine à renaître ; c'est lorsqu'une idée infernale poussait sans cesse les travailleurs à tarir les sources mêmes du travail ; c'est lorsque la démence, se parant du manteau de la philanthropie, venait détourner les esprits des occupations régulières, pour les jeter dans les spéculations de l'utopie ; c'est alors que vous avez montré au monde des produits qu'un calme durable semblait seul permettre d'exécuter.

« En présence donc de ces résultats inespérés, je dois le répéter : Comme elle pourrait être grande, la République française, s'il lui était permis de vaquer à ses véritables affaires et de réformer ses institutions, au lieu d'être sans cesse troublée, d'un côté par les idées démagogiques, et de l'autre, par les hallucinations monarchiques ! (Vifs applaudissements.)

« Mais les idées démagogiques proclament-elles une vérité ? Non, elles répandent partout l'erreur et le mensonge. L'inquiétude les précède, la déception les suit, et les ressources employées à les réprimer sont autant de pertes pour les améliorations les plus pressantes, pour le soulagement de la misère. (Adhésion unanime.)

« Quant aux hallucinations monarchiques, sans faire courir les mêmes dangers, elles entravent également tout progrès, tout travail sérieux. On lutte au lieu de marcher.

« On voit des hommes, jadis ardents promoteurs des prérogatives de l'autorité royale, se faire conventionnels afin de désarmer le pouvoir issu du suffrage populaire. (Applaudissements.) On voit ceux qui ont le plus souffert, le plus gémi des révolutions en provoquer une nouvelle ; et cela, dans l'unique but de se soustraire au vœu national et d'empêcher le mouvement qui transforme les sociétés, de suivre un paisible cours. (Bravos prolongés.)

« Ces efforts seront vains. Tout ce qui est dans la nécessité des temps doit s'accomplir. L'inutile seul ne saurait revivre. Cette cérémonie est encore une preuve que si certaines institutions tombent sans retour, celles au contraire qui sont conformes aux mœurs, aux idées, aux besoins de l'époque, bravent les attaques de l'envie et du puritanisme.

« Vous tous, fils de cette société régénérée qui détruisit les anciens priviléges et qui proclama comme principe fondamental l'égalité civile et politique, vous éprouvez néanmoins un juste orgueil à être nommés chevaliers de l'ordre de la Légion d'honneur. C'est que cette institution était, ainsi que toutes celles créées à cette époque, en harmonie avec l'esprit du siècle et les idées du pays.

« Loin de servir comme d'autres à rendre les démarcations plus tranchées, elle les efface en plaçant sur la même ligne tous les mérites, à quelque profession, à quelque rang de la société qu'ils appartiennent. (Applaudissements.)

« Recevez donc ces croix de la Légion d'honneur, qui, d'après la grande idée du fondateur, sont faites pour honorer le travail à l'égal de la bravoure, et la bravoure à l'égal de la science.

« Avant de nous séparer, Messieurs, permettez-moi de vous encourager à de nouveaux travaux. Entreprenez-les sans crainte ; ils empêcheront le chômage cet hiver. Ne redoutez pas l'avenir. La tranquillité sera maintenue, quoi qu'il arrive. Un gouvernement qui s'appuie sur la masse entière de la nation, qui n'a d'autre mobile que le bien public et qu'anime cette foi ardente qui vous guide sûrement, même à travers un espace où il n'y a pas de route tracée, ce gouvernement, dis-je, saura remplir sa mission, car il a en lui et le droit qui vient du peuple, et la force qui vient de Dieu. » (Applaudissements prolongés.)

Appel au peuple par le Président de la République.

« Français ! la situation actuelle ne peut durer plus longtemps. Chaque jour qui s'écoule aggrave les dangers du pays. L'Assemblée, qui devrait être le plus ferme appui de l'ordre, est devenue un foyer de complots. Le patriotisme de trois cents de ses membres n'a pu arrêter ces fatales tendances. Au lieu de faire des lois dans l'intérêt général, elle forge des armes pour la guerre civile ; elle attente au pouvoir que je tiens directement du peuple ; elle encourage toutes les mauvaises passions ; elle compromet le repos de la France ; je l'ai dissoute, et je rends le peuple entier juge entre elle et moi.

« La Constitution, vous le savez, avait été faite dans le but d'entraver le pouvoir que vous alliez me confier. Six millions de suffrages furent une éclatante protestation contre elle, et cependant je l'ai fidèlement observée. Les provocations, les calomnies, les outrages m'ont trouvé impassible. Mais aujourd'hui que le pacte fondamental n'est pas respecté de ceux-là mêmes qui l'invoquent sans cesse, et que les hommes qui ont déjà perdu deux monarchies veulent me lier les mains afin de renverser la République, mon devoir est de déjouer leurs perfides projets, de maintenir la République et de sauver le pays en invoquant le jugement solennel du seul souverain que je reconnaisse en France, le peuple.

« Je fais donc un appel loyal à la nation tout entière, et je vous dis : Si vous voulez continuer cet état de malaise qui nous dégrade et compromet notre avenir, choisissez un autre à ma place, car je ne veux plus d'un pouvoir qui est impuissant à faire le bien, me rend responsable d'actes que je ne puis empêcher, et m'enchaîne au gouvernail quand je vois le vaisseau courir vers l'abîme... »

Le Prince-Président propose de nommer :

1° Un chef responsable pour dix ans ; 2° des ministres dépendants du pouvoir exécutif seul ; 3° un conseil d'État formé des hommes les plus distingués, préparant les lois ; 4° un Corps législatif discutant et votant les lois ; 5° une seconde Assemblée, formée de toutes les illustrations du pays, pouvoir pondérateur, gardien du pacte fondamental et des libertés publiques.

« Ce système, créé par le Premier Consul au commencement du siècle, a déjà donné à la France le repos et la prospérité ; il les lui garantirait encore.

« Telle est ma conviction profonde. Si vous la partagez, déclarez-le par vos suffrages. Si, au contraire, vous préférez un gouvernement sans force, monarchique ou républicain, emprunté à je ne sais quel passé ou à quel avenir chimérique, répondez négativement.

« Ainsi, pour la première fois depuis 1804, vous voterez en connaissance de cause, en sachant bien pour qui et pourquoi.

« Si je n'obtiens pas la majorité de vos suffrages, alors je provoquerai la réunion d'une nouvelle Assemblée, et je remettrai le mandat que j'ai reçu de vous.

« Mais si vous croyez que la cause dont mon nom est le symbole, c'est-à-dire la France régénérée par la Révolution de 89 et organisée par l'Empereur, est toujours la vôtre, proclamez-le en consacrant les pouvoirs que je vous demande.

« Alors la France et l'Europe seront préservées de l'anarchie, les obstacles s'aplaniront, les rivalités auront disparu, car tous respecteront, dans l'arrêt du peuple, le décret de la Providence.

Au nom du peuple français,

Le Président de la République,

Décrète :

Art. 1er. L'Assemblée nationale est dissoute.

Art. 2. Le suffrage universel est rétabli. La loi du 31 mai est abrogée.

Art. 3. Le peuple français est convoqué dans ses comices à partir du 14 décembre jusqu'au 21 décembre suivant.

Art. 4. L'état de siége est décrété dans l'étendue de la 1re division militaire.

Art. 5. Le conseil d'État est dissous.

Art. 6. Le ministre de l'intérieur est chargé de l'exécution du présent décret.

Fait au palais de l'Élysée, le 2 décembre 1851.

LOUIS-NAPOLÉON BONAPARTE.

Le ministre de l'intérieur,

DE MORNY.

Cette dissolution, bien que prévue par les esprits les moins pénétrants, on n'en excepte que les plus chauds démocrates qui nourrissaient l'espérance de voir, d'un moment à l'autre, le Président de la République au donjon de Vincennes, cette dissolution de l'Assemblée va nous coûter encore quelques victimes ; heureusement elles seront les dernières, car l'issue ne nous paraît pas douteuse et force restera au bon droit. La veille encore, à l'Assemblée législative, nous étions menacés d'un cataclysme universel pour 1852 : c'est donc aux applaudissements de tout Paris qu'elle a été dissoute.

Proclamation du Président de la République à l'armée :

« Soldats !

« Soyez fiers de votre mission, vous sauverez la patrie, car je compte sur vous, non pour violer les lois, mais pour faire respecter la première loi du pays, la souveraineté nationale, dont je suis le légitime représentant.

« Depuis longtemps vous souffriez comme moi des obstacles qui s'opposaient et au bien que je voulais vous faire, et aux démonstrations de votre sympathie en ma faveur.

« Ces obstacles sont brisés. L'Assemblée a essayé d'attenter à l'autorité que je tiens de la nation entière ; elle a cessé d'exister. Je fais un loyal appel au peuple et à l'armée, et je lui dis : Ou donnez-moi les moyens d'assurer votre prospérité, ou choisissez un autre à ma place.

« En 1830 comme en 1848, on vous a traités en vaincus. Après avoir flétri votre désintéressement héroïque, on a dédaigné de consulter vos sympathies et vos vœux, et cependant vous êtes l'élite de la nation. Aujourd'hui, en ce moment solennel, je veux que l'armée fasse entendre sa voix.

« Votez donc librement comme citoyens; mais, comme soldats, n'oubliez pas que l'obéissance passive aux ordres du chef du gouvernement est le devoir rigoureux de l'armée, depuis le général jusqu'au soldat.

« C'est à moi, responsable de mes actions devant le peuple et devant la postérité, de prendre les mesures qui me semblent indispensables pour le bien public.

« Quant à vous, restez inébranlables dans les règles de la discipline et de l'honneur. Aidez, par votre attitude imposante, le pays à manifester sa volonté dans le calme et la réflexion. Soyez prêts à réprimer toute tentative contre le libre exercice de la souveraineté du peuple.

« Soldats, je ne vous parle pas des souvenirs que mon nom rappelle. Ils sont gravés dans vos cœurs...

« Fait au palais de l'Élysée, 2 décembre 1851.

« Louis-Napoléon Bonaparte. »

« Au nom du peuple français,

« Le Président de la République, considérant que la souveraineté réside dans l'universalité des citoyens, et qu'aucune fraction du peuple ne peut s'en attribuer l'exercice, vu les lois et arrêtés qui ont réglé jusqu'à ce jour le mode de l'appel au peuple...

Décrète :

« Art. 1er. Le peuple français est solennellement convoqué dans ses comices, le 14 décembre, présent mois, pour accepter ou rejeter le plébiscite suivant :

« Le peuple français veut le maintien de l'autorité de Louis-Napoléon Bonaparte, et lui délègue les pouvoirs nécessaires pour établir une constitution sur les bases proposées dans sa proclamation du 2 décembre... etc., etc. »

Déjà, le 3 décembre, le ministre de l'intérieur avait reçu des nouvelles d'environ quarante départements qui étaient toutes rassurantes. Un seul incident un peu grave a signalé cette journée à Paris. Une barricade a été élevée, vers midi, dans le faubourg Saint-Antoine par une centaine d'individus qui avaient à leur tête trois représentants de la Montagne ; le colonel du 19e léger a fait attaquer cette barricade par son régiment, mais sans donner l'ordre de tirer sur les insurgés. A un signal donné par les représentants, les factieux ont tiré sur la troupe. Un soldat mortellement atteint par une balle partie de leurs rangs, est tombé dans les bras de ses camarades indignés, pour ne plus se relever. La troupe a aussitôt riposté par une décharge qui a balayé les insurgés, et la barricade a été immédiatement détruite. Deux des représentants qui combattaient derrière cette barricade et qui excitaient le peuple à la révolte, sont tombés morts et le troisième a pris la fuite.

A quatre heures, une bande d'environ deux cents individus venait de former une barricade dans la rue des Vieilles-Haudriettes. M. de Saint-Georges, directeur de l'Imprimerie nationale, informé de ce fait, et ne voulant pas laisser cerner l'établissement qu'il dirige, a fait porter sur ce point un détachement de gendarmerie mobile. Accueillie par une décharge, la troupe a riposté, s'est emparée de la barricade, a mis en fuite ses défenseurs et a ramené à l'Imprimerie nationale l'une des voitures des Messageries qui avaient servi à la former.

Vers cinq heures du soir, rue de Rambuteau, d'autres barricades avaient été élevées au nombre de trois ou quatre. Le général Magnan a immédiatement dirigé des troupes sur ce point, avec ordre de les enlever de vive force; mais les séditieux n'ont pas osé attendre la force armée.

Si d'autres tentatives insurrectionnelles ont eu lieu, elles ont été immédiatement et complétement réprimées. A sept heures du soir, Paris est parfaitement calme et, d'ailleurs, les mesures les plus énergiques sont prises pour parer à toutes les éventualités.

On a nommé un quatrième représentant qui avait lu plusieurs fois une proclamation, notamment au café de Paris, rue Montmartre, et au café Tortoni, sur le perron même, et prononcé aussi la déchéance de Louis-Napoléon Président de la République. Le lendemain, à neuf heures l'émeute a reparu presque dans les mêmes quartiers que la veille; excepté dans le faubourg Saint-Antoine, dont la tranquillité n'a pas été troublée et où les ouvriers ont repris leurs travaux. Plusieurs insurgés ont été tués : une cinquantaine de chefs de section ont été faits prisonniers. Cent vingt des ex-représentants de la Montagne avaient rédigé une proclamation : le préfet de police a pris des mesures efficaces pour en empêcher l'impression et l'affichage, en plaçant dans les directions signalées des agents fermes et intelligents. A quatre heures et demie la troupe est maîtresse de tout le terrain occupé par l'insurrection ; partout on relève les blessés pour les transporter dans des ambulances.

Un certain nombre de représentants avaient été arrêtés ; on a voulu les mettre en liberté, et la plupart se sont obstinés à vouloir rester captifs.

Au moment où la démagogie annonce que Louis-Napoléon est arrêté et que la haute Cour rend un arrêt contre lui, le Président passe une revue aux Champs-Élysée et est accueilli par la troupe aux cris de *Vive Napoléon! vive le Président!*

Le cours de la justice n'a pas été interrompu par ces grands événements.

Les membres de la commission consultative présentent au Prince-Président le recensement des votes. Le Prince est entouré de ses ministres et de ses aides de camp. Le vice-président de cette commission est M. Baroche, qui s'approche du Président de la République et lui adresse la parole en ces termes :

« Prince,

« En faisant appel au peuple français, par votre proclamation du 2 décembre, vous avez dit :

« Je ne veux plus d'un pouvoir qui est impuissant
« à faire le bien et m'enchaîne au gouvernail quand je
« vois le vaisseau courir vers l'abîme. Si vous avez
« confiance en moi, donnez-moi les moyens d'accom-
« plir la grande mission que je tiens de vous. »

« A cet appel loyal, fait à sa conscience et à sa souveraineté, la nation a répondu par une immense acclamation, par plus de sept millions quatre cent cinquante mille suffrages.

« Oui, Prince, la France a confiance en vous. Elle a confiance en votre courage, en votre haute raison, en votre amour pour elle ! Et le témoignage qu'elle vient de vous en donner est d'autant plus glorieux qu'il est rendu après trois années d'un gouvernement dont il consacre ainsi la sagesse et le patriotisme.

« L'élu du 10 décembre 1848 s'est-il montré digne du mandat que le peuple lui avait conféré ? A-t-il bien compris la mission qu'il avait reçue ? Qu'on le demande aux millions de voix qui viennent de confirmer ce mandat, en y ajoutant une mission et plus grande et plus belle !

« Jamais, dans aucun pays, la volonté nationale

s'est-elle aussi solennellement manifestée? Jamais gouvernement obtint-il un assentiment pareil, eut-il une base plus large, une origine plus légitime et plus digne du respect des peuples ? (Murmures d'approbation.)

« Prenez possession, Prince, de ce pouvoir qui vous est si glorieusement déféré. — Usez-en pour développer par de sages institutions les bases fondamentales que le peuple lui-même a consacrées par ses votes. — Rétablissez en France le principe d'autorité, trop ébranlé depuis soixante ans par nos continuelles agitations. — Combattez sans relâche ces passions anarchiques qui attaquent la société jusque dans ses fondements.

« Prince, le 2 décembre vous avez pris pour symbole *la France régénérée par la révolution de 89 et organisée par l'Empereur*, c'est-à-dire une liberté sage et bien réglée, une autorité forte et respectée de tous : que votre sagesse et votre patriotisme réalisent cette noble pensée! Rendez à ce pays si riche, si plein de vie et d'avenir, le plus grand de tous les biens, l'ordre, la stabilité, la confiance. Comprimez avec énergie l'esprit d'anarchie et de révolte. —Vou aurez ainsi sauvé la France, préservé l'Europe entière d'un immense péril, et ajouté à la gloire de votre nom une nouvelle et impérissable gloire. »

Ces paroles sont suivies de marques unanimes et significatives d'approbation.

Voici la réponse du Prince :

« Messieurs, la France a répondu à l'appel loyal que je lui avais fait ; elle a compris que je n'étais sorti de la légalité que pour rentrer dans le droit. Plus de sept millions de suffrages viennent de m'absoudre, en justifiant un acte qui n'avait d'autre but que d'épargner à notre patrie et à l'Europe, peut-être, des années de trouble et de malheur.

« Je vous remercie d'avoir constaté officiellement combien cette manifestation était nationale et spontanée.

« Si je me félicite de cette immense adhésion, ce n'est pas par orgueil, mais parce qu'elle me donne la force de parler et d'agir ainsi qu'il convient à une grande nation comme la nôtre.

« Je comprends toute la grandeur de ma mission nouvelle ; je ne m'abuse pas sur ses graves difficultés. Mais, avec un cœur droit, avec le concours de tous les hommes de bien qui, ainsi que vous, m'éclaireront de leurs lumières, et me soutiendront de leur patriotisme, avec le dévouement éprouvé de notre vaillante armée, enfin avec cette protection que demain je prierai solennellement le ciel de m'accorder encore, j'espère me rendre digne de la confiance que le peuple continue de mettre en moi. J'espère assurer les destinées de la France, en fondant des institutions qui répondent à la fois, et aux instincts démocratiques de la nation, et à ce désir exprimé universellement d'avoir désormais un pouvoir fort et respecté.

« En effet, donner satisfaction aux exigences du moment en créant un système qui reconstitue l'autorité, sans blesser l'égalité, sans fermer aucune voie d'amélioration, c'est jeter les véritables bases du seul édifice capable de supporter plus tard une liberté sage et bienfaisante. »

Des cris de *Vive Napoléon! vive le Président!* se font entendre. Les membres de la commission se pressent autour de Louis-Napoléon pour lui adresser leurs félicitations. Quelques conversations s'engagent entre le Président et plusieurs des membres de la commission. Vingt minutes environ se passent avant la réception du corps diplomatique conduit par le nonce apostolique, qui n'adresse pas de discours.

Mgr l'archevêque s'exprime ainsi, à la tête du chapitre métropolitain et du clergé de Paris :

« Monsieur le Président,

« Nous venons vous présenter nos félicitations et nos vœux. Ce que nous allons faire demain, nous le ferons tous les jours de l'année qui va commencer : nous prierons Dieu avec ferveur pour le succès de la haute mission qui vous a été confiée, pour la paix et la prospérité de la République, pour l'union et la concorde de tous les citoyens. Mais, afin qu'ils soient tous bons citoyens, nous demanderons à Dieu d'en faire de bons chrétiens. »

Le Prince a remercié Mgr l'archevêque d'avoir bien voulu mettre sous la protection divine les actes qui lui ont été inspirés par le sentiment qui avait déjà dicté ces paroles : « Que les bons se rassurent, que les méchants tremblent ! »

Le doyen du clergé de Paris, le vénérable curé de Saint-Nicolas, âgé de quatre-vingt-sept ans, s'est ensuite approché vivement du Président, et lui a dit d'un ton allègre : « Je suis heureux, Monseigneur, de vous dire avec le Prophète : *L'œuvre de Dieu réussira quand même.* »

L'assistance tout entière a accueilli avec une hilarité sympathique les courtes et expressives paroles du vieux curé. Ensuite les deux consistoires de l'Église réformée et de l'Église de la confession d'Augsbourg et le consistoire central israélite ont été admis à présenter leurs hommages au Président de la République.

L'ambassadeur de France à Londres, accompagné du commissaire du Gouvernement pour l'Exposition universelle, a été reçu le 31 décembre en audience particulière au château de Windsor. Il a remis à la reine Victoria une lettre autographe du Président de la République, par laquelle le chef de l'État fait présent à Sa Majesté de la magnifique tapisserie des Gobelins représentant le massacre de Mamelucks, d'après Horace Vernet. Ce tableau, chef-d'œuvre de l'art et de l'industrie, a figuré à l'Exposition universelle de Londres, où il a attiré l'attention de la reine, dans les nombreuses visites qu'elle faisait au Palais de cristal. La reine a répondu gracieusement qu'elle était heureuse d'accepter le présent qui lui était fait par le Prince-Président de la République ; qu'elle le conserverait comme un précieux souvenir de cette Exposition qui a si fortement contribué à resserrer l'union des deux peuples, et qu'elle faisait des vœux sincères pour le bonheur et la prospérité de la France.

Après le *Te Deum* solennel en action de grâces, splendide solennité religieuse et nationale, qui vient de consacrer de nouveau Notre-Dame de Paris, ce monument auquel se rattachent déjà les plus glorieux, les plus touchants souvenirs de notre histoire, le Président suivi d'un nombreux et brillant cortége, s'est rendu au palais des Tuileries où sera désormais sa résidence officielle.

En 1802, un *Te Deum* était chanté pour fêter la résurrection du culte catholique ; en 1852, c'est pour rendre grâce à Dieu d'avoir inspiré à la France cet esprit de sagesse qui sauve les nations. Cet exemple de respect du chef de l'État pour les cérémonies de la religion, que Napoléon, le premier du nom, n'avait pu imposer qu'avec peine à quelques-uns de ses plus illustres lieutenants, n'a trouvé cette fois que des voix disposées à le louer, à l'admirer. A peine l'archevêque avait donné la bénédiction du Saint-Sacrement avec cet ostensoir brillant de pierreries dont l'Empereur dota l'église métropolitaine, que d'immenses acclamations, dont les corps constitués ont donné le signal, ont suivi le Président jusqu'à sa sortie de l'église.

Aux Tuileries, la réception a eu lieu dans la salle des maréchaux.

Le 5 janvier le Président de la République reçoit à dîner les délégués des départements venus à Paris pour la proclamation du résultat des votes : mardi, le Prince les invite à une représentation extraordinaire au grand Opéra.

Les emblèmes les plus respectables perdent ce caractère quand ils ne rappellent que de mauvais jours. Ainsi, ces trois mots *Liberté, égalité, fraternité*, forment par eux-mêmes une touchante devise ; mais comme on ne les a vus paraître qu'à des époques de troubles et de guerre civile, leur inscription grossière sur nos édifices publics attriste et inquiète les passants : un ordre spécial est transmis à tous les préfets pour les faire disparaître.

Le gouvernement fermement déterminé à prévenir toute cause de troubles, a dû prendre des mesures contre certaines personnes dont la présence en France pourrait empêcher le calme de se rétablir. Ces mesures s'appliquent à trois catégories. Dans la première figurent les individus convaincus d'avoir pris part aux insurrections récentes : leur séjour ici serait de nature à fomenter la guerre civile; ils seront, suivant leur degré de culpabilité, déportés à la Guyane française ou en Algérie. Dans la seconde, se trouvent les chefs reconnus du socialisme : ils seront expulsés du territoire de la République, et transportés s'ils venaient à y rentrer. Dans la troisième sont compris les hommes politiques qui se sont fait remarquer par leur violente hostilité au gouvernement, et dont la présence serait une cause perpétuelle d'agitation : ils seront momentanément éloignés de France.

Dans les circonstances actuelles, le devoir du gouvernement est la fermeté; mais il saura maintenir la répression dans de justes limites. Divers décrets donnent la liste des noms des anciens représentants à l'Assemblée législative, expulsés du territoire français, de celui de l'Algérie et de celui de nos colonies, pour cause de sûreté générale. Désormais le Sénat et le Corps législatif remplaceront l'Assemblée législative.

Le projet de plébiscite du 2 décembre adopté par près de 8 millions de suffrages, résume parfaitement la nouvelle Constitution. Dans la proclamation suivante, le Prince en développe les principales dispositions et à mesure les justifie :

« Français!

« Lorsque, le 2 décembre, je vous exprimai

loyalement quelles étaient, à mon sens, les conditions vitales du pouvoir en France, je n'avais pas la prétention, si commune de nos jours, de substituer une théorie personnelle à l'expérience des siècles. J'ai cherché, au contraire, quels étaient dans le passé les meilleurs exemples à suivre, quels hommes les avaient donnés, et quel bien en était résulté.

« Dès lors, j'ai cru logique de préférer les préceptes du génie aux doctrines spécieuses d'hommes à idées abstraites. J'ai pris comme modèle les institutions politiques qui déjà, au commencement de ce siècle, dans des circonstance analogues, ont raffermi la société ébranlée et élevé la France à un haut degré de prospérité et de grandeur. J'ai pris comme modèle les institutions qui, au lieu de disparaître au premier souffle des agitations populaires, n'ont été renversées que par l'Europe entière coalisée contre nous. En un mot, je me suis dit : Puisque la France ne marche depuis cinquante ans qu'en vertu de l'organisation administrative, militaire, judiciaire, religieuse, financière du Consulat et de l'Empire, pourquoi n'adopterions-nous pas aussi les institutions politiques de cette époque ? Créées par la même pensée, elles doivent porter en elles le même caractère de nationalité et d'utilité pratique. Tout ce qui existait avant 89, a été détruit par la Révolution ; et tout ce qui a été organisé depuis la Révolution et qui existe encore l'a été par Napoléon... »

Suit la Constitution faite en vertu des pouvoirs délégués par le peuple français à Louis-Napoléon Bonaparte par le vote des 20 et 21 décembre 1851.

La presse avait joué un rôle infâme dans ces derniers temps ; un décret organique du 17 février prescrit « qu'aucun journal ou écrit périodique traitant de matières politiques ou d'économie sociale, et paraissant soit régulièrement et à jour fixe, soit par livraison et irrégulièrement, ne pourra être créé ou publié sans l'autorisation préalable du gouvernement. — Cette autorisation ne pourra être accordée qu'à un français majeur, jouissant de ses droits civils et politiques. — Cette autorisation sera pareillement nécessaire, à raison de tous changements opérés dans le personnel des gérants, rédacteurs en chef, propriétaires ou administrateurs d'un journal. »

Le 12 novembre 1850, le Prince avait fait à la France, dans son message, une promesse qu'il était impatient de réaliser : « Six mille condamnés, ren-
« fermés dans nos bagnes de Toulon, de Brest et
« de Rochefort, grèvent notre budget d'une charge
« énorme, se dépravent de plus en plus et menacent
« incessamment la société. Il me semble possible de
« rendre la peine des travaux forcés plus efficace,
« plus moralisatrice, moins dispendieuse et en même
« temps plus humaine, en l'utilisant aux progrès de
« la colonisation française. »

Les événements avaient retardé jusqu'à ce jour la

réalisation de cette haute pensée : mais, pour la mettre à exécution, le Prince ne voulait pas seulement écarter de notre société des hommes pervers qui l'inquiètent, il voulait montrer aussi que l'humanité préside à tous ses actes. Si ces hommes doivent être soumis au régime d'isolement et d'obéissance, garanti par les sévérités d'une véritable discipline militaire, le Prince désire qu'on les fasse entrer dans la voie des réformes morales, et que, régénérés par elles, ils deviennent sur le sol colonial des citoyens utiles à leur pays. La solution de ce vaste et généreux problème se subordonne à l'examen des trois questions suivantes :

Quel est le point des possessions françaises que nous devons substituer aux bagnes actuels ? Quel est le régime nouveau auquel il faut assujettir les condamnés aux travaux forcés ? Quelles sont les mesures d'exécution qui doivent être préparées ?

Une commission mixte, instituée par les deux départements de la justice et de la marine a réuni les éléments d'un projet de décret que le conseil d'État élabore.

Inauguration du palais des Tuileries, 24 février. Depuis le glorieux règne de l'empereur Napoléon, l'élite de la population parisienne n'avait jamais montré autant d'empressement pour assister aux fêtes du palais des Tuileries : sur 30,000 demandes il n'y a eu que 8,000 élus qui ont pu, de dix heures du soir à cinq heures du matin, admirer tout ce que l'imagination peut créer de beau et de féerique. Il serait presque impossible de citer toutes les personnes éminentes qui assistaient à la grande soirée donnée par le Prince-Président.

Tout ce que Paris renferme de femmes élégantes y brillait par l'éclat des toilettes et de la beauté, les unes couvertes de diamants, les autres parées des plus jolies fleurs.

Le service de la soirée était fait par trois cents maîtres d'hôtel dans la tenue rigoureuse prescrite par le cérémonial de la maison impériale. Tout y a été à profusion et digne de l'auguste amphitryon.

Depuis longtemps, le Prince-Président de la République voulait adoucir autant que possible les derniers jours des braves soldats qui ont versé leur sang pour la défense du pays sous la République et l'Empire.

Dès le 2 décembre dernier, Louis-Napoléon a pu donner suite aux nobles inspirations de son âme, et une de ses premières mesures a été de mettre à la disposition du ministre des finances un crédit spécial destiné à être distribué à titre de secours, et conformément aux décisions de la commission supérieure, aux anciens militaires les plus méritants et les plus nécessiteux.

L'inamovibilité de la magistrature que le Prince-Président a conservée dans un intérêt social, a besoin, pour que le but soit atteint, d'être renfermée dans certaines limites destinées à la préserver de toute exagération. La simple raison et la connaissance des choses humaines ont déjà indiqué qu'il fallait imposer par la loi écrite la retraite au magistrat que la nature même avertit de songer au repos. Les hommes qui ont conquis le plus de considération et de gloire par leurs travaux ne savent pas toujours s'arrêter à temps ; l'illusion les soutient, leur passé les favorise et les encourage ; il n'appartient qu'aux natures fortes, aux intelligences vigoureuses de prévoir le moment fatal de leur déclin et de prévenir par une courageuse résolution le moment si triste de la décadence.

Épargnons aux magistrats un combat si périlleux pour leur dignité, par respect même pour leur vieillesse ; ne les laissons pas se hasarder trop longtemps sur un terrain où ils ne marchent plus qu'en se survivant à eux-mêmes.

Le Prince-Président détermine l'âge où la retraite sera obligatoire pour les magistrats (membres de la Cour de cassation) à soixante quinze ans accomplis. (Décret du 1er mars 1852.)

Un autre décret ordonne la formation d'un musée spécial composé de tous les objets ayant appartenu aux rois de France.

Institution de la médaille militaire 1852, 21 mars.

A cette occasion le Prince-Président adresse aux sous-officiers et soldats l'allocution suivante :

« Soldats,

« En vous donnant pour la première fois la médaille, je tiens à vous faire connaître le but pour lequel je l'ai instituée. Quand on est témoin, comme moi, de tout ce qu'il y a de dévouement et de patriotisme dans les rangs de l'armée, on déplore souvent que le gouvernement ait si peu de moyens de reconnaître de si grandes épreuves et de si grands services.

« L'admirable institution de la Légion d'honneur perdrait de son prestige, si elle n'était renfermée dans de certaines limites...

« Cette médaille vous assurera 100 francs de rente viagère ; c'est peu certainement, mais ce qui est beaucoup, c'est le ruban que vous porterez sur la poitrine, et qui dira à vos camarades, à vos familles, à vos concitoyens, que celui qui le porte est un brave.

« Cette médaille ne vous empêchera pas de prétendre à la croix de la Légion d'honneur, si vous en êtes jugés dignes ; au contraire, elle sera comme un premier degré pour l'obtenir.

« Soldats, cette distinction est bien peu de chose, au prix des services immenses qu'ici et en Afrique vous rendez à la France, mais recevez-la comme un encouragement à maintenir intact cet esprit militaire qui vous honore, portez-la comme une preuve de ma sollicitude pour vos intérêts, de mon amour pour cette grande famille militaire, dont je m'enorgueillis d'être le chef, parce que vous en êtes les glorieux enfants. »

La loi pénale veut que le condamné travaille, d'abord comme châtiment, ensuite comme moyen d'atténuer les dépenses qu'il impose à la société. Le travail, d'ailleurs, et l'action religieuse sont les deux plus puissants moyens d'action que l'administration ait en son pouvoir pour la moralisation des condamnés. C'est l'objet d'une nouvelle circulaire du ministre de l'intérieur aux préfets des départements.

Le 29 mars à midi et demi, le corps diplomatique, le Corps législatif, le Sénat et le conseil d'État, qui s'étaient réunis d'avance dans des salons séparés, ont été successivement introduits et ont pris place dans la salle des maréchaux, les sénateurs à droite, et les députés au Corps législatif à gauche.

A une heure le Président de la République, précédé de sa maison militaire et suivi de ses ministres, a pris place sur un fauteuil au milieu de l'estrade ; à droite du Prince, et sur un fauteuil inférieur, s'est placé le prince Jérôme Bonaparte, président du Sénat. Derrière, à droite et à gauche, étaient assis les ministres. L'Assemblée étant debout et découverte, le Prince-Président a dit :

« Messieurs, asseyez-vous. »

Debout et découvert, le Prince a prononcé le discours suivant :

« Messieurs les sénateurs, Messieurs les députés,

« La dictature que le peuple m'avait confiée cesse aujourd'hui. Les choses vont reprendre leur cours régulier. C'est avec un sentiment de satisfaction réelle que je viens proclamer ici la mise en vigueur de la Constitution ; car ma préoccupation constante a été non-seulement de rétablir l'ordre, mais de le rendre durable, en dotant la France d'institutions appropriées à ses besoins.

« Il y a quelques mois à peine, vous vous en souvenez, plus je m'enfermais dans le cercle étroit de mes attributions, plus on s'efforçait de le rétrécir encore, afin de m'ôter le mouvement et l'action. Découragé, souvent, je l'avoue, j'eus la pensée d'abandonner un pouvoir ainsi disputé. Ce qui me retint, c'est que je ne voyais pour me succéder qu'une chose : l'anarchie...

« Lorsque, grâce au concours de quelques hommes courageux, grâce surtout à l'énergique attitude de l'armée, tous les périls furent conjurés en quelques heures, mon premier soin fut de demander au peuple des institutions. Depuis trop longtemps la société ressemblait à une pyramide qu'on aurait retrouvée et voulu faire reposer sur son sommet ; je l'ai replacée sur sa base.

« Le suffrage universel, seule source du droit dans de pareilles conjonctures, fut immédiatement rétabli ; l'autorité reconquit son ascendant ; enfin, la France adoptant les dispositions principales de la

Constitution que je lui soumettais, il me fut permis de créer des corps politiques dont l'influence et la considération seront d'autant plus grandes, que leurs attributions auront été sagement réglées.

« Parmi les institutions politiques, celles-là seules ont de la durée, qui fixent d'une manière équitable la limite où chaque pouvoir doit s'arrêter. Il n'est pas d'autre moyen d'arriver à une application utile et bienfaisante de la liberté : les exemples n'en sont pas loin de nous...

« Aujourd'hui que la Constitution est en vigueur, j'ai voulu recevoir moi-même votre serment, car tout ce qui peut resserrer les liens qui nous unissent m'est précieux. »

Après ce discours le ministre d'État a pris les ordres du Prince-Président, fait lecture de la formule du serment et l'appel nominal : chacun des membres du conseil d'État, a levé la main et a dit : « Je le jure! »

AUMÔNIERS DE LA FLOTTE.

Le Prince-Président avait déjà organisé le service des aumôniers *des dernières prières*, lorsque le ministre de la marine lui proposa d'organiser aussi le service de *la prière du marin*.

Les hommes qui payent si largement au pays le tribut d'un dévouement plein de périls, ne doivent pas être privés au milieu des flots, sur le champ de bataille, sur le hamac de l'agonie, des consolations et de l'appui que la religion seule peut donner. Nos marins, nos mousses surtout, jeunes enfants que le patriotisme de la famille confie à l'État, doivent recevoir un enseignement et des conseils qui raffermissent leurs croyances et soient la sauvegarde de leur moralité.

Si la France est jalouse de sa gloire, elle l'est peut-être davantage de sa foi religieuse et du droit de conscience qui appartient à chacun de ses enfants. Toutes les nations civilisées ont placé un ministre de leur culte à bord de leurs grands bâtiments. Nous-mêmes, après avoir donné l'exemple aux nations, nous avons jeté, en 1845, les premiers fondements de l'organisation du service des aumôniers de notre flotte, mais sans aucun ensemble, sans lien commun, sans aucune solidarité morale. Dans le but de combler cette lacune, le Président décrète : qu'il sera créé un emploi d'aumônier de la flotte, chargé, près du ministre de la marine, de la direction et de la centralisation du service religieux à la mer; qu'il s'entendra avec les évêques pour le choix des ecclésiastiques destinés à être embarqués sur la flotte ; qu'il adressera des instructions à ses subordonnés au moment où ils arriveront à bord ; que chacun d'eux recevra les pouvoirs spirituels de l'évêque du diocèse et correspondra tous les trois mois avec l'aumônier en chef, seul moyen de maintenir la bonne tradition avec la discipline.

CRÉDIT FONCIER.

La difficulté que l'agriculture éprouve de rembourser à courte échéance des capitaux qui, employés à l'amélioration du sol, ne reparaissent, par une augmentation successive de produits, qu'au bout d'un grand nombre d'années ; le capital engagé, qui s'accroît chaque jour, et la propriété, loin de pouvoir se dégrever et s'améliorer, va finir par succomber sous le poids des charges qui l'écrasent ; c'est cette situation extrême qui a inspiré au chef de l'État le décret du 28 février qui, s'il ne contient pas une organisation complète du crédit foncier, favorise l'établissement de sociétés nombreuses dans nos départements, leur impose des règles, écarte les obstacles, en sorte qu'elles procurent à la propriété foncière un crédit conforme à sa nature et proportionné à ses besoins.

Mais l'homme à qui Dieu a donné la prudence qui prépare, et le courage qui assure le succès aux bonnes entreprises ; celui qui, au lieu d'attendre le danger, a marché résolûment contre le danger, et qui, après l'avoir vaincu, a demandé au pays de l'absoudre de sa victoire, cet homme éminemment doué, ne s'arrête pas là, quand il s'agit des mamelles de l'État, quand il a trouvé un bon exemple à suivre. C'est dans la triste Sologne qu'il va le prendre, et il fera merveille.

DISTRIBUTION DES AIGLES AUX DRAPEAUX.

Encore une de ces journées qui comptent dans la vie d'un grand peuple ! encore une de ces solennités qui laissent un souvenir ineffaçable ! L'histoire a déjà consacré la date du 5 novembre 1804. Ce jour-là l'Empereur distribuait à une armée française les drapeaux qu'elle allait bientôt associer à sa gloire sur les champs de bataille d'Austerlitz et de Wagram. L'histoire consacrera également la date du 10 mai 1852. Tout contribuait à l'éclat de cette journée. Le temps était magnifique, le soleil radieux. Inutile de dire que tout l'espace immense compris entre l'École Militaire et les hauteurs de Passy et de Chaillot qui couronnent la rive droite de la Seine, ressemblait à une mer vivante. Ces masses de population ondoyaient dans cet espace vêtues de tous les costumes ; ici assises, là debout ; ailleurs disposées en amphithéâtre sur des collines tapissées d'hommes et de femmes, et présentant l'aspect le plus pittoresque.

Un peu avant midi, le clergé, au grand complet, arrivait au Champ-de-Mars, en procession, avec l'habit de chœur d'été : sa marche était fermée par Mgr l'archevêque de Paris, revêtu de ses habits pontificaux. Il s'est aussitôt groupé, partie dans l'intérieur, partie sur les marches de la chapelle.

A midi, le Président, parti des Tuileries, est arrivé par le pont d'Iéna, accompagné de sa maison militaire. Un peleton de chefs arabes fermait le cortége. Sur sa route, le Prince Louis-Napoléon avait été salué par les acclamations les plus sympathiques de la foule. En entrant dans le Champ-de-Mars, il a été accueilli par l'enthousiasme du peuple et de l'armée : ce n'était qu'un seul cri.

Des généraux ont établi la chaîne qui devait faire parvenir de main en main les drapeaux au ministre de la guerre et au commandant en chef de l'armée de Paris, chargé de les présenter au Prince.

Quand tous les drapeaux ont été distribués, les chefs de corps qui les portaient se sont rangés au pied de l'estrade faisant face au Prince, qui a prononcé d'une voix forte et accentuée le discours suivant:

« Soldats,

« L'histoire des peuples est en grande partie l'histoire des armées. De leurs succès ou de leurs revers dépend le sort de la civilisation et de la patrie. Vaincues, c'est l'invasion ou l'anarchie ; victorieuses, c'est la gloire ou l'ordre.

« Aussi les nations comme les armées portent-elles une vénération religieuse à ces emblèmes de l'honneur militaire qui résument en eux tout un passé de luttes et de triomphes.

« L'aigle romaine, adoptée par l'empereur Napoléon au commencement de ce siècle, fut la signification la plus éclatante de la régénération et de la grandeur de la France. Elle disparut dans nos malheurs. Elle devait revenir lorsque la France, relevée de ses défaites, maîtresse d'elle-même, ne semblerait plus répudier sa propre gloire.

« Soldats, reprenez donc ces aigles, non comme une menace contre les étrangers, mais comme le symbole de notre indépendance, comme le souvenir d'une époque héroïque, comme le signe de noblesse de chaque régiment.

« Reprenez ces aigles qui ont si souvent conduit nos pères à la victoire, et jurez de mourir, s'il le faut, pour les défendre. »

Ces patriotiques paroles, fréquemment interrompues par les acclamations enthousiastes des chefs de corps, auxquelles répondaient les troupes par les cris de *Vive Napoléon!* ont produit une profonde sensation : elles auront en France et en Europe un retentissement immense.

A un signal donné de l'autel, le canon a fait entendre sa voix de bronze, et la cérémonie religieuse a commencé. Un nouveau coup de canon a annoncé l'élévation : à ce moment les tambours ont battu aux champs, les trompettes ont sonné la marche, les troupes ont présenté les armes, les drapeaux se sont inclinés, et tous les officiers sans commandement se sont découverts pour rendre hommage à ce Dieu des armées qui a si souvent béni les glorieuses destinées de la France.

L'archevêque a ensuite procédé à la bénédiction des drapeaux. Cent et un coups de canon ont retenti pendant cette cérémonie. Mais avant la bénédiction des drapeaux, le prélat a prononcé une allocution fort touchante, dont voici quelques extraits :

« Prince, soldats,

« Le Dieu de paix, dont nous sommes les ministres, est aussi le Dieu des armées. Voilà pourquoi notre place, la place de la religion, est marquée dans cette fête guerrière. — Il y eut toujours une religion des combats. Chez le peuple juif, c'est Dieu qui dirigeait les batailles, qui formait les grands capitaines, qui inspirait aux prophètes les accents les plus belliqueux. Les Romains plaçaient les dieux à côté des aigles, en tête des légions. Constantin remporta ses grandes victoires sous l'étendard de la croix. Nos preux chevaliers, avant d'aller combattre les infidèles, se faisaient armer et bénir par l'Église... Chose étonnante, l'Église, qui prêche à tous la paix, l'Église, dont la milice sainte ne sait verser que son sang, et a même horreur du sang ennemi, l'Église a toujours eu des bénédictions abondantes pour le soldat, pour ses armes, et pour ses drapeaux. (Le vertueux prélat explique cette apparente contradiction.)

Le droit a besoin de la force pour se faire respecter ici-bas ; mais à son tour la force a besoin du droit pour demeurer elle-même dans l'ordre providentiel. La paix est donc toujours le but, la guerre quelquefois le moyen : moyen terrible, mais nécessaire, hélas ! par l'effet des passions qui agitent le monde. Voilà pourquoi Dieu l'approuve ; pourquoi les prophètes l'appellent sainte ; pourquoi l'Église a pour elle des paroles de bénédiction, d'encouragement et presque d'amour ; pourquoi aujourd'hui comme par le passé, le soldat et le prêtre se sont rencontrés et se sont tendu la main...

« Et, maintenant, salut, glorieux étendards, symboles de tant de victoires ! Notre âme de pontife, qui n'est restée étrangère à aucun des sentiments du patriotisme, s'émeut en vous revoyant. La gloire de ce moment efface, à nos yeux, les anciens malheurs de la patrie. Et néanmoins tant de douloureux souvenirs, qui ne trouvent pas place ici, ne sauraient être oubliés !

« O Prince ! que la volonté d'un grand peuple a mis à la tête de ses destinées, nous comprenons ce que ces signes héroïques, que vous nous apportez comme la plus glorieuse part de votre héritage domestique, doivent dire à votre cœur. — Ah ! nous comptons sur votre sagesse : elle vous mettra à l'abri des éblouissements de la gloire. La France a soif de tranquillité et d'ordre. Fatiguée de la licence, sans répudier la liberté, elle veut se reposer à l'ombre d'un pouvoir fort et tutélaire. Continuez à la conduire dans les voies pacifiques où elle est entrée. Qu'elle puisse développer tous les éléments de force et de prospérité cachés dans son sein fécond.

« Vous y gagnerez, Prince, la reconnaissance du peuple et la seule gloire, peut-être, qu'un grand cœur puisse ambitionner aujourd'hui. »

SOCIÉTÉS DE SECOURS MUTUELS.

Jusqu'ici l'administration avait un seul devoir à remplir vis-à-vis des sociétés de secours mutuels, celui de surveiller, et, toutes les fois qu'elle a concouru à l'organisation ou au développement d'une de ces institutions, son intervention n'a été qu'officieuse. Mais le décret du 28 mars change la nature et le caractère de cette institution. Le Prince-Président, frappé des immenses services que les sociétés de secours mutuels sont appelées à rendre aux populations ouvrières, a voulu les élever à la dignité d'institutions publiques, et leur faire des conditions et des avantages qui en préviennent les abus, en assurent le succès et la durée, et en répandent le bienfait dans toute la France. C'est donc au préfet qu'est confié maintenant le soin d'appliquer à chaque département cette généreuse pensée, et de prendre l'initiative des mesures nécessaires à sa réalisation.

On sait que, dans sa bienveillante sollicitude pour les populations ouvrières, le Prince-Président de la République prend le plus vif intérêt à l'exécution de la loi qui a mis à la disposition du gouvernement un crédit de 600, 000 francs, destiné à favoriser la création d'établissements modèles de bains et de lavoirs publics, gratuits ou à prix réduits. Une commission composée d'hommes compétents a été, en conséquence, chargée de l'examen des projets qui donneraient lieu à des demandes de subvention, et, sur l'avis conforme de cette commission, il vient d'être alloué par le ministre de l'intérieur une somme de 12, 810 francs, à la ville de Mulhouse, dont le programme ne laisserait rien à désirer. Cet encouragement forme le tiers du montant des constructions.

Les particuliers qui voudraient fonder de pareils établissements, doivent s'entendre avec la ville, avant de demander la participation de l'État.

28 juin. — Le message que le Prince a envoyé aujourd'hui au Corps législatif, et dont la lecture a clos la première session de cette assemblée, a produit une impression profonde qui sera partagée par le pays tout entier. Il eût été superflu de rappeler aux corps de l'État les travaux que le Président de la République vient de mener à fin avec leur concours; les détails en étaient présents à leur pensée... Au commencement de la session prochaine, le tableau des actes accomplis trouvera mieux sa place à côté de l'exposition de projets proposés pour leur donner une suite naturelle. Le Prince a voulu remercier aujourd'hui le Corps législatif de l'appui loyal prêté à

son gouvernement, et lui communiquer son impression sur les premiers résultats de la nouvelle Constitution donnée à la France.

A peine M. Billault avait commencé la lecture du message, que l'adhésion s'est manifestée sur tous les bancs du Corps législatif. Ce noble langage répondait si justement à la situation diverse des esprits, qu'il les a tous réunis comme par enchantement.

Les vérités que les passions s'efforcent de voiler et que le message remet en lumière ont été accueillies successivement et presque sans interruption par les marques unanimes de la satisfaction de l'Assemblée. La haute raison, la foi éclairée qui respirent dans toutes les parties de ce discours, ont enlevé tous les suffrages. Les députés se sont levés dans toutes les parties de la salle, en s'écriant à plusieurs reprises : *Vive Louis-Napoléon !* Il se termine ainsi :

« En retournant dans vos départements, soyez les échos fidèles du sentiment qui règne ici : la confiance dans la conciliation et la paix. Dites à vos commettants qu'à Paris, ce cœur de la France, ce centre révolutionnaire, qui répand tour à tour sur le monde la lumière ou l'incendie, vous avez vu un peuple immense s'appliquant à faire disparaître les traces des révolutions et se livrant avec joie au travail, avec sécurité à l'avenir. Lui qui naguère, dans son délire, était impatient de tout frein, vous l'avez vu saluer avec acclamation le retour de nos aigles, symbole d'autorité et de gloire.

« A ce spectacle imposant, où la religion consacrait par ses bénédictions une grande fête nationale, vous avez remarqué son attitude respectueuse. Vous avez vu cette armée si fière, qui a sauvé le pays, se relever encore dans l'estime des hommes, en s'agenouillant avec recueillement devant l'image de Dieu, présente au haut de l'autel. Cela veut dire qu'il y a en France un gouvernement animé de la foi et de l'amour du bien, qui repose sur le peuple, source de tout pouvoir; sur l'armée, source de toute force ; sur la religion source de toute justice.

« Recevez l'assurance de mes sentiments.

« Louis-Napoléon. »

Cris répétés de *Vive Louis-Napoléon!*

Le pays vient d'assister à la première épreuve de la nouvelle constitution. Les résultats ont répondu à l'attente de la France et de son chef. C'est toujours une chose délicate et difficile que l'essai d'un nouveau mécanisme législatif : la preuve en est dans l'histoire de toutes les institutions antérieures. Cette fois l'expérience s'est accomplie sans aucune difficulté sérieuse. Le souvenir des maux produits par nos agitations politiques, le besoin universel de paix et de sécurité, le mandat formel donné aux députés du pays de s'unir énergiquement à celui que la France avait proclamé son chef ; toutes ces causes jointes à l'esprit de sagesse et de modération qui a présidé aux rapports entre le gouvernement et les grands corps de l'État, ont concouru au succès de cette solennelle épreuve. Les meilleures constitutions sont impuissantes sans la bonne volonté de ceux qui les mettent en œuvre.

INAUGURATION DU CHEMIN DE FER DE STRASBOURG.

Le Prince-Président vient d'inaugurer le chemin de fer de Paris à Strasbourg. Rien ne pourrait rendre l'effet de ce retour du chef de l'État au milieu de la population de Paris après six jours d'absence. L'accueil était plus encore qu'enthousiaste, il était sympathique, dévoué ; c'était vraiment du cœur que le Prince était acclamé, et toutes les physionomies se disaient bien ici tous les sentiments que la population alsacienne avait écrits dans ses devises. On a vu à plusieurs reprises le Prince profondément touché de ces marques d'affection, se lever dans sa voiture et remercier la foule, qui répondait à son tour par un élan plus vif et plus chaleureux encore. Pendant tout le trajet, les cloches de toutes les paroisses de Paris ont sonné à toute volée et cent et un coups de canon ont salué l'arrivée du chef de l'État. Au milieu de tant d'émotions, il est un spectacle qui n'a échappé à personne, c'est celui du respect dont monseigneur l'archevêque de Paris a été constamment l'objet ; après avoir acclamé le Prince-Président, la foule lui donnait encore une marque de son affection et de sa sympathie, en saluant et en remerciant le vertueux prélat qui avait voulu s'associer à l'imposante démonstration de la population parisienne. Mais en ce moment le Prince se disposait au grand voyage dans le midi de la France qui a eu tant de retentissement en Europe et dans le monde entier. — Ce voyage nous a tenus durant trente jours en haleine et le cœur palpitant du désir d'assister à ces solennités qui resteront dans tous les souvenirs en augmentant, s'il est possible, le culte napoléonien gravé si profondément dans le cœur du peuple. Elles ont servi à prouver que si certains hommes dans ces départements s'étaient laissé entraîner un jour par des doctrines subversives, le peuple, le vrai peuple avait conservé les sentiments du plus pur patriotisme. A Moulins, à Nevers, à Bourges, quelle explosion de cris enthousiastes ! Et le Prince répond aux maires : « Je vous remercie des sentiments affectueux que vous me témoignez, mais ce n'est pas à moi seulement qu'il faut attribuer l'honneur d'avoir sauvé le pays : c'est aussi à tous les hommes d'énergie qui, comme vous, m'ont aidé dans la tâche difficile que j'ai entreprise, et que, grâce à votre concours, j'espère mener à bonne fin. » Il répond avec la même modestie aux prêtres, qui le félicitent du double bienfait d'avoir rendu à l'Église la liberté d'action, nécessaire pour assurer et étendre son heureuse influence, et d'avoir compris que la nation française, laissée à ses tendances naturelles, demeure toujours la nation très-chrétienne, entre toutes les autres, et que la foi de ses pères est encore pour elle, après tant de secousses, le premier besoin de son intelligence et de son cœur.

A Roanne, à Saint-Étienne, quel concours immense de population ! Les cavalcades d'honneur précèdent et suivent Son Altesse Impériale à qui les jeunes filles vêtues de blanc viennent présenter des fleurs ; l'élan et la joie ne peuvent se décrire et partout la religion les consacre par la présence de ses ministres. Sans cesse on entend retentir les cris de *Vive Napoléon! vive l'Empereur! vive le sauveur de la France!* Et, dans ces villes importantes les ouvriers de quatre ou cinq départements, avec les bannières de leurs patrons en tête, se donnent rendez-vous pour lui faire accueil. Quel cortége et quels transports quand le Prince s'arrête pour visiter les hospices ou les établissements des orphelins !

Aujourd'hui, comme aux beaux jours du consulat, Lyon, après les tristes années de guerre civile que nous venons de traverser, voit renaître dans ses murs la paix, l'ordre, l'industrie, la richesse publique. C'est au neveu du premier consul, c'est-à-dire l'héritier de l'empereur, que la ville de Lyon doit ces bienfaits : la cité tout entière s'est précipitée à sa rencontre pour lui témoigner sa reconnaissance et ses sympathies profondes, c'est aux deux rives du

Rhône que les cris de *Vive l'Empereur!* devaient trouver de l'écho, car les Lyonnais n'ont jamais oublié les paroles du grand Empereur : *Lyonnais, je vous aime !*

Lyon est la première ville de France qui élève une statue équestre à Napoléon Ier, et c'est en présence de l'héritier de son nom, du pacificateur de la France que cette solennité va avoir lieu.

Après avoir contemplé quelques instants ce nouveau gage des liens qui l'unissent à la population lyonnaise, le Prince se dirige vers l'estrade qui lui est réservée ; là, debout, au milieu du plus respectueux silence, il prononce ces paroles mémorables :

« Votre ville s'est toujours associée par des incidents remarquables aux phases différentes de la vie de l'Empereur. Vous l'avez salué consul, lorsqu'il allait par delà les monts cueillir de nouveaux lauriers ; vous l'avez salué Empereur tout-puissant ; et lorsque l'Europe l'avait relégué dans une île, vous l'avez encore, les premiers, en 1815, salué Empereur... Vous m'avez de même acclamé du titre d'Empereur. Je cherche sous quel nom je puis rendre les plus grands services. Si le titre modeste de Président pouvait faciliter la mission qui m'était confiée, et devant laquelle je n'ai pas reculé, ce n'est pas moi qui, par intérêt personnel, désirerais changer ce titre contre celui d'Empereur... Déposons donc sur cette pierre notre hommage à un grand homme ;

c'est honorer à la fois la gloire de la France et la généreuse reconnaissance du peuple, c'est constater aussi la fidélité des Lyonnais à d'immortels souvenirs. »

Lorsque le Prince eut achevé ce discours souvent interrompu, car chaque phrase, chaque mot soulevait des frémissements enthousiastes, un cri de *Vive l'Empereur !* poussé d'une seule voix par ceux qui l'entouraient, a trouvé un écho unanime dans cette foule immense, et ce cri a longuement retenti, acclamé par le peuple de la place et celui qui remplissait les fenêtres et les toits des maisons.

Le chef de l'État a appris au milieu de ses triomphes que le Rhin vient d'avoir une crue subite et extraordinaire à la suite des pluies torrentielles tombées en Suisse et depuis quelques jours en Alsace. Le débordement du fleuve a causé de grands désastres. Le Prince fait mettre à la disposition de chacun des préfets du Haut-Rhin et du Bas-Rhin une somme de 12,000 francs pour venir au secours des plus nécessiteux, et le ministre des travaux publics leur fait parvenir un premier à-compte de 100,000 francs pour continuer les travaux d'encaissement du fleuve et préserver les riverains de tels désastres à l'avenir.

Le Prince arrive à Grenoble sur une route jonchée de feuillages et sous des arcs de triomphe portant mille inscriptions : Au sauveur de la France ! Au vainqueur de l'anarchie ! A l'héritier de l'Empereur !

à Napoléon III ! Au sauveur de l'industrie !... Mais tandis que les cloches sonnent à grande volée, que le canon des forts retentit, que la population tout entière est aux portes de la ville, que le cri de *Vive l'Empereur !* répété par 50,000 voix ébranle l'écho de la vallée des Alpes ; tandis que l'évêque, respectable prélat, âgé de quatre-vingt-trois ans, que ses vertus, sa tolérance et sa modération entourent de la vénération générale, harangue le Prince Napoléon en lui rappelant qu'il a assisté en qualité de chanoine au sacre de Napoléon 1er d'impérissable mémoire, on annonce, le 24 septembre, qu'une machine infernale composée de quatre bouches à feu principales et de 250 canons ordinaires contenant 1,500 balles, vient d'être saisie à Marseille ; mais que les auteurs du complot sont arrêtés et que toutes les ramifications en sont connues. On frémit cependant, on a le cœur navré quand on pense que dans deux jours le sauveur de la France pouvait être *enseveli comme dans son triomphe*, avec un millier de personnes acclamant l'objet de leur affection la plus vraie, la plus touchante. Et voilà comment les partis se jouent de la vie des citoyens ! Heureusement la police ne dort pas et la Providence veille aussi à notre salut. Rassurons-nous donc et ne voyons que le magnifique spectacle d'un grand peuple s'identifiant ainsi par tous les sentiments du cœur avec le chef qu'il s'est donné ! Que l'on compare cette marche triomphale du Prince au milieu de la sécurité publique, des fêtes, et du bonheur des populations, avec le spectacle effrayant qui était réservé au monde, si le ciel n'eût inspiré et soutenu la vigoureuse résolution qui a tout sauvé, et l'on ne s'étonnera pas que ce soit dans les lieux mêmes où le socialisme semblait le plus sûr de réaliser ses sinistres projets que les masses font éclater le plus vif enthousiasme.

Marseille et Toulon rivalisent de zèle et de luxe pour fêter l'objet de nos vœux et de nos espérances, et l'on a peine à décider laquelle des deux cités célèbres emportera la palme.

Mais Marseille recélait dans son sein, sans le savoir, d'impitoyables forcenés prêts d'accomplir le plus grand crime; hommes et femmes y vont exprimer leur enthousiasme avec toute l'énergie de la passion méridionale. D'aussi loin que le bateau qui porte le Prince est signalé, une clameur immense s'élève dans l'air et présage déjà avec quels chaleureux transports la ville s'apprête à recevoir l'héritier de l'Empereur. Une statue colossale représentant la ville phocéenne tient en ses mains deux couronnes qu'elle semble offrir au Prince au nom de la cité. Sur le fronton de l'arc de triomphe on lit cette inscription en lettres d'or : *A Louis-Napoléon, Marseille reconnaissante!* Et c'est la pensée intime qui a présidé à tous les préparatifs de la fête. Marseille veut témoigner au Prince ses sentiments de gratitude et de dévouement, et le remercier de ces grands travaux d'utilité publique destinés à accroître sa prospérité et dont le séjour doit être la consécration. En posant la première pierre de la nouvelle Bourse, au milieu d'un concours de plus de soixante mille âmes, le Prince s'est félicité de donner ce témoignage d'intérêt à une ville qui veut réaliser cette grande pensée de l'Empereur : « que la Méditerranée devait être un lac français. »

Avant de poser la première pierre de l'église à construire et dont l'emplacement était tout préparé, le Prince a dit, au milieu du plus profond silence, au milieu du même concours et du même empressement :

« Je suis heureux que cette occasion particulière me permette de laisser dans cette grande ville une trace de mon passage, et que la pose de la première pierre de la cathédrale soit l'un des souvenirs qui se rattachent à ma présence parmi vous. Partout où je le puis, je m'efforce de soutenir et de propager les idées religieuses, les plus sublimes de toutes, puisqu'elles guident dans la fortune et consolent dans l'adversité. Mon gouvernement, je le dis avec orgueil, est un des seuls qui aient soutenu la religion pour elle-même; il la soutient non comme instrument politique, non pour plaire à un parti, mais uniquement par conviction et par amour du bien qu'elle inspire comme des vérités qu'elle enseigne... Lorsque vous irez dans le temple appeler la bénédiction du ciel sur les têtes qui vous sont chères, n'oubliez pas celui qui remplit la rude tâche de gouverner... »

Les adieux de la ville de Marseille au Prince-Président ont été dignes de lui et de la grande cité phocéenne. Le 27, à 9 heures du matin, Son Altesse est montée sur *le Napoléon,* et les habitants l'ont accompagné jusqu'à son embarquement au cri mille et mille fois répété de *Vive Napoléon III !* On pourrait dire que l'indignation publique, produite par l'horrible attentat projeté contre Son Altesse, avait vivement agi sur toutes les âmes et augmenté l'enthousiasme que la présence du Prince a excité partout sur son passage ; mais les mêmes ovations se sont manifestées à Aix, à Avignon et dans toutes les villes du midi de la France. Et néanmoins Toulon, où commença la gloire militaire de l'Empereur, semble tout surpasser. Qu'on se figure le Prince arrivant à deux heures sur cette immense rade couverte de vaisseaux de guerre, de navires à vapeur, de bâtiments de tous genres à hélice ou à voiles ; au loin une foule immense qui couvre le rivage sur plus d'une lieue d'étendue ; à un signal donné, les canons de tous les bâtiments ont tonné à la fois, les forts ont répondu et ont couvert la rade de feu et de fumée. C'est entre ces feux croisés, aux cris des équipages poussant sept fois avec énergie le cri de *Vive l'Empereur!* et aux acclamations du peuple, que *le Napoléon* a pénétré dans la rade de Toulon.

L'évêque de Fréjus a salué le premier en ces termes Son Altesse Impériale : « Des lèvres consacrées au service de Dieu et de la vérité n'apprendront pas aujourd'hui le langage de la flatterie pour l'adresser à un Prince que tant d'acclamations saluent avec transport, et qui est encore mieux loué par ses œuvres. Mais, quand l'Éternel, après des jours d'angoisses, donne au monde un Constantin, un Charlemagne, un Napoléon pour arracher la société des abîmes et la rasseoir sur les seules vraies et solides bases, la religion et la justice, il est permis à un ministre de l'Évangile de trouver des accents dans son cœur, pour venir, entouré de ses frères, dire au libérateur qui passe : Prince, recevez nos hommages, agréez notre reconnaissance et vivez ! Vivez, Prince, pour accomplir, avec la protection du ciel et les bénédictions de la terre, la plus haute mission et la plus étonnante destinée de cette époque... »

Si nous pouvions suivre le Prince dans le cours de ses triomphes, nous trouverions partout le même chaleureux accueil, partout la même effusion de sentiments de gratitude et d'amour dans les adieux, que le respect contenait à peine, à Nîmes, à Carcassonne, à Montpellier et à Toulouse, cette capitale de la Gascogne qui, depuis huit jours élève des trophées, tresse des guirlandes et des couronnes au chef de l'État deux fois sauveur de la société française et de la civilisation européenne. Nous sommes déjà au 4 octobre, et les populations de cinq départements et les délégués de la République du val d'Andorre campent encore dans les environs de la cité qu'illustra Clémence Isaure, sur les places publiques et jusqu'au coin des rues. Nous pourrions l'admirer ensuite à Montauban, à Agen, à Saintes, à Rochefort et à ce port de La Rochelle qui vit monter sur le *Bellérophon* et partir pour son dernier exil le grand homme, espérant, comme un autre Thémistocle, aller s'asseoir au foyer britannique. Et chaque ville étale toutes ses richesse et ses nombreux produits aux regards émerveillés de celui qui nous a rendu la paix et l'ordre au prix de son repos : et la plus grande satisfaction du Prince est d'avoir reçu spontanément des ouvriers 2,000 adresses en trois jours.

Le Prince Napoléon quittait Agen le 7 octobre pour se rendre à Bordeaux. Dans la troisième ville de France trois jours s'étaient encore écoulés en fêtes splendides, lorsque le 10, à sept heures du soir, Son Altesse Impériale s'est rendue à la Bourse, où devait avoir lieu le banquet qui lui était offert par la chambre et le tribunal de commerce. Le coup d'œil de la salle était admirable. En face de la place occupée par le Prince, on lisait en lettres de feu : *Vive Napoléon!* Son Altesse avait à sa droite le président Dufour et à sa gauche le cardinal Donnet : cent quatre-vingts personnes assistaient au dîner, et huit cents autres circulaient librement dans les galeries. Trois fontaines jaillissantes arrosaient les fleurs et le gazon et entretenaient la fraîcheur. Tout était féerique. Mais le discours important prononcé par le Prince, en réponse au toast du président de la chambre de commerce, a bientôt reporté et concentré ailleurs l'attention. Ce discours est un grand événement ; c'est l'expression de la politique de paix extérieure, d'ordre moral et de sages progrès que le Prince entend consolider par des institutions que la France réclame. Il est impossible de dire l'impression qu'il a produite sur les auditeurs : interrompu à chaque phrase par des adhésions chaleureuses, il a été couvert du cri unanime de *vive l'Empereur !*

Ce sera un éternel honneur pour la ville de Bordeaux d'avoir été le théâtre d'une déclaration destinée à exercer une si grande influence sur l'avenir du pays. Cet admirable discours a été affiché à minuit par toute la ville. Nous ne le reproduirons pas ici, puisque en quelques jours il avait fait le tour du monde. En voici des fragments :

« Messieurs,

« L'invitation de la chambre et du tribunal de commerce de Bordeaux, que j'ai acceptée avec empressement, me fournit l'occasion de remercier votre grande cité de son accueil si cordial, de son hospitalité si pleine de magnificence, et je suis bien aise aussi, vers la fin de mon voyage, de vous faire part des impressions qu'il m'a laissées.

« Le but de ce voyage, vous le savez, était de connaître par moi nos belles provinces du Midi, d'approfondir leurs besoins. Il a, toutefois, donné lieu à un résultat beaucoup plus important...

« En effet, je le dis avec une franchise aussi éloignée de l'orgueil que d'une fausse modestie, jamais peuple n'a témoigné d'une manière plus directe, plus spontanée, plus unanime, la volonté de s'affranchir des préoccupations de l'avenir, en consolidant dans la même main un pouvoir qui lui est sympathique. C'est qu'il connaît, à cette heure, et les trompeuses espérances dont on le berçait et les dangers dont il était menacé. Il sait qu'en 1852 la société courait à sa perte, parce que chaque parti se consolait d'avance du naufrage général par l'espoir de planter son drapeau sur les débris qui pourraient surnager. Il me sait gré d'avoir sauvé le vaisseau en arborant seulement le drapeau de la France. Désabusé d'absurdes théories, le peuple a acquis la conviction que les réformateurs prétendus n'étaient que des rêveurs ; car il y avait toujours inconséquence, disproportion entre leurs moyens et les résultats promis, etc., etc.

« Aujourd'hui, la France m'entoure de sa sympathie, parce que je ne suis pas de la famille des idéologues. Pour faire le bien du pays, il n'est pas besoin d'appliquer de nouveaux systèmes, mais de donner, avant tout, confiance dans le présent, sécurité dans l'avenir. Voilà pourquoi la France semble vouloir revenir à l'Empire.

« Il est néanmoins une crainte à laquelle je dois répondre. Par esprit de défiance, certaines personnes se disent : l'Empire, c'est la guerre. Moi, je dis : l'Empire, c'est la paix.

« C'est la paix, car la France la désire et lorsque la France est satisfaite, le monde est tranquille. La gloire se lègue bien à titre d'héritage, mais non la guerre. Est-ce que les princes qui s'honoraient d'être les petits-fils de Louis XIV ont recommencé ses luttes ? La guerre ne se fait pas par plaisir, elle se fait par nécessité ; et, à ces époques de transition, où partout, à côté de tant d'éléments de prospérité, germent tant de causes de mort, on peut dire avec vérité : Malheur à celui qui, le premier, donnerait en Europe le signal d'une collision dont les conséquences seraient incalculables !

« J'en conviens, cependant, j'ai, comme l'Empereur, bien des conquêtes à faire. Je veux, comme lui, conquérir à la conciliation les partis dissidents, et ramener dans le courant du grand fleuve populaire les dérivations hostiles qui vont se perdre sans profit pour personne. Je veux conquérir à la religion, à la morale, à l'aisance, cette partie encore si nombreuse de la population qui, au milieu d'un pays de foi et de croyance, connait à peine les préceptes du Christ; qui, au sein de la terre la plus fertile du monde, peut à peine jouir de ses produits de première nécessité.

« Nous avons d'immenses territoires incultes à défricher, des routes à ouvrir, des ports à creuser, des rivières à rendre navigables, des canaux à terminer, notre réseau de chemins de fer à compléter. Nous avons en face de Marseille un vaste royaume à assimiler à la France. Nous avons tous nos grands ports de l'ouest à rapprocher du continent américain pour la rapidité de ces communications qui nous manquent encore. Nous avons partout, enfin, des ruines à relever, de faux dieux à abattre, des vérités à faire triompher.

« Voilà comment je comprendrais l'Empire, si l'Empire doit se rétablir. Telles sont les conquêtes que je médite, et vous tous qui m'entourez, qui voulez, comme moi, le bien de notre patrie, vous êtes mes soldats. »

Les bravos, les cris de *Vive l'Empereur! vive le sauveur de la France! vive Napoléon III!* qui, à plusieurs reprises, avaient éclaté pendant le discours de Son Altesse, se sont produits avec plus de force. Une vive et profonde émotion régnait dans l'assemblée.

Le lendemain matin, dès sept heures, les grands salons du palais municipal étaient remplis. Toutes les autorités civiles et militaires, toutes les personnes notables de la ville avaient tenu à donner, par leur présence, un caractère solennel aux derniers instants que le Prince devait passer à Bordeaux. Dès que Son Altesse a paru, elle a reçu les plus touchants témoignages de dévouement, d'affection et de reconnaissance. M. le maire, interprète des sentiments de l'assistance et de la population tout entière, s'est adressé au Prince en des termes chaleureux auxquels Son Altesse a répondu : « Messieurs, vous m'avez reçu comme un souverain, veuillez vous souvenir de moi comme d'un ami. » Ces paroles, prononcées avec émotion, ont excité des acclamations enthousiastes. Le Prince s'est rendu à pied, entouré d'un brillant cortége, à l'église Saint-André, où il a été reçu par le cardinal-archevêque à la tête de tout son clergé. Après la messe, le Prince n'a pas tardé à monter en voiture, et jusqu'à la gare du chemin de fer, une population compacte n'a cessé de crier *Vive le Prince Louis-Napoléon ! vive Napoléon III ! vive l'Empereur !* et ces cris retentissaient encore longtemps après que le convoi avait disparu.

Ce voyage marquera non-seulement dans la vie du Prince, mais encore dans l'existence de la nation. Jamais libérateur, chez aucun peuple, n'a reçu de pareilles ovations. On peut littéralement affirmer qu'il n'est pas une seule habitation dans les villes ou les campagnes qui n'ait voulu témoigner de sa vive et profonde sympathie par quelque démonstration extérieure, et le plus petit hameau a payé son tribut comme la plus grande cité.

Mgr l'évêque de Blois a voulu adresser au moins au Prince-Président quelques paroles à son passage : « Monseigneur, puisqu'il ne nous est pas donné de vous recevoir, comme nous l'aurions désiré, dans le temple du Seigneur, et d'y appeler sur Votre Altesse les bénédictions du ciel, nous venons avec empressement unir nos vœux et nos hommages aux vœux et aux hommages des autorités et des habitants de cette ville bien digne de votre intérêt et de votre affection, par l'excellent esprit qui l'anime... Ministre de la religion, nous vous devons aussi l'expression de notre reconnaissance pour tout le bien que vous avez déjà fait et de notre confiance dans l'avenir... etc., etc. »

Le Prince a marqué la fin de son voyage par un acte de justice et de générosité nationale ; il a rendu la liberté à l'ex-émir Abd-el-Kader. Depuis longtemps cet acte était arrêté dans sa pensée ; il a voulu l'accomplir aussitôt que les circonstances lui ont permis de suivre, sans aucun danger pour le pays, les inspirations de son cœur. Aujourd'hui la France a dans sa force et ses droits une trop légitime confiance pour ne pas se montrer grande envers un ennemi vaincu. Le Prince s'est arrêté au château d'Amboise ; il s'y est fait présenter l'ex-émir, et lui a appris en ces termes la fin de sa captivité :

« Abd-el-Kader, je viens vous annoncer votre mise en liberté. Vous serez conduit à Brousse, dans les États du Sultan, dès que les préparatifs nécessaires seront faits, et vous y recevrez du gouvernement français un traitement digne de votre ancien rang. — Depuis longtemps, vous le savez, votre captivité me causait une peine véritable... Il n'y a rien à mes yeux de plus humiliant pour le gouvernement d'un grande nation que de méconnaître sa force au point de manquer à sa promesse. La générosité est toujours la meilleure conseillère, et je suis convaincu que votre séjour en Turquie ne nuira pas à la tranquillité de nos possessions d'Afrique... »

Ces nobles paroles ont vivement ému l'ex-émir. Après avoir exprimé à Son Altesse Impériale sa respectueuse et éternelle reconnaissance, il a juré sur le livre sacré du Koran qu'il ne tenterait jamais de troubler notre domination en Afrique, et qu'il se soumettait, sans arrière-pensée, aux volontés de la France. Abd-el-Kader a ajouté que ce serait bien mal connaître l'esprit et la loi du Prophète que de penser qu'elle permet de violer les engagements pris envers les chrétiens, et il a montré au Prince un verset du Koran qui condamne formellement, sans exception ni réserve aucune, quiconque viole la foi jurée, même aux *infidèles*.

Aux yeux des Arabes intelligents, la conquête de l'Afrique est aujourd'hui un fait accompli; ils voient dans la constante supériorité de nos armes l'éclatante manifestation de la volonté de Dieu. La politique loyale et généreuse est la seule qui convienne à une grande nation ; la France saura gré au Prince-Président de l'avoir suivie.

Son Altesse Impériale vient de consulter le peuple,

elle a interrogé ses besoins, et partout le peuple a répondu avec acclamation que son premier besoin était de consolider l'avenir dans sa personne auguste : pourrait-elle résister plus longtemps aux voix unanimes qui la sollicitent ? non, car la France est à Napoléon III qui l'a conquise au milieu de tous les périls de l'anarchie. Mais avant de s'expliquer ainsi, Louis-Napoléon a écouté la voix de l'opinion partout, par toutes les bouches, celle des pontifes, celle des magistrats, celle de l'armée, celle des propriétaires, celle des laboureurs, celle des ouvriers de tous les états et de toutes les contrées, au nord comme au midi, dans les provinces naguère les plus hostiles à son gouvernement, partout où l'on pense, partout où l'on travaille, partout où vivent l'instinct, le sentiment et la conscience de la patrie. Tout ce qu'il a entendu depuis son premier pas hors du palais, en quittant la capitale, et sur son passage, d'une extrémité à l'autre du territoire, pouvait bien certes l'entraîner et l'éblouir. Il est resté calme, simple et modeste. Il a dominé par son sang-froid tous les enivrements de la fortune, et tous les triomphes de sa popularité. Il a comprimé, sous l'inflexibilité de son patriotisme, les élans de l'ambition la plus légitime, et quand son cœur était le plus ému, sa raison restait ferme et attentive. « Je ne sais pas encore, disait-il à Lyon, sous quel titre je puis rendre les plus utiles services. » Mais, après tant de manisfestations aussi spontanées que décisives, l'hésitation n'était plus possible, et cédant enfin à des vœux irrésistibles, le noble libérateur de la société et de la civilisation européenne a répondu aux acclamations non-seulement de Bordeaux, mais de toutes les villes qu'il a traversées depuis, jusqu'à Paris même, par une déclaration catégorique et formelle. Et si la France veut l'Empire, ce n'est point pour se donner un maître, mais un chef digne d'elle, qui la préserve à tout jamais de ces prétendus maîtres qui la conduisaient par l'anarchie à la ruine et à la dissolution. Elle veut l'Empire avec Louis Napoléon pour Empereur, parce que le peuple a tellement identifié dans ses souvenirs et son amour le titre d'Empereur et le nom de Napoléon, qu'il ne peut plus les séparer ; parce que ce nom est pour elle le symbole de la force dans le pouvoir, de l'ordre dans le progrès, de la protection de tous les principes, de tous les droits, de tous les intérêts ; parce qu'il est associé à toutes ses gloires comme à tous ses malheurs, parce que enfin ce grand nom oblige et que Louis Napoléon a prouvé qu'il était digne de le porter.

Nous voici donc au dénoûment. La France ne se demandera plus, encore fiévreuse et ruinée : Comment tout cela finira-t-il ? Tous nos malheurs finissent par une marche triomphale, par des rues pavoisées, par des chants et des fleurs, par des arcs de triomphe improvisés, en bois, en pierre, en verdure, en charbon ; par des processions de jeunes filles vêtues de blanc et portant des corbeilles de fleurs et de fruits, par des cantates, par des toasts, et souvent par des larmes d'attendrissement et de joie. Ce dénoûment, c'est l'enivrement de tout un peuple qui pourrait fournir aux artistes les plus renommés de notre époque des tableaux plus grands, plus magnifiques que tout ce qui a jamais été offert au génie de leurs devanciers.

La réception faite au Prince à Paris par la capitale de la France ne peut se décrire. Rien n'est comparable à la grande cité dans ses jours solennels. Aujourd'hui, Paris s'est surpassé. Ceux qui n'en ont point été témoins ne pourront jamais se faire une idée de cette fête où l'enthousiasme de la population surpassait encore la magnificence du spectacle. Qu'on se figure, par une de ces belles journées bénies du ciel, et que le soleil éclaire de tous ses rayons, cette ligne immense des boulevards, commençant au débarcadère du chemin de fer d'Orléans, et se prolongeant dans une étendue de près de deux lieues, jusqu'à la place de la Concorde, qu'on se la figure ornée, dans toute sa longueur, de maisons pavoisées, de faisceaux d'armes, de bannières flottant au gré du vent, d'arcs de triomphe où brillent en lettres d'or une foule d'inscriptions qui n'ont de semblable que le sentiment national qui les a tracées ; une double haie de gardes nationaux et de soldats s'étendant d'un bout des boulevards à l'autre ; la foule profondément émue, se pressant aux fenêtres, sur les toits, aux balcons, encombrant les trottoirs, les places et les rues adjacentes ; toutes les corporations des ouvriers de Paris et de la banlieue rangées chacune sous sa bannière ; des groupes innombrables d'enfants et de jeunes filles avec leurs robes blanches et leurs couronnes sur la tête, et l'on n'aura qu'une idée très-imparfaite de la grandeur du coup d'œil, de la magnificence de ce cortége civil et militaire qu'aucun autre n'effacera jamais.

Arrivé sur la place Walhubert, le Prince s'est dirigé vers le pavillon occupé par le préfet et le conseil municipal de la Seine. Son Altesse a été reçue par M. le préfet qui lui a adressé le discours suivant :

« Monseigneur,

« La ville de Paris, votre fidèle capitale, est heureuse de vous voir aujourd'hui rentrer dans ses murs. Depuis un mois elle vous suivait du cœur et de la pensée dans votre marche triomphale, et attendait avec impatience le jour où, elle aussi, pourrait saluer votre retour de ses acclamations. Ces triomphes pacifiques valent bien des victoires, et la gloire qui les accompagne est également durable et féconde.

« Cédez, Monseigneur, aux vœux d'un peuple tout entier ; la Providence emprunte sa voix, pour vous dire de terminer la mission qu'elle vous a confiée en reprenant la couronne de l'immortel fondateur de votre dynastie. Ce n'est qu'avec le titre d'Empereur que vous pourrez accomplir les promesses du magnifique programme que, de Bordeaux, vous venez d'adresser à l'Europe attentive. Paris vous secondera dans les grands travaux que vous méditez pour le bonheur du pays, et de même qu'à la voix de l'Empereur, nos pères se sont levés pour défendre l'indépendance de la patrie, ainsi, Prince, dans ces conquêtes pacifiques auxquelles vous appelez la France, nous serons tous vos soldats. *Vive l'Empereur!* »

Le Prince a répondu :

« Je suis d'autant plus heureux des vœux que vous m'exprimez au nom de la ville de Paris, que les acclamations qui me reçoivent ici sont la continuation de celles dont j'ai été l'objet pendant mon voyage. Si la France veut l'Empire, c'est qu'elle pense que cette forme de gouvernement garantit mieux sa grandeur et son avenir. Quant à moi, sous quelque titre qu'il me soit donné de la servir, je lui consacrerai tout ce que j'ai de force, tout ce que j'ai de dévouement. »

Un magnifique arc de triomphe avait été construit sur la place Walhubert, avec cette inscription :

LA VILLE DE PARIS

A

LOUIS-NAPOLÉON, EMPEREUR.

A mesure que le cortége s'avançait au son des diverses symphonies, les ouvriers délégués des arrondissements remettaient au Prince des adresses pour exprimer à S. A. I. que, suscitée par Dieu pour sauver la France et rassurer le monde, etc., etc. En passant devant l'église de la Madeleine où les élèves des lycées et des écoles primaires, conduits par leurs professeurs et MM. les inspecteurs de l'Académie étaient réunis sur les degrés et autour de la colonnade, Monseigneur a trouvé le clergé de la paroisse qui l'attendait en face de la grille, et le curé lui a adressé ces paroles : « Monseigneur, il a plu à Dieu de vous investir d'un pouvoir immense; et comme il a mis dans votre cœur un ardent amour pour le peuple, que de bien il vous a appelé à faire ! Que de bien vous avez fait déjà et ne ferez-vous pas encore ! Soyez donc béni, Monseigneur, au nom de ce Dieu qui aime la France, la Fille aînée de son Église. »

Le Prince a remercié M. le curé, et il a ajouté qu'il était heureux des hommages du clergé, qu'il comptait sur lui et sur ses prières pour accomplir sa grande mission.

S. A. I. a quitté l'Élysée le 19 octobre pour se rendre au palais de Saint-Cloud ; et, depuis Paris jusque dans la cour du château, les cris d'une foule immense ont répété sans cesse : *Vive l'Empereur ! vive Napoléon III !*

C'est de Saint-Cloud, 19 octobre, que Louis-Napoléon convoque le Sénat pour le 4 novembre suivant, c'est de là aussi qu'il rend trois décrets : 1° La cathédrale de Marseille sera reconstruite sur son emplacement actuel et dans les proportions qu'exigent l'accroissement de la population et l'importance de cette grande ville. A cet effet, il est ouvert un crédit extraordinaire de 2,500,000 francs à répartir en dix annuités de 250,000 francs chacune. 2° La cathédrale de Moulins sera agrandie par la construction d'une nef, de manière à répondre à l'importance de son titre et aux besoins du culte et de la population. Il est ouvert, à cet effet, un crédit extraordinaire de 1,500,000 francs à répartir en dix annuités de 150,000 francs chacune. 3° Il est ouvert au ministère des travaux publics, sur l'exercice 1852, un crédit extraordinaire de 140,000 francs qui sera employé à la suppression des épis saillants, existant le long de l'île du Nord, en aval du bec d'Ambès, dans la Gironde.

Le 30 octobre, le ministre de la guerre a présenté au Prince-Président Abd-el-Kader, qui a été accueilli par Son Altesse avec une bienveillance marquée. Elle a relevé l'ex-émir, qui s'inclinait pour lui baiser la main, et l'a embrassé avec effusion en présence de ses ministres et de ses aides de camp. Abd-el-Kader a remis au Prince un acte qui ratifie la promesse solennelle qu'il a faite à Amboise de ne jamais rien entreprendre contre la France en Algérie. Il a juré de nouveau de ne jamais violer son serment.

Première séance du Sénat. Le ministre d'État lit le message suivant de S. A. le Prince-Président :

« Messieurs les sénateurs,

« La nation vient de manifester hautement sa volonté de rétablir l'Empire. Confiant dans votre patriotisme et vos lumières, je vous ai convoqués pour délibérer légalement sur cette grave question et vous remettre le soin de régler le nouvel ordre de choses. Si vous l'adoptez, vous penserez sans doute, comme moi, que la Constitution de 1852 doit être maintenue, et alors les modifications reconnues indispensables ne toucheront en rien aux bases fondamentales.

« Le changement qui se prépare portera principalement sur la forme ; et cependant reprendre le symbole impérial est pour la France d'une immense signification. En effet, dans le rétablissement de l'empire, le peuple trouve une garantie à ses intérêts et une satisfaction à son juste orgueil : ce rétablissement garantit ses intérêts en assurant l'avenir, en fermant l'ère des révolutions, en consacrant encore les conquêtes de 89. Il satisfait son juste orgueil, parce que, relevant avec liberté et avec réflexion ce qu'il y a trente-sept ans l'Europe entière avait renversé par la force des armes, au milieu des désastres de la patrie, le peuple venge noblement ses revers sans faire de victimes, sans menacer aucune indépendance, sans troubler la paix du monde.

« Fait au palais de Saint-Cloud, le 4 novembre 1852. »

Ce message a été accueilli par les applaudissements unanimes du Sénat.

Au moment de partir pour visiter le midi de la France, le Prince-Président fit don à la ville de Versailles d'une somme importante pour subvenir à l'entretien annuel de cinquante de ses habitants malheureux. Chargé par le conseil municipal d'exprimer au Prince, lors de son retour, la reconnaissance de la ville, et admis à Saint-Cloud, présenté par le préfet, et accompagné de ses deux adjoints, le maire a prononcé un discours qui a touché jusqu'aux larmes tous les assistants. — Le Prince a répondu qu'il avait peu fait encore pour Versailles, mais qu'il était pour lui plein de bonne volonté. Il a demandé, avec intérêt, si le conseil avait des embarras financiers... « C'est bien plus grave, Monseigneur, a répondu le maire, Versailles depuis longtemps est exposé à manquer d'eau. La machine de Marly, minée par des infiltrations, peut être à tout moment emportée... » Cette question vitale pour Versailles ne peut se résoudre sans une dépense de plusieurs millions ; mais la sympathie du Prince lui est acquise, puisque déjà son gouvernement a consacré 300,000 francs aux réservoirs de Latone, à la réparation des bassins de Neptune, etc., etc. Quant à la maison de la Providence, qui doit être encore agrandie pour recevoir quarante enfants, le Prince a immédiatement accordé à cet effet 13,000 francs.

Si nous pouvions résumer ici tout ce qui se dit en ce moment de grand, de beau, de magnifique et de sublime aux audiences solennelles de rentrée de nos cours, nous serions trop heureux, et nous frapperions d'étonnement tous ceux qui peuvent nous lire. Rien ne prête davantage, en effet, aux mouvements pathétiques pour ces maîtres de la parole. On voit l'Empereur tirer la France du chaos, reconstituer le grand corps de la magistrature, et il l'a voulu digne de sa haute mission, digne des lois dont il allait doter la société moderne. Et toutes ces cours, avec un élan admirable, irrésistible, veulent inaugurer leurs travaux en déposant aux pieds de Son Altesse l'hommage de leur respect et de leur dévouement. Jamais vœu national ne s'est fait entendre avec plus d'énergie et ne fut plus sage et plus sensé que celui qui veut rendre stable le pouvoir dans les mains qui en ont fait un si salutaire usage : aussi, jamais pouvoir n'aura été plus légitime et par conséquent plus fort pour la prospérité et la gloire de la France. Et cette manifestation si solennelle et cette reconnaissance si juste sont exprimées à la fois par la Cour de cassation, par toutes les cours de nos départements, par celles de l'Algérie, qui ont tressailli de joie à ces nobles paroles par lesquelles Son Altesse a signalé avec éclat l'œuvre de la colonisation algérienne comme une des gloires de cet empire de la paix auquel se rallient sous son brillant étendard tous les soldats de l'industrie, de l'intelligence et du travail.

Le 7 novembre, le Sénat a voté le sénatus-consulte d'après lequel la dignité impériale est rétablie. Louis-Napoléon Bonaparte est Empereur des Français sous le nom de Napoléon III, et cette dignité est héréditaire dans la descendance directe et légitime de Louis-Napoléon, de mâle en mâle, à l'exclusion perpétuelle des femmes et de leur descendance.

Dès le 14 de ce mois, des manifestes du comité révolutionnaire de Londres et de celui des proscrits de Jersey réunis en assemblée générale, ont déjà circulé partout avec profusion. Des efforts considérables et des manœuvres de toute nature sont tentés pour répandre dans le peuple, au moment du vote solennel auquel il est appelé, des protestations écrites avec une virulence et un cynisme qui inspirent le dégoût. Le Gouvernement qui n'a pas d'intérêt à s'opposer à leur publication, veut les faire connaître lui-même, ainsi que la protestation du prince que les légitimistes ont qualifié du titre d'Henri V; afin que, dans ce grand mouvement national qui pousse la France vers le rétablissement de l'Empire, le peuple soit éclairé et que sa volonté, manifestée sans contrainte, soit l'expression de sa conviction intime.

Le ministre d'État donne lecture du message suivant, adressé au Corps législatif par le Prince-Président de la République :

« Messieurs les députés, je vous ai rappelés de vos départements pour vous associer au grand acte qui va s'accomplir. Quoique le Sénat et le peuple aient seuls le droit de modifier la Constitution, j'ai voulu que le corps politique issu comme moi du suffrage universel vînt attester au monde la spontanéité du mouvement national qui me porte à l'Empire... Je tiens à ce que ce soit vous qui, en constatant la liberté du vote, le nombre des suffrages, fassiez sortir de votre déclaration toute la légitimité de mon pouvoir. Aujourd'hui, en effet, déclarer que l'autorité repose sur un droit incontestable, c'est lui donner la force nécessaire pour fonder quelque chose de durable et assurer la prospérité du pays... »

La lecture de ce message, interrompue par de nombreuses marques d'approbation, se termine au milieu des acclamations de l'Assemblée.

Le 1er décembre, à huit heures et demie, tous les membres du Corps législatif ayant à leur tête M. Billault, président, et les membres du bureau, se sont rendus, escortés par un escadron de cavalerie, au palais de Saint-Cloud.

Là, M. Billault a prononcé les paroles suivantes :

« Sire,

« Nous apportons à Votre Majesté l'expression solennelle de la volonté nationale. Au plus fort des ovations que vous décernait l'enthousiasme populaire, peu pressé de ceindre une couronne qu'on vous offrait de toutes parts, vous avez désiré que la France se recueillît ; vous avez voulu qu'elle ne prît que de sang-froid, dans sa pleine liberté, cette suprême décision par laquelle un peuple, maître de lui-même, dispose souverainement de sa destinée.

« Votre vœu, Sire, s'est accompli : un scrutin, *libre*, *secret*, ouvert à tous, a été dépouillé loyalement sous les yeux de tous : résumant en une seule huit millions de volontés, il donne à la légitimité de votre pouvoir la plus large base sur laquelle se soit jamais assis un gouvernement en ce monde.

« Depuis ce jour où six millions de voix recueillies pour vous par le pouvoir qu'elles vous appelaient à remplacer, vous ont remis le sort de la patrie, la France, à chaque nouveau scrutin, a marqué par de nouveaux millions de suffrages l'accroissement continu de sa confiance en vous. En dehors comme en dedans de ses comices, dans ses fêtes, comme dans ses votes, partout ses sentiments ont éclaté : d'un bout à l'autre du pays, se précipitant sur vos pas, accourant de toutes parts pour saluer, ne fût-ce que de loin, l'homme de leurs espérances et de leur foi, nos populations ont assez fait voir au monde que vous étiez bien leur Empereur, l'Empereur voulu par le peuple; que vous aviez bien avec vous cet esprit national qui, au jour marqué par la Providence, sacre les nouvelles dynasties et les asseoit à la place de celles qu'il n'aime plus.

« Abritant sous un immense souvenir de gloire ce qu'elle a de plus précieux, son honneur au dehors, sa sécurité au dedans, et ces immortels principes de 1789, base désormais inébranlable de la nouvelle société française, si puissamment organisée par l'Empereur votre oncle, notre nation relève avec un orgueilleux amour cette dynastie des Bonaparte, sortie de son sein, et qui ne fut point renversée par des mains françaises. Mais, tout en gardant un fier souvenir des grandes choses de la guerre, elle espère surtout en vous pour les grandes choses de la paix.

« Vous ayant déjà vu à l'œuvre, elle attend de vous un gouvernement résolu, rapide, fécond ; pour vous y aider, elle vous entoure de toutes ses sympathies ; elle se livre à vous tout entière : prenez donc, Sire, prenez des mains de la France cette glorieuse couronne qu'elle vous offre : jamais aucun front royal n'en aura porté de plus légitime ni de plus populaire. »

Ce discours, fréquemment interrompu par les applaudissements de l'Assemblée, s'est terminé aux cris unanimes et répétés de *Vive l'Empereur! vive Napoléon III!*

M. Billault a remis ensuite à Sa Majesté la déclaration du Corps législatif constatant le recensement général des votes, et l'adoption du plébiscite présenté les 21 et 22 novembre 1852 à l'acceptation du peuple.

M. Mesnard, premier vice-président du Sénat, a adressé ensuite à l'Empereur un discours pour prier Sa Majesté d'accueillir avec bonté les hommages et les félicitations du Sénat, et ce discours, inter rompu par de nombreuses marques d'approbation, s'est terminé au milieu des mêmes acclamations que celui du président du Corps législatif.

Immédiatement après, l'Empereur, d'une voix ferme et accentuée, a prononcé le discours suivant :

« Messieurs,

« Le nouveau règne que vous inaugurez aujourd'hui n'a pas pour origine, comme tant d'autres dans l'histoire, la violence, la conquête ou la ruse. Il est, vous venez de le déclarer, le résultat loyal de la volonté de tout un peuple qui consolide, au milieu du calme, ce qu'il avait fondé au sein des agitations. Je suis pénétré de reconnaissance envers la nation qui, trois fois en quatre années, m'a soutenu de ses suffrages, et chaque fois n'a augmenté sa majorité que pour accroître mon pouvoir.

« Mais, plus le pouvoir gagne en étendue et en force vitale, plus il a besoin d'hommes éclairés comme ceux qui m'entourent chaque jour ; d'hommes indépendants comme ceux auxquels je m'adresse pour m'aider de leurs conseils, pour ramener mon autorité dans de justes limites si elle pouvait s'en écarter jamais.

« Je prends dès aujourd'hui, avec la couronne, le nom de Napoléon III, parce que la logique du peuple me l'a déjà donné dans ses acclamations, parce que le Sénat l'a proposé légalement, et parce que la nation entière l'a ratifié...

« Est-ce à dire cependant qu'en acceptant ce titre, je tombe dans l'erreur reprochée au prince qui, revenant de l'exil, déclara nul et non avenu tout ce qui s'était fait en son absence? Loin de moi un semblable égarement. Non-seulement je reconnais les gouvernements qui m'ont précédé, mais j'hérite en quelque sorte de ce qu'ils ont fait de bien ou de mal; car les gouvernements qui se succèdent sont, malgré leurs origines différentes, solidaires de leurs devanciers. Mais, plus j'accepte tout ce que, depuis cinquante ans, l'histoire nous transmet avec son inflexible autorité, moins il m'était permis de passer sous silence le règne glorieux du chef de ma famille, et le titre régulier, quoique éphémère, de son fils, que les chambres proclamèrent dans le dernier élan du patriotisme vaincu.

« Ainsi donc le titre de Napoléon III n'est pas une de ces prétentions dynastiques et surannées qui semblent une insulte au bon sens et à la vérité; c'est l'hommage rendu à un gouvernement qui fut légitime, et auquel nous devons les plus belles pages de notre histoire moderne. Mon règne ne date pas de 1815, il date de ce moment même où vous venez me faire connaître les suffrages de la nation.

« Recevez donc mes remercîments, messieurs les députés, pour l'éclat que vous avez donné à la manifestation de la volonté nationale, en la rendant plus évidente par votre contrôle, plus imposante par otre déclaration. Je vous remercie aussi, messieurs les sénateurs, d'avoir voulu être les premiers à m'adresser vos félicitations, comme vous avez été les premiers à formuler le vœu populaire.

« Aidez-moi tous à asseoir sur cette terre bouleversée par tant de révolutions un gouvernement stable qui ait pour bases la religion, la justice, la probité, l'amour des classes souffrantes.

« Recevez ici le serment que rien ne me coûtera pour assurer la prospérité de la patrie, et que, tout en maintenant la paix, je ne céderai rien de tout ce qui touche à l'honneur et à la dignité de la France. »

Les plus vives acclamations ont plusieurs fois interrompu Sa Majesté, et, à la fin du discours, la salle a retenti des cris enthousiastes de *Vive l'Empereur ! vive Napoléon III !*

L'Empereur, en quittant la salle, a de nouveau remercié avec effusion, M. Mesnard et M. Billaud, et s'est rendu dans ses appartements avec le même cérémonial qui avait été observé à son entrée.

Le même jour, sur la place de l'Hôtel-de-Ville, au milieu du plus profond silence, le préfet de la Seine a donné lecture du décret qui proclame Empereur Louis-Napoléon Bonaparte, sous le nom de Napoléon III. Un immense cri de *Vive l'Empereur!* répété par tous les assistants, a accueilli cette proclamation; la musique a fait entendre des fanfares, tandis que des salves de 101 coups de canon étaient tirées à l'hôtel des Invalides, à Montmartre, à la barrière du Trône et dans tous les forts. Ce jour-là tout Paris était en fête, et ses réjouissances publiques ne sauraient fidèlement se décrire. Mais si, après tant d'ovations, nous ne reproduisons ici ni l'enthousiasme du peuple ni la pompe des cérémonies, nous rappellerons du moins cette promesse faite par Sa Majesté au ministre de l'intérieur : « Je veux que ma première visite, comme Empereur, soit pour ceux qui souffrent »; et le lendemain de cette immortelle journée, l'Empereur est allé visiter l'Hôtel-Dieu et le Val-de-Grâce ; il s'est approché du lit des malades, leur a offert des secours individuels et des consolations et a laissé à chaque directeur 10,000 francs pour adoucir leurs maux. Sa Majesté s'est rendue ensuite, à pied, à la cathédrale au milieu d'une foule de plus en plus compacte, et des acclamations les plus vives et les plus sympathiques. — Le lendemain et les jours suivants, sept cent deux condamnés politiques ont été, sur la proposition du garde des sceaux, rendus à leurs familles, à leur patrie, sans autre condition que celle de se soumettre à la volonté nationale si clairement manifestée par le dernier scrutin et de ne rien entreprendre désormais contre le gouvernement de l'élu du pays.

Sa Majesté vient de mettre à la disposition du ministre de l'intérieur, sur sa cassette particulière, une somme de 200,000 francs pour faciliter le retrait par leurs familles des enfants trouvés et abandonnés placés dans les divers hospices de France. La volonté de l'Empereur est que tous les départements soient appelés à participer à ce bienfait dont il a pris soin de régler lui-même l'application. Une somme de 100 francs sera affectée à chaque retrait d'enfant et ainsi répartie : 40 francs seront attribués à l'hospice à titre d'indemnité ; 60 francs seront employés, sous la surveillance des autorités locales, soit à l'achat de vêtements, en remplacement de ceux de l'hospice, soit à l'acquisition de livrets de caisse d'épargne. Ainsi des mères que la misère seule avait contraintes à un cruel abandon, vont bénir la main qui leur facilite l'accomplissement du premier des devoirs, et leurs enfants béniront un jour l'Empereur qui leur rend une famille.

La sollicitude de Sa Majesté embrasse tous les services administratifs ; elle veut que l'action de l'autorité soit forte, rapide et simple. Pour réaliser cette pensée, il faut détruire la complication des rouages, et, dans l'emploi des agents, substituer la qualité au nombre ; c'est pour atteindre ce but que l'Empereur, sur le rapport du ministre de la marine, décrète l'organisation de l'inspection des services administratifs de ce département, comme par analogie il sera fait bientôt dans tous les autres.

Le 22 janvier 1853, à midi, le bureau du Sénat, le bureau du Corps législatif et les membres du conseil d'État se sont réunis au palais des Tuileries, désormais la résidence habituelle de l'Empereur, pour y recevoir de Sa Majesté une communication relative à son mariage. C'est dans la salle du trône qu'a eu lieu la réunion. L'Empereur précédé des grands officiers de sa maison, ayant à sa droite le prince Jérôme et à sa gauche le prince Napoléon, a prononcé le discours suivant, d'une voix claire et accentuée, mais avec une émotion visible que partageait toute l'Assemblée :

« Messieurs,

« Je me rends au vœu si souvent manifesté par le pays, en venant vous annoncer mon mariage. — L'union que je contracte n'est pas d'accord avec les traditions de l'ancienne politique; c'est là son avantage. (Sensation.)

« La France, par ses révolutions successives, s'est toujours brusquement séparée du reste de l'Europe ; tout gouvernement sensé doit chercher à la faire rentrer dans le giron des vieilles monarchies ; mais ce résultat sera bien plus sûrement atteint par une politique droite et franche, par la loyauté des transactions, que par les alliances royales, qui créent de fausses sécurités et substituent souvent l'intérêt de famille à l'intérêt national.

« Quand, en face de la vieille Europe, on est porté par la force d'un nouveau principe à la hauteur des anciennes dynasties, ce n'est pas en vieillissant son blason et en cherchant à s'introduire à tout prix dans la famille des rois, qu'on se fait accepter. C'est bien plutôt en se souvenant toujours de son origine, en conservant son caractère propre et en prenant franchement vis-à-vis de l'Europe la position de parvenu, titre glorieux lorsqu'on parvient par le libre suffrage d'un grand peuple. (*Applaudissements unanimes.*)

« Ainsi, obligé de s'écarter des précédents suivis jusqu'à ce jour, mon mariage n'était plus qu'une affaire privée. Il restait seulement le choix de la personne.

« Celle qui est devenue l'objet de ma préférence est d'une naissance élevée, Française par le cœur, par l'éducation, par le souvenir du sang que versa son père pour la cause de l'Empire; elle a, comme Espagnole, l'avantage de ne pas avoir en France de famille à laquelle il faille donner honneurs et dignités. Douée de toutes les qualités de l'âme, elle sera l'ornement du trône, comme, au jour du danger, elle deviendrait un de ses courageux appuis. Catholique et pieuse, elle adressera au ciel les mêmes prières que moi pour le bonheur de la France ; gracieuse et bonne, elle fera revivre, dans la même position, j'en ai le ferme espoir, les vertus de l'impératrice Joséphine. » (Applaudissements prolongés. — *Vive l'Empereur ! vive l'Impératrice !*)

« Je viens donc, Messieurs, dire à la France : J'ai préféré une femme que j'aime et que je respecte à une femme inconnue dont l'alliance eût eu des avantages mêlés de sacrifices. Sans témoigner de dédain pour personne, je cède à mon penchant, mais après avoir consulté ma raison et mes convictions. Enfin, en plaçant l'indépendance, les qualités du cœur, le bonheur de famille, au-dessus des préjugés dynastiques et des calculs de l'ambition, je ne serai pas moins fort puisque je serai plus libre. (*Vifs applaudissements.*)

« Bientôt, en me rendant à Notre-Dame, je présenterai l'Impératrice au peuple et à l'armée ; la confiance qu'ils ont en moi assure leur sympathie à celle que j'ai choisie, et vous, Messieurs, en apprenant à la connaître, vous serez convaincus que cette fois encore j'ai été inspiré par la Providence. » (La salle retentit d'applaudissements longtemps prolongés.)

Ce discours si loyal, si patiotique, plusieurs fois interrompu par les applaudissements et les cris de *vive l'Empereur ! vive l'Impératrice !* a produit sur l'assemblée une impression profonde que la France partagera.

Commission municipale de la ville de Paris.

A la séance du 28 janvier, M. le Préfet a donné lecture de la lettre suivante qui lui a été adressée par S. Exc. la comtesse de Téba, aussitôt qu'elle a eu connaissance de la résolution prise par le conseil municipal de lui offrir une parure de diamants :

« Monsieur le Préfet,

« Je suis bien touchée d'apprendre la généreuse

décision du conseil municipal de Paris, qui manifeste ainsi son adhésion sympathique à l'union que l'Empereur contracte. J'éprouve néanmoins un sentiment pénible, en pensant que le premier acte public qui s'attache à mon nom, au moment de mon mariage, soit une dépense considérable pour la ville de Paris. Permettez-moi donc de ne point accepter votre don, quelque flatteur qu'il soit pour moi : vous me rendrez plus heureuse en employant en charités la somme que vous aviez fixée pour l'achat de la parure que le conseil municipal voulait m'offrir. Je désire que mon mariage ne soit l'occasion d'aucune charge nouvelle pour le pays auquel j'appartiens désormais ; et la seule chose que j'ambitionne, c'est de partager avec l'Empereur l'amour et l'estime du peuple français.

« Je vous prie, M. le Préfet, d'exprimer à votre conseil toute ma reconnaissance, et de recevoir, pour vous, l'assurance de mes sentiments distingués.

« EUGÉNIE, COMTESSE DE TÉBA.

« Palais de l'Élysée le 26 janvier 1853. »

Le conseil, vivement ému des sentiments exprimés par S. Exc. la comtesse de Téba, a décidé, à l'unanimité, que, pour se conformer à ses intentions, la somme de 600,000 francs, qu'il avait destinée à l'achat d'une parure pour l'Impératrice, sera employée à la fondation d'un établissement où de jeunes filles pauvres recevront une éducation professionnelle, et d'où elles ne sortiront que pour être convenablement placées. Cet établissement portera le nom et sera placé sous la protection de l'Impératrice.

Le conseil municipal de la ville de Marseille a voté le premier une adresse de félicitation à l'Empereur, à la nouvelle de son mariage.

La France, en effet, pouvait-elle rester indifférente à un événement qui est le gage le plus puissant de cette stabilité qu'elle appelait de tous ses vœux, avant qu'il lui fût donné de la fonder par ses suffrages, en l'écrivant dans ses institutions.

« Inspirée par la Providence dans cette circonstance solennelle de sa vie, Votre Majesté a pensé que l'élu d'une grande nation pouvait s'affranchir des traditions du passé. »

La ville d'Arles suit immédiatement l'exemple de la cité phocéenne, et toutes viennent ensuite à l'envi.

Le mariage de l'Empereur à Notre-Dame est une de ces grandes solennités nationales qui restent gravées dans les souvenirs du peuple; il a fait éclater de nouveau la vive sympathie des habitants de Paris pour Napoléon III, et l'on peut dire qu'aucune ville en France n'y est restée étrangère.

Dans ces flots de population avide de contempler les traits de la Souveraine, il y avait plus que de la curiosité ; les acclamations dont elle était l'objet partaient du cœur. Cette noble et gracieuse figure, dont la douceur et la modestie rehaussent encore la beauté, exerçait sur la foule un charme irrésistible. Les classes laborieuses comprenaient combien l'âme de l'Impératrice renferme pour elles d'affection et de dévouement. D'immenses préparatifs avaient été faits pour rendre cette fête digne de la grande cité impériale ; mais l'enthousiasme populaire a été plus grand encore.

Dès le matin, une foule immense, comme Paris n'en a jamais vu, était accourue de tous les quartiers de la ville, de tous les points du département et des départements circonvoisins. Les corporations ouvrières de Paris et de la banlieue, bannière en tête, les vieux militaires de l'empire, des députations de jeunes filles vêtues de blanc, s'étaient rangées sur le passage de Leurs Majestés. La garde nationale et l'armée formaient une double haie depuis le palais des Tuileries jusqu'à Notre-Dame. Nous ne surprendrions personne en disant que la décoration de la cathédrale, d'une grande richesse et parfaitement appropriée au style et aux proportions du monument, produisait le plus merveilleux effet, et faisait honneur au talent et au goût des habiles architectes qui l'avaient exécutée sous la direction du grand maître des cérémonies. Nous pourrions dire ensuite que le porche gothique élevé à l'extérieur passait pour un chef-d'œuvre ; que le porche intérieur, d'un dessin aussi élégant que simple, supportait la tribune destinée à l'orchestre de cinq cents musiciens : reproduire enfin la pompe du cortége arrivant devant la basilique à une heure, au bruit des tambours et aux acclamations enthousiastes du peuple ; l'Empereur donnant la main à l'Impératrice à la descente de voiture de gala ; Sa Majesté portant l'uniforme de lieutenant général, avec le grand cordon de la Légion d'honneur, le même collier que Napoléon Ier portait au sacre, et le collier de la Toison d'or, autrefois porté par Charles Quint ; tandis que l'Impératrice était habillée d'une robe longue en soie blanche, couverte de point de dentelle, avec le diadème et la ceinture en diamants ; qu'au diadème se rattachait un long voile d'angleterre surmonté de fleurs d'oranger, et que l'assemblée entière était pénétrée d'une émotion profonde en contemplant ces traits où s'allient tant de grâce, de distinction et de bonté. Mais nous dirons plus volontiers les dons, les bienfaits de son inépuisable charité.

D'abord, l'Empereur a voulu que les frais des fêtes de son mariage fussent entièrement supportés par sa liste civile. A cette grande occasion, Sa Majesté vient de gracier plus de trois mille individus parmi ceux qui avaient été l'objet de mesures de sûreté générale prises à la suite des troubles de décembre 1851. Parmi les objets composant la corbeille de mariage de l'Impératrice, l'Empereur a fait placer, au lieu de la bourse d'usage, un portefeuille renfermant 250,000 francs. L'Impératrice a voulu que cette somme fût entièrement consacrée à des œuvres de charité. Par ses ordres, 100,000 francs seront répartis entre les *sociétés maternelles*, qui ont pour but de secourir les pauvres femmes en couches, de pourvoir à leurs besoins et à l'allaitement de leurs enfants, et qui viennent d'être placées sous l'auguste patronage de Sa Majesté; 150,000 francs serviront à fonder de nouveaux lits à l'hospice des incurables, en faveur de pauvres infirmes des deux sexes, et dont la désignation appartiendra à l'Impératrice.

Le 14 février, à une heure, l'Empereur a fait en personne l'ouverture de la session législative et a reçu le serment des membres du Sénat et du Corps législatif. L'Impératrice a été accueillie par les marques de la plus vive et de la plus respectueuse sympathie, par le corps diplomatique tout entier, les députations du clergé, de la cour de cassation, de la cour des comptes, de la cour impériale, du tribunal de première instance, etc., etc., etc.

Le testament de Napoléon Ier va recevoir du pays lui-même, sous le règne du second fondateur de l'empire, une pieuse et nationale consécration. La France n'est ni indifférente, ni ingrate. Elle sait que le sacrifice que l'État prendrait aujourd'hui à sa charge a eu par avance d'éclatantes compensations. Elle a deux fois, pendant le cours d'un siècle, retrouvé dans les institutions impériales l'ordre, la force et la grandeur. Elle considérera l'exécution des dernières volontés de Napoléon comme le plus digne monument qu'elle puisse élever à sa mémoire.

Sur le rapport du ministre d'État, Sa Majesté décrète : Les officiers nommés ou promus par Napoléon Ier dans l'ordre impérial de la Légion d'honneur, du 27 février au 7 juillet 1815, recevront, à partir du 1er janvier 1854, le traitement affecté à leur grade dans l'ordre, par les règlements en vigueur à l'époque de leur nomination, etc., etc., etc.

Les voyages des souverains ne peuvent se borner, comme ceux des particuliers, à de simples distractions ; quel qu'en soit le but apparent, ces déplacements ont toujours une grande importance, et les populations ne s'y trompent jamais. L'empressement avec lequel elles sollicitent et accueillent la visite des princes n'a pas seulement pour cause la curiosité ou l'attrait des fêtes ; non, d'autres sentiments les animent. Si, comme aujourd'hui, le souverain a rendu de grands services, elles ont hâte de lui en témoigner leur reconnaissance ; mais plus il a fait, plus elles en attendent. Puisqu'il vient voir de ses yeux leurs besoins, il voudra sans doute les satisfaire, et ce que n'ont pu les administrations locales, le Souverain le pourra sans peine. L'ancien cri du peuple : *Si le roi le savait !* n'a pas cessé d'être l'expression fidèle de la pensée des masses : elles ne doutent pas plus de la bonne volonté du chef de l'Etat que de sa puissance. Aussi l'utile et l'agréable se sont réalisés partout où l'Empereur et l'Impératrice ont porté leurs pas, dans les ports, dans les camps, comme autour de leurs résidences somptueuses. Nous ne citerons qu'un exemple entre mille.

Durant le séjour récent que LL. MM. ont fait à Dieppe, l'Empereur, témoin d'avaries graves causées par un bateau à vapeur anglais dans le chenal, par une mer très-houleuse, s'est fait représenter les projets approuvés ou élaborés depuis 1781, et à la suite d'une discussion approfondie devant les hommes compétents, ingénieurs et chef de port, le programme des travaux à exécuter pour remédier à tout a été mis sous les yeux de Sa Majesté et l'exécution a immédiatement commencé pour s'accomplir en trois ans, moyennant la dépense approximative de 2,200,000 francs.

Voilà la part de l'Empereur, voici celle de l'Impératrice.

Il existe à Dieppe un établissement dirigé par les Sœurs de la Providence, où sont entretenues et élevées vingt-quatre orphelines et où trois cents jeunes filles pauvres reçoivent l'instruction primaire en même temps qu'elles apprennent la fabrication des dentelles. Cet établissement était depuis longtemps en souffrance. l'Impératrice ne s'est pas contentée de l'honorer plusieurs fois de sa visite, et d'y faire d'importantes acquisitions, Sa Majesté l'a doté d'une somme de 40,000 francs et l'a pris sous son auguste patronage, en exprimant le désir qu'il soit déclaré d'utilité publique, c'est-à-dire autorisé à recevoir les dons et legs.

La bienfaisance de Sa Majesté ne s'est pas bornée à assurer l'avenir de cette utile institution : informée des misères dont les accidents de mer rendent si souvent victimes les marins et leurs familles, l'Impératrice a voulu leur assurer des secours efficaces, et elle a créé dans ce but, sous le titre de *Société de Notre-Dame de Bon-Secours,* une association d'assistance mutuelle entre tous les marins de la ville de Dieppe et de la circonscription maritime.

Le but de l'association est de venir en aide aux marins vieux et infirmes, ainsi qu'aux familles qui auront perdu à la mer quelques-uns de leurs membres, ou qui, par suite d'accidents de mer, se trouveraient dans une position nécessiteuse. Outre la somme de 15,000 francs donnée par l'auguste fondatrice, les ressources de la société se composent déjà de sept à huit mille francs à prélever sur le produit des pêches annuelles, et que les armateurs ont abandonnés pour s'associer à la bonne œuvre de l'Impératrice.

Les grands travaux de restauration et de reconstruction des édifices diocésains forment l'une des branches importantes de l'administration des cultes : l'Etat y emploie annuellement des crédits considérables qui ont pour objet des monuments d'un immense intérêt, soit sous le rapport de l'art et de l'histoire, soit au point de vue des services publics auxquels ils sont affectés. Le 6 mars, l'Empereur décrète qu'à l'avenir les travaux ordinaires d'entretien de ces édifices seront dirigés par des architectes ayant leur résidence dans le diocèse même et nommés par le ministre des cultes sur l'avis des évêques et des préfets.

A la date de Saint-Cloud 3 octobre 1854, l'Empereur a adressé au ministre de l'intérieur la lettre suivante, relative au factieux Barbès, détenu dans les prisons de Belle-Isle :

« Monsieur le ministre,

On me communique l'extrait d'une lettre de Barbès. Un prisonnier qui conserve, malgré de longues souffrances, de si patriotiques sentiments, ne peut pas, sous mon règne, rester en prison. Faites-le donc mettre en liberté sur-le-champ et sans condition.

« Napoléon. »

Dans sa lettre à un ami, Barbès fait des vœux pour le succès de nos armes en Orient. « Cette gloire, dit-il, profitera à la nation, qui en a besoin, car, depuis Waterloo, nous sommes les vaincus de l'Europe. »

Le rapport du ministre des finances et le discours de l'Empereur à l'ouverture de la session législative ont fait voir combien notre situation financière est rassurante ; cependant il est un point sur lequel il n'est pas inutile d'insister afin de se mettre hors de toute contestation : ce sont les réductions opérées par le gouvernement, d'abord sur la rente, qui ont allégé les dépenses publiques de 18 millions ; celles de l'armée, qui produiront aussi une économie considérable, en même temps qu'elles restituent cinquante mille hommes au travail des champs et de l'atelier. Mais la généreuse initiative du chef de l'Etat a été bien plus loin que tout cela, elle a diminué de 27 millions l'impôt foncier, qui pèse principalement sur l'habitant des campagnes ; de 6 millions les droits d'enregistrement sur les obligations contractées par les emprunteurs, et d'environ 7 millions les droits d'octroi, en renonçant au dixième qui appartenait à l'État dans le produit de cet impôt. C'est donc une charge de 40 millions dont le gouvernement a allégé les classes populaires, et cela dans un temps où toutes les ressources de la France semblaient devoir être employées à la sauver de sa ruine. — La réduction de l'impôt du sel, de la taxe des lettres et divers autres droits de poste avait produit dans les finances un vide que l'on croyait ne pouvoir remplir que par de nouveaux impôts. Toutes ces réductions, jointes à celles qui sont dues à l'initiative du chef de l'État, diminuaient les revenus publics de 96 millions. Et pour combler cette énorme lacune, le gouvernement n'a eu recours à aucune imposition nouvelle, et n'a point rétabli les anciennes taxes ; il s'est contenté d'augmenter certains droits d'enregistrement qui ne frappent que les classes aisées et qui portent sur les successions, de remanier l'impôt des boissons, surtout en ce qui touche les cabarets, et d'assujettir à l'impôt le sel employé dans les fabriques de soude.

Aussi le pays, qui n'est jamais ingrat quand on le sert avec intelligence et courage, a payé sa dette de reconnaissance envers le neveu du grand homme, régénérateur de la société française, par des témoignages successifs de confiance sans précédents dans l'histoire des peuples. Aujourd'hui les adresses de félicitation venues des extrémités comme du centre de la France s'adressent également à l'Impératrice Eugénie qui doit remplacer dans nos cœurs, par ses vertus et ses hautes qualités, l'Impératrice Joséphine adorée de nos pères.

Voilà comment l'Empereur a compris qu'il ne suffisait pas à la grande famille dont il est le chef aimé et respecté, que la sagesse, la prudence, la force et la justice vinssent s'asseoir avec lui sur le trône ; il a voulu placer à ses côtés la beauté gracieuse et chaste, la bonté douce et compatissante, une femme selon son cœur, qui pût rendre à la vertu et à la société tous leurs attraits, qui sût apprécier le délicat plaisir de transformer de précieux joyaux en œuvres de bienfaisance, préférant aux brillantes parures les bénédictions du pauvre, et c'est madame de Montijo qu'il a choisie. Du jour où l'Impératrice a pris sous sa haute protection les sociétés de charité maternelle, dont le nombre de celles qui ont des règlements approuvés s'élevait alors à cinquante-quatre seulement, de ce jour date la série de ses bienfaits et sa pauvreté réelle, car elle a donné au delà même de ce qu'elle recevait. Un volume par an ne suffirait pas à les enregistrer, tant les demandes arrivent de toutes parts, et l'on ne demande ici jamais en vain.

Sa Majesté envoie : aux Dames de charité d'Obernay, une pendule en bronze pour la loterie en faveur de l'ouvroir ;

Une boîte magnifique avec douze cuillers en or ciselé à la loterie de Cherbourg au profit des pauvres ;

Un riche service de table en argent pour l'Œuvre des jeunes orphelins ;

Une somme de 10,000 francs pour souscrire en faveur de l'église et de l'hôpital Saint-Louis des Français à Madrid ; 1,000 francs pour la salle d'asile de Riom ;

A l'Œuvre de Saint-Vincent de Paul de Périgueux, un gobelet avec cuiller en vermeil et douze couteaux à dessert ;

Au maire de Saint-Loup (Creuse), un lot pour l'Œuvre de bienfaisance ;

Une timbale en argent avec cuiller, à la loterie de Lons-le-Saunier ;

Un service à dépecer, aux Dames qui dirigent l'hospice de Largentière ;

Au maire de Vincennes, une pendule et douze couteaux à dessert ;

A la Société des antiquaires de Picardie, la souscription de 300 francs pour élever une statue à Pierre l'Ermite, qui prêcha la première croisade ;

Au maire de Riberac, un déjeûner en argent pour la loterie organisée au profit des pauvres ;

A la Société des arquebusiers de Château-Thierry, une magnifique pendule représentant Jean de La Fontaine, une des gloires de cette ville ;

Une coupe en vermeil destinée au vainqueur du carrousel de Saint-Brieuc ;

Au maire de Loudun, un écran ;

Au préfet de la Vienne, pour les Dames de la Providence d'Epernay, 310 francs ;

A Marseille, 500 francs (Œuvre de la lingerie pour les pauvres) ;

A la même, 200 francs pour l'établissement d'une bibliothèque populaire ;

150 francs aux Dames de charité de Pont-à-Mousson ;

Au Havre, un élégant service à thé en vermeil au profit de l'école des jeunes filles ;

A Bergerac, un lot pour la loterie des indigents.....

On le voit, il nous serait impossible d'enregistrer les dons multipliés ainsi par Sa Majesté plusieurs fois le jour ; il en est même que sa main gauche ignore, quand sa main droite les prodigue, et si l'indiscrétion les révèle dans les départements, c'est en vue d'attirer par leur appât des clients aux diverses loteries. Nous croyons devoir exprimer semblable sentiment en ce qui concerne les bienfaits dont l'Empereur marque chaque jour de son règne. Aussi Sa Majesté ne dira jamais comme une fois l'empereur

Auguste : *J'ai perdu ma journée.* Elle accordait le même jour une pension de 2,000 francs aux demoiselles Corneille, descendantes de l'auteur du *Cid* ; une pension de 1,200 francs à la fille du général Bisson ; au maire de Fontainebleau, une somme de 13,000 francs pour aider la municipalité de cette ville à réduire la taxe du pain en faveur des ouvriers et des classes nécessiteuses ; 1,500 au maire de Saint-Cloud pour secourir les indigents, etc., etc. Mais, d'autre part, les généreuses intentions de Sa Majesté pour l'amélioration des logements de la classe laborieuse s'exécutent avec une rapidité sans égale. Une vaste et belle maison a été achetée dans le faubourg Saint-Antoine, et, d'ici à quelques semaines, quatre cents logements d'ouvriers y seront préparés dans les meilleures conditions de propreté et de salubrité. Plusieurs autres constructions vont s'élever ou être appropriées dans le même but sur plusieurs points de Paris, notamment au boulevard Mazas, où Sa Majesté se propose d'acquérir des terrains considérables et d'y faire immédiatement bâtir de petites maisons qui seront cédées à prix coûtant. Ajoutons que bon nombre d'autres dont le devis s'élève à 600,000 francs seront accordées en pur don et à titre d'encouragement à une société d'entrepreneurs qui se disposent à continuer cette grande œuvre.

Naguère l'empereur Napoléon avait les yeux fixés sur l'Orient, et Sa Majesté ne s'était pas trompée en ne voyant qu'un frivole prétexte dans la question des lieux saints, relativement à la mission du prince Mentchikoff à la cour du sultan. En effet, la Porte avait consenti à la construction d'une église et d'un hôpital à Jérusalem pour le service spécial des Russes ; elle avait aussi accordé par un acte solennel toutes les immunités demandées pour les prêtres et les pèlerins de la même nation. Elle dut en conséquence repousser avec dédain *l'ultimatum* laissé par le prince, puisqu'il ne s'agissait plus de priviléges exclusifs, mais simplement de rayer la Turquie de la carte d'Europe. C'est dans ce but unique que les troupes du czar ont passé le Pruth ; il va donc enfin dominer en maître à Constantinople, quand l'Angleterre et puis la France ont refusé de s'associer à ses envahissements. Le sultan l'annonce aussitôt à ses deux fidèles alliés d'Occident, qui ne laisseront pas consommer cette brutale agression.

(1855) Déjà, au mois de mars dernier, l'ambassadeur de Sa Majesté Impériale, au moment de son départ pour l'Orient, était muni d'instructions et de pouvoirs qui mettaient à sa disposition l'escadre commandée par le vice-amiral La Susse et mouillée dans les eaux de la Grèce. Les mêmes incidents ont déterminé aussi le gouvernement de S. M. Britannique à donner à son ambassadeur près la Sublime Porte, lord Staffort Redcliffe, des instructions analogues à celles de M. de Lacour. Les deux gouvernements ont, en outre, décidé que leurs escadres réunies se rapprocheraient sans plus de délai du détroit de Dardanelles.

Ainsi va commencer cette lutte gigantesque de la civilisation contre le despotisme et la barbarie, au fond de la Crimée, par le siége de Sébastopol, le plus mémorable dont l'histoire ait consacré le souvenir ; par un siége qui doit durer onze mois, malgré des prodiges de valeur, malgré les succès de nos armes à l'Alma, à Inkermann, à Balaclava ; siége qui ne doit finir que par la prise soudaine de Malakoff, sa principale redoute, à la face du soleil, à midi : midi sonnant a donné le signal. Et ce boulevard réputé imprenable a été fortifié pendant une centaine d'années, il est défendu par cent mille hommes, et chaque jour ravitaillé aux yeux de nos soldats intrépides qui ne peuvent le circonvenir. Mais ce qu'il y a de plus surprenant encore, c'est que l'autocrate du Nord qui a jeté ce sanglant défi à l'Occident, tout en protestant de son désir sincère de maintenir la paix, se croyant appelé par la Providence à exécuter les plans de Pierre le Grand et de Catherine II, meurt presque subitement le 2 mars 1856, à dix heures du matin, d'une paralysie du poumon, six mois avant la prise de la plus considérable de ses places fortes. Sans doute la raison n'a qu'à s'incliner ici devant la manifestation éclatante de l'action providentielle sur le monde ; mais, quand l'heure de la justice a sonné pour lui, on peut bien recueillir en passant une leçon au profit des princes ambitieux, et dire que si son trépas fût survenu six mois plus tôt, trois cent cinquante mille hommes, morts ou blessés à la fleur de l'âge, vivraient encore pour glorifier le Créateur, pour devenir les meilleurs appuis de leurs familles.

Le czar avait cru l'Empire chancelant encore sur sa base et l'Empereur mal compris ; il avait cru la France faible et l'Europe affaissée ou hostile à l'Empire. Il s'était grandement trompé. La Turquie, qu'il supposait impuissante, se dressa contre lui, dans son désespoir, comme une barrière qu'il ne pouvait franchir, et fit reculer ses armées sur le Danube. L'Angleterre, qu'il considérait comme inconciliable avec le nom de Napoléon et le régime impérial, devint l'alliée la plus intime de la France. L'Autriche elle-même déserta sa protection pour accepter notre alliance, et bientôt l'Italie a suivi ce grand exemple.

Si l'exiguïté de notre cadre l'eût permis, on aurait vu les armées alliées surpasser en héroïsme tout ce qu'ont fait ces fiers Romains l'espace de sept siècles hors de leur ville éternelle pour se rendre les maîtres de l'univers connu. Que de fois l'Empereur, dans ses patriotiques élans, exprima le regret amer de ne pouvoir se mettre à leur tête ! Il l'écrivit au brave Saint-Arnaud, qui porta les premiers coups au front du colosse et qui tomba comme enseveli dans son triomphe ; il l'écrivit à Canrobert, qui mérita le surnom de Père de ses soldats héroïques ; il l'écrivit à Pélissier, dont l'audace a couronné tant d'efforts et de succès, après avoir terminé les *vingt lieues* de lignes parallèles, sous la mitraille de deux cents bouches à feu ; il le dit encore au prince Napoléon, lorsque ce prince allait soutenir en Orient la gloire de son nom. Mais comment quitter cet autre poste d'honneur, quand il tient tous les fils de la trame en Europe dans ses habiles mains ; quand il court de nuit et de jour, souvent accompagné de l'Impératrice, du camp de Satory à Boulogne, d'Helfaut à Vimereux, d'Homvault à Ambleteuse ; quand le prince-époux vient sur son yacht royal pavoisé aux couleurs d'Angleterre et de France, annoncer la prochaine visite de la noble souveraine d'Albion et que le roi des Belges, le roi de Portugal et le duc d'Oporto abordent à Saint-Omer pour être témoins de la régularité des marches de nos troupes, de la précision de leurs mouvements et du patriotique enthousiasme qui leur a fait réclamer cent fois l'insigne faveur de partager les périls de leurs frères d'armes ?

L'Empereur Napoléon avait admirablement compris que le concert durable et cordial de la France et de l'Angleterre constitue la plus grande force des temps modernes, mise au service des progrès du monde ; il a tendu une main amie au peuple anglais et à son gouvernement, et l'Angleterre a dignement répondu à cet appel. La visite de l'Empereur et de l'Impératrice à Londres et à Windsor l'a surabondamment prouvé aux plus aveugles, aux plus incrédules. L'Angleterre a serré cette main royale dans la sienne, parce que c'était celle de la France elle-même, trois fois personnifiée dans l'Empereur, et sa reine bien-aimée a passé le détroit pour nous porter l'expression de la confiance d'une grande nation avec le séduisant cortége de la bonté, de la grâce et de la plus douce majesté ; et pour combler notre espoir, elle nous amène tout ce qu'elle a de plus précieux icibas, le prince-consort, le prince de Galles et la princesse royale. C'était un moment vivement attendu par la France pour faire éclater son enthousiasme ; car il ne suffit pas que la politique des princes prépare des fusions ; il n'y a de vraies fusions que celles qui s'opèrent par les peuples. Ce n'était donc pas assez que Saint-Cloud répondît dignement à la royale hospitalité de Windsor : Paris a voulu rivaliser avec Londres par les réjouissances et les transports spontanés. La reine Victoria a vu la joie populaire se signaler sur son passage. Au théâtre comme au Palais de l'industrie, à la Sainte-Chapelle comme à l'Hôtel de Ville, sur les boulevards inondés par les flots de leur population comme au Champ-de-Mars retentissant des cris de l'armée, chacune de ses sorties a été une fête, et chacune de ces fêtes a été une manifestation énergique où la part d'acclamations prise par le peuple français a eu pour témoins les milliers d'étrangers accourus dans nos murs pour admirer les merveilles d'une exposition unique dans les faste des nations.

L'Empereur voulut recevoir dans ses bras son auguste alliée à la descente du yacht royal au port de Boulogne ; Sa Majesté a voulu encore l'accompagner avec le Prince Napoléon, jusqu'à son embarquement au même port. La grande reine vient donc de quitter nos côtes hospitalières ; son voyage restera comme un des plus grands événements de cette époque, si féconde en faits mémorables et nouveaux. Saluons une dernière fois cette princesse illustre, messagère de concorde et de paix. Saluons-la avec sa jeune famille, espoir des trois royaumes ; avec son royal époux qui a si bien compris le génie, les mœurs et les arts de la France.

Ce n'est pas la première fois que des têtes couronnées ont visité notre pays. Pierre 1er vint y étudier la civilisation pour s'en servir contre la civilisation elle-même ; l'Empereur Joseph II s'y montra en philosophe et en critique frondeur plutôt qu'en intelligent monarque. L'un et l'autre excitèrent la curiosité et non les sympathies publiques, et la nation resta indifférente devant ces voyageurs qui n'étaient pas des hôtes. Au contraire, la reine Victoria a remué le peuple Français depuis Boulogne jusqu'à la capitale, et depuis la capitale jusqu'à Boulogne elle a reçu de ce peuple électrisé un véritable triomphe. C'est que ce n'est pas un simple désir personnel qui a amené parmi nous cette auguste souveraine. Elle est arrivée pour clore enfin sept siècles de rivalités désastreuses et pour cimenter sur sa base l'alliance des deux plus grandes nations de l'Occident et du monde entier, aussi longtemps qu'elles resteront unies.

Un voyage de quelques jours fait par l'Empereur

et l'Impératrice dans les villes du Nord, précéda l'arrivée de la souveraine de la Grande-Bretagne, et partout Leurs Majestés furent accueillies d'une manière splendide. Les discours prononcés par les maires, les prélats, les préfets, respirent les sentiments de la plus profonde reconnaissance et du dévouement absolu pour Leurs Majestés, dont la haute sollicitude descendait aux moindres détails des besoins de ces populations industrieuses qui étalaient avec orgueil tapis, tissus, machines et métiers, surtout à Lille, à Roubaix, à Tourcoing, à Hazebrouck, à Valencienne et jusqu'à Saint-Omer. De là Leurs Majestés se sont rendues directement au camp d'Helfant, où l'arrivée du cortége sur cet immense plateau a été saluée de cent-un coups de canon. Le maire de Boulogne a pu dire avec vérité à l'Empereur : « L'accueil qui vous attend au milieu de ces populations accourues sur vos pas, vous dira mieux que je ne saurais le faire quelle part mes concitoyens prennent à ces sentiments de gratitude que rend plus vifs la présence de l'épouse de votre chóix, de la femme au cœur noble et bienfaisant qui sera l'ornement et l'appui du trône. »

La guerre d'Orient ne devait ni empêcher ni retarder la solennité pacifique à laquelle l'Empereur avait convié toutes les nations du monde. Le progrès des lumières ne permet plus à un État, quel qu'il soit, d'arrêter les autres dans l'accomplissement de leurs destinées. Tous les peuples civilisés l'ont compris comme nous ; aussi, malgré les préoccupations de cette guerre lointaine, la France n'a pas cessé un seul instant de se préparer à ce concours universel. On sait avec quel soin et quelle sollicitude tout a été disposé, surtout depuis que, pour compléter la pensée de l'Empereur et surtout l'inspiration de l'Impératrice, un nouveau décret a rattaché l'exposition universelle des beaux-arts à celle des produits de l'agriculture et de l'industrie. Pénétré de l'importance de sa mission, comme président, le Prince Napoléon s'est entouré d'une sous-commission, avec laquelle il a voulu préparer, dans le sens le plus libéral, c'est-à-dire le plus conforme à l'esprit de la France, toutes les mesures nécessaires pour en assurer le succès. On sait que toutes les nations du globe, une seule exceptée et qu'on devine sans peine, ont été fidèles au rendez-vous. Le rapport du Prince Napoléon et le discours prononcé par l'Empereur à l'occasion solennelle de la distribution des prix aux industriels et aux artistes doivent passer à la postérité comme modèles de genre.

Tandis que nos armées remportaient des victoires si loin du sol natal, aux cris de : *Vive la France ! Vive l'Empereur !* le peuple français a vu avec l'indignation la plus profonde qu'un lâche attentat venait d'être commis contre son auguste Souverain. Mais hâtons-nous de dire ici, pour l'honneur du pays, que celui qui s'en était rendu coupable était un fanatique italien, un repris de justice.

Tous les membres de la famille impériale, les ambassadeurs et les ministres des puissances étrangères, tous les corps constitués, s'empressèrent de venir manifester à Leurs Majestés leurs félicitations et leurs sentiments d'amour éternel. L'Empereur répondit à l'adresse du Sénat du 28 avril 1855 :

« Je remercie le Sénat des sentiments qu'il vient de m'exprimer. Je ne crains rien des tentatives des assassins : il est des existences qui sont des décrets de la Providence. Tant que je n'aurai pas accompli ma mission, je ne cours aucun danger. »

Au retour d'une partie de nos braves de Crimée, l'Empereur, au pied de la colonne de la Bastille, leur adressait ces paroles mémorables : « Soldats, je viens au-devant de vous comme autrefois le Sénat allait aux portes de Rome au-devant de ses légions victorieuses. Je viens vous dire que vous avez bien mérité de la patrie. — Mon émotion est grande, car au bonheur de vous revoir se mêlent de douloureux regrets pour ceux qui ne sont plus, et un profond chagrin de n'avoir pu moi-même vous conduire au combat. — Soldats de la garde, comme soldats de la ligne, soyez les bienvenus. — Vous représentez tous cette armée d'Orient dont le courage et la persévérance ont de nouveau illustré nos aigles et reconquis à la France le rang qui lui est dû. — La patrie, attentive à tout ce qui s'accomplit en Orient vous accueille avec d'autant plus d'orgueil qu'elle mesure vos efforts à la résistance opiniâtre de l'ennemi,... Allez, marchez fièrement au milieu de vos frères d'armes et de vos concitoyens, dont les acclamations vous attendent. »

Au balcon de la place Vendôme, au milieu de l'état-major et de tous les ministres, l'Impératrice a été saluée avec transport par les troupes qui élevaient les képis au bout de leurs baïonnettes : on se rappelait avec une profonde gratitude que Sa Majesté avait établi des ateliers pour la charpie des blessés et qu'elle avait organisé des souscriptions considérables pour venir en aide aux veuves et aux orphelins de l'armée d'Orient.

Avant de jouir du bonheur d'être mère, l'Impératrice n'a cessé de montrer en toute occasion une tendresse effectivement maternelle et dans les salles d'asile et dans l'admirable institution des crèches. Le ciel a pris soin de l'en récompenser. Elle touche au dernier terme de sa grossesse, et nous n'avons plus qu'à former des vœux pour son heureuse délivrance. Déjà la nation se recueille, inquiète sur son avenir. Dans ce moment solennel, le Souverain a tout disposé autour de la couche impériale; les témoins sont tous à leur poste : Mgr le prince Napoléon, la princesse Mathilde, le prince Murat, les grands officiers de la couronne, le premier aumônier, les sous-gouvernantes des Enfants de France, des maîtres dans l'art de guérir, et bientôt, à trois heures du matin, le 16 mars 1856, un cri, un seul cri éclate de toutes parts : *Vive le Prince Impérial !* Une heure après le Sénat et le Corps législatif sont en séance générale pour répéter ce cri que désormais nous devons associer avec un égal enthousiasme aux cris de : *Vive l'Empereur ! Vive l'Impératrice !*

Le Sénat et le Corps législatif, convoqués à trois heures du matin samedi pour attendre la délivrance de l'Impératrice, ont repris leur séance dimanche à neuf heures. Appelés à complimenter l'Empereur, le président du Sénat s'est exprimé ainsi : « Sire, la Providence a des bienfaits pour les Princes qui se dévouent à la grandeur et à la prospérité de leurs peuples... Saluons donc ce fils de l'Empire, gage de si grands destins ; saluons aussi et remercions sa gracieuse mère. Une épouse déjà si chère le sera bien plus à votre cœur par cette consécration de la maternité. Permettez au Sénat, Sire, de déposer pour elle au pied de ce trône, qu'elle embellit par des qualités aimables et qu'elle vient de cimenter par cet heureux enfantement, l'expression de notre gratitude et de nos vœux. »

L'Empereur a répondu :

« Monsieur le Président du Sénat,

« Le Sénat a partagé ma joie en apprenant que le ciel m'avait donné un fils, et vous avez salué comme un événement heureux la venue au monde d'un *Enfant de France*. C'est avec intention que je me sers de ce mot. En effet, l'empereur Napoléon, mon oncle, qui avait appliqué au nouveau système créé par la Révolution tout ce que l'ancien régime avait de grand et d'élevé, avait repris cette ancienne dénomination des Enfants de France, et ce titre indique à mon Fils tous ses devoirs. »

Le corps diplomatique, le congrès de la paix, le Corps législatif et tous les autres corps de l'État viennent successivement offrir à Sa Majesté leurs vœux et leurs félicitations sur l'heureux événement « qui donne à la nation le premier citoyen du pays et le représentant des intérêts de tous. » Cet enfant que consacrent à son berceau la paix qui se prépare, la bénédiction du Saint-Père, apportée par l'électricité une heure après sa naissance, enfin les acclamations de ce peuple français que l'Empereur a tant aimé, cet enfant sera digne des destinées qui l'attendent.

A l'occasion de la naissance du Prince Impérial, le conseil municipal de la Seine a voté une somme de 200,000 francs qui doit être employée partie au payement des mois de nourrice dus par des familles indigentes, partie au dégagement d'objets de literie et d'outils déposés au Mont-de-Piété. Trois jours de congé ont été accordés par le ministre de l'instruction publique aux élèves des lycées et colléges :

l'Impératrice a demandé trois jours de plus. Des grâces et amnisties aux détenus des bagnes et des maisons centrales ont dépassé le nombre de huit cents. Les théâtres, envahis le 17 par une foule prodigieuse, se sont ouverts gratis à deux heures moins un quart, sans que l'ordre ait été troublé, et tous les directeurs ont ajouté au programme officiel des cantates, de petites pièces de circonstance, des odes, des divertissements, des allégories.

Le 28 mars, le ministre de la guerre a reçu du maréchal Pélissier la dépêche télégraphique suivante : « C'est seulement dimanche 23 que la nouvelle de la délivrance de S. M. l'Impératrice nous est parvenue, et pour fêter la naissance du Prince Impérial, 101 coups de canon ont été tirés simultanément par les armées française, anglaise et sarde et par les flottes combinées. A midi, un *Te Deum* a été chanté avec toute la pompe militaire, et le soir les soldats ont terminé cette journée de *vivat* par des feux qui projetaient leur éclat à plusieurs lieues. Chose étonnante ! Les Russes, s'associant à nos propres manifestations, ont soudainement illuminé toute leur ligne d'Inkermann à Coralès, et complété ainsi ce spectacle d'un effet unique. »

Si jamais notre recueil passait sous les yeux du Prince Impérial, Son Altesse y verrait quel enthousiasme sa naissance a excité non-seulement en France, mais sur tous les points du globe où les

Français ont pénétré. *Enfant de France !* Tel est le titre que l'Empereur a donné à son premier-né, comme le plus beau qui convienne au Prince Impérial, et Sa Majesté s'est appuyée sur deux raisons bien puissantes, les précédents adoptés par son oncle Napoléon Ier, et la mission à laquelle il destine le jeune Prince : « celle de perpétuer un système national. » Ce titre lui impose des devoirs, car il n'est pas seulement le rejeton d'une famille, mais il est véritablement encore le fils du pays tout entier.

Une souscription ouverte au chiffre limité de 5 à 25 centimes a produit dans Paris et la banlieue, en quelques jours, la somme de 80,000 francs, dont la classe ouvrière a voulu faire acte de sympathique hommage à la cause impériale, qui est la cause de la France. Des comités ont reçu partout la mission de diriger cet élan populaire, et leurs présidents ont demandé au ministre de l'intérieur de prendre les ordres de Leurs Majestés sur l'emploi de cette somme, en déposant à leurs pieds les listes contenant les noms des souscripteurs au nombre de six cent mille. Cette sympathique manifestation a vivement touché l'Empereur et l'Impératrice. Cette radieuse mère accepte avec gratitude les volumes de signatures, éloquent témoignage des sentiments d'affection de la population parisienne ; mais quant aux sommes produites par la souscription, elle désire les employer comme les 600,000 francs votés lors du mariage par le conseil municipal. Patronne des sociétés de charité maternelle et des salles d'asile, elle placera sous le patronage de son fils les pauvres orphelins : elle veut que le malheureux ouvrier, enlevé prématurément à sa famille, emporte du moins la douce consolation de savoir que ses enfants seront placés dans d'honnêtes ménages pour y apprendre un état, pour être élevés dans cette autre famille adoptive.

Par suite d'une décision prise par l'Empereur et l'Impératrice d'être parrain et marraine, des enfants nés le même jour que le Prince Impérial, plus de trois mille six cents demandes sont parvenues au ministère de la maison de Sa Majesté. Une somme annuelle sera inscrite au budget de la liste civile pour secours aux familles nécessiteuses, et Leurs Majestés se chargeront des enfants devenus orphelins.

Le 12 avril 1856, le congrès de la paix terminait ses travaux, et l'Empereur invitait tous ses membres à un banquet dans la salle des maréchaux. Sa Majesté Impériale a porté le toast suivant : « A l'union si heureusement rétablie entre les souverains. Puisse-t-elle être durable, et elle le sera si elle repose toujours sur le droit, sur la justice, sur les véritables et légitimes intérêts des peuples ! » Ces paroles ont été accueillies aux cris unanimes de : *Vive l'Empereur* !

Le 5 mai, l'Empereur a reçu les adresses de cinq cent quatre-vingt-trois communes du département de la Haute-Saône, reliées en un volume et transmises par le préfet ; chaque corps d'état a voulu finalement adresser à Sa Majesté l'expression de ses vœux et de ses hommages, et les adresses dépasseront ainsi le chiffre d'un million cinq cent mille.

Le Prince Impérial, qui a été ondoyé par Mgr de Nancy le jour même de sa naissance, va bientôt recevoir le baptême à la métropole avec une pompe inusitée jusqu'à ce jour. Le pape Pie IX est son parrain, représenté par le cardinal Constantin Patrizi, évêque d'Albano, et la reine de Suède sa marraine, représentée par le prince Oscar. Déjà la grande-duchesse Stéphanie de Bade, tante de l'Empereur, est arrivée pour la grande cérémonie. Sa Majesté part pour Lyon le 1er juin, afin de présider en personne aux secours à porter aux victimes des inondations du midi de la France. Pendant douze jours, tantôt à pied, tantôt à cheval, et plus souvent en bateau, l'Empereur a distribué dans six départements envahis par les eaux plus de 700,000 francs aux familles les plus nécessiteuses. C'était un grand et émouvant spectacle que celui de cette population réunie sur les débris de ses habitations renversées, se livrant à des transports d'enthousiasme et de reconnaissance pour la généreuse pensée qui avait amené Sa Majesté au milieu d'elle. Les cris de : *Vive l'Empereur !* étaient incessants, et semblaient redoubler à chaque pas. Rentré le 12, l'Empereur a reçu le 13 le cardinal légat, qui a produit le bref pontifical en prononçant un discours latin, selon l'usage antique ; Sa Majesté a répondu :

« Je suis très-reconnaissant envers Sa Sainteté le pape Pie IX de ce qu'il a bien voulu être le parrain de l'enfant que la Providence m'a donné. En lui demandant cette grâce, j'ai voulu attirer d'une manière particulière sur mon fils et sur la France la protection du ciel. Je sais qu'un des moyens les plus sûrs de la mériter, c'est le témoignage de toute ma vénération pour le Saint-Père, qui est le représentant de Jésus-Christ sur la terre. »

Comme toujours, l'Impératrice a mis son nom en tête de la liste de souscription en faveur des inondés et ce nom a porté bonheur. Le chiffre des souscriptions a déjà dépassé 2,500,000 francs. L'Empereur a voulu y consacrer le montant des dépenses présumées des décorations de la basilique. Mais c'est le salaire de vingt mille ouvriers dont les travaux touchent à leur fin. Des rois et des princes ont grossi la liste des souscripteurs, et le lord-maire de Londres a transmis six fois au préfet de la Seine les diverses sommes déposées à sa commune.

A la première nouvelle des désastres causés en Algérie par les tremblements de terre, l'Empereur est venu au secours des populations victimes du fléau. Il y reviendra incessamment après le ravage des sauterelles dans notre colonie. Si le ciel nous éprouve, nous pouvons dire que quatre années d'une disette persistante n'ont pas entravé cet immense développement de notre action politique, de notre prospérité matérielle ; elles ont seulement mieux fait voir que, si préoccupé qu'il fût des grandes affaires intérieures et extérieures du pays, l'Empereur n'oubliait pas ceux qui souffrent ; les inondations comme la disette l'ont montré compâtissant aux douleurs du peuple et courant lui-même le premier à son secours. Leurs Majestés ont fait établir des fourneaux économiques ; ce noble et bienfaisant exemple a été suivi en Danemark, à Copenhague même. Pendant le mois d'octobre on a distribué 38,436 portions ; 18,000 ont été consommées dans la salle à manger de l'établissement et 19,675 au dehors. Depuis le 1er janvier, le nombre des portions distribuées s'élève à 389,355.

Les témoignages de joie et de vif intérêt qui ont ccueilli en Angleterre la naissance d'un héritier du trône de France ont été d'une unanimité qu'il est bien doux de constater. Tous les organes de la presse, à Londres comme dans les provinces, ont consacré à ce grand événement les articles les plus flatteurs. La population entière, de son côté, n'a cessé de donner les marques les plus sensibles de sa cordiale sympathie. Les maisons, dans la plupart des villes du royaume, et les navires qui se trouvaient dans les ports se sont pavoisés pendant plusieurs jours de drapeaux couleurs de la France et de l'Angleterre. On peut dire que jamais dans l'histoire on n'a vu deux nations plus intimement unies et manifester leur alliance d'une façon plus touchante.

Le baptême du Prince Impérial a eu lieu à cinq

heures. Nous renonçons à l'espoir de peindre la majesté du cortége, qui surpassait de beaucoup en magnificence tout ce qu'on avait vu même au mariage de l'Empereur et de l'Impératrice. La journée du 14 juin laissera dans la population parisienne d'impérissables souvenirs. Tout le monde admirait la richesse et le bon goût des équipages, la tenue et l'ordre parfait de ce cortége incomparable. D'aussi loin qu'on voyait paraître la voiture impériale, le peuple faisait entendre les cris mille fois répétés de : *Vive l'Empereur! Vive l'Impératrice! Vive le Prince Impérial!*

Le jury de la Seine est appelé à prononcer sur le sort de trois sicaires que l'Italie fournit encore, et c'est son triste privilége, au fanatisme des partis, Paolo Tibaldi, Giuseppe Bartolotti et Paolo Grilli, dit Saro. Lorsqu'un assassin politique est pris le poignard à la main, le bon sens public ne se trompe pas sur l'importance de cette capture. A côté du sentiment d'horreur et de réprobation qu'inspire toujours une tentative d'assassinat, se place un sentiment de pitié pour des malheureux qui ne sont le plus souvent que les instruments aveugles d'une volonté qui se cache. Le cri public appelle alors le châtiment des vrais coupables, et dans son impuissance d'atteindre Mazzini, Ledru Rollin, Massarenti, Campanella, la justice doit faire porter tout le poids de la peine sur les accusés présents. La France et toutes les nations étrangères sont intéressées à ce procès. Il ne s'agit plus de politique, il s'agit d'assassinat, et jamais preuves judiciaires n'ont été plus solidement établies. S'il y a pitié pour les exilés, il n'y a pas de pitié pour les assassins... La peine des parricides est appliquée à deux d'entre eux.

Il s'agit ici d'explosion de bombes fulminantes et de machines infernales à l'entrée du grand Opéra, le 14 janvier 1858, où la terreur répandue dans toute la France a été partagée par l'Europe entière. Des chevaux tués, la voiture de l'Empereur brisée, plusieurs victimes frappées mortellement et près de quatre-vingts plus ou moins atteintes par les projectiles au milieu d'une confusion indescriptible, tel fut un moment le tableau que présentait l'entrée du théâtre : mais rien ne saurait rendre l'émotion et l'enthousiame de la foule dès qu'on s'aperçut que ni l'Empereur ni l'Impératrice n'avaient été atteints. Les cris redoublèrent à leur entrée dans la tribune. Leurs Majestés donnèrent aussitôt des ordres pour rechercher les victimes et pour les secourir. Vainement on veut les dissuader d'entrer au spectacle : l'Impératrice, dont la robe était déchirée et sanglante, s'écria : « Montrons-leur que nous avons plus de courage que ces lâches assassins. » Cette noble et courageuse compagne, en s'associant à la destinée de l'Empereur, devait partager ses périls comme elle aura sa part de gloire : le cœur de toutes les familles est avec elle ; il a ressenti ses angoisses et s'est ému de ses larmes pour tant de victimes frappées autour d'elle. Le lendemain, un *Te Deum* d'actions de grâces fut chanté à Notre-Dame et tous les corps constitués eurent l'honneur de remettre à l'Empereur les adresses de félicitations votées par leurs conseils. Les maires et adjoints de la ville de Paris ont également exprimé l'horreur dont cet attentat a rempli le cœur des âmes honnêtes, et se sont unis à l'universelle action de grâces qui a remercié Dieu d'avoir si visiblement préservé les précieux jours de Leurs Majestés. Puissent les vœux, les respects, la reconnaissance de l'Empire et de l'Europe entière conjurer à jamais le retour de si abominables forfaits !

Au souvenir de ce cruel attentat et à l'ouverture de la sesssion législative, l'Empereur s'exprime ainsi : « Qu'est-ce que l'Empire ? Est-ce un gouvernement rétrograde, ennemi des lumières, désireux de comprimer les élans généreux et d'empêcher dans le monde le rayonnement pacifique de tout ce que les grands principes de 89 ont de bon et de civilisateur ? Non, l'Empire a inscrit ses principes en tête de sa Constitution ; il adopte franchement tout ce qui peut ennoblir les cœurs et exalter les esprits pour le bien ; mais aussi, ennemi de toute théorie abstraite, il veut un pouvoir fort, capable de vaincre les obstacles qui arrêteraient sa marche, car, ne l'oublions pas, la marche de tout pouvoir nouveau est longtemps en lutte. (Applaudissements répétés.) D'ailleurs, il est une vérité écrite à chaque page de l'histoire de France et de l'Angleterre : c'est qu'une liberté sans entraves est impossible tant qu'il existe dans un pays une fraction obstinée à méconnaître les bases fondamentales du gouvernement. Car, alors, la liberté, au lieu d'éclairer, de contrôler, d'améliorer, n'est plus, dans la main des partis, qu'une arme pour renverser. » (Assentiment unanime.)

Par suite, il semble aussi que l'Empereur ait voulu faire cesser une incertitude dans le sénatus-consulte du 17 juillet 1856, qui ne confère la régence à l'Impératrice que si l'Empereur n'en a autrement disposé. « Voulant faire cesser dès aujourd'hui les incertitudes qui en résultent et donner à notre bien-aimée épouse, l'Impératrice Eugénie, des marques de la haute confiance que nous avons en elle, nous avons résolu de lui conférer et nous lui conférons par ces présentes le titre de régente, pour porter ledit titre et en exercer les fonctions à partir du jour de l'avénement de l'Empereur mineur, le tout conformément aux dispositions du sénatus-consulte sur la régence. »

M. Gabriel Delessert, décédé à Passy le 1ᵉʳ février, avait connu l'Impératrice enfant, et lui avait voué une vive affection. La veille de sa mort, apprenant sa maladie, Sa Majesté monta brusquement dans une voiture de service et alla le visiter à Passy. Elle lui tendit la main en pleurant ; le pauvre vieillard la reconnut, prit cette main, et lui dit : « Soyez bénie ! merci, merci. » Ce furent ses dernières paroles.

Nous aurions à citer journellement de pareilles anecdotes, comme la visite aux ateliers de mademoiselle Rosa Bonheur, si notre cadre n'était pas si restreint.

Après avoir examiné avec son ministre les ravages causés par les inondations dans le Midi, la première préoccupation de l'Empereur a été de rechercher les moyens de prévenir de semblables désastres. D'après ce qu'a vu Sa Majesté, il y a dans la plupart des localités des travaux secondaires indiqués par la nature des lieux, que les ingénieurs habiles mis à la tête de ces travaux exécuteront facilement. Ainsi, rien de plus aisé que d'élever des ouvrages d'art qui préservent momentanément d'inondations pareilles des villes telles que Lyon, Valence, Avignon, Tarascon, Orléans, Blois et Tours. Mais, quant au système général à adopter pour mettre, dans l'avenir, à l'abri de si terribles fléaux nos riches vallées traversées par de grands fleuves, voilà ce qui manque encore et ce qu'il faut absolument et immédiatement trouver.

Dans sa lettre écrite de Plombières au ministre des travaux publics, Sa Majesté dit que chacun demande une digue, quitte pour rejeter l'eau sur son voisin. Or, le système des digues n'est qu'un palliatif ruineux pour l'État, imparfait pour les intérêts à protéger. Comment d'ailleurs exiger de tous les riverains la surveillance de tous les moments, qui seule pourrait empêcher une rupture ; et une seule digue se rompant la catastrophe ne serait que plus terrible.

Celle du Rhône coûterait seule plus de 100 millions et serait encore insuffisante. L'Empereur trace, avec le génie de Napoléon 1er, la marche à suivre, et demande au ministre un rapport longuement motivé surtout pour les torrents des montagnes.

Les rapports intimes qui existent depuis longtemps entre l'Empereur et le roi Victor-Emmanuel II, et les intérêts réciproques de la France et de la Sardaigne, avaient engagé les deux souverains à resserrer, par une alliance de famille, les liens qui les unissent depuis plus d'un an. Des pourparlers avaient eu lieu dans ce but ; mais l'âge de la jeune princesse avait fait différer jusqu'ici la fixation de l'époque du mariage. Hier, le général Niel, chargé par l'Empereur de demander officiellement la main de S. A. R. la princesse Marie-Clotilde, pour S. A. I. le prince Napoléon, a été reçu par le roi de Sardaigne qui a agréé la demande ; et le même jour le roi a annoncé le prochain mariage de la princesse sa fille à une députation du Sénat et de la Chambre des députés. Le 29 janvier, une dépêche télégraphique de Turin nous dit que le contrat de mariage a été signé aujourd'hui même. A six heures du soir, il y a eu un banquet à la cour. Un grand dîner a eu lieu aussi à Saint-Cloud, pour fêter l'arrivée de Leurs Altesses Impériales, et deux jours après, S. A. I. le prince Jérôme Napoléon a réuni au Palais-Royal les ambassadeurs, les ministres, le cardinal Morlot, les grands officiers, les maréchaux de France, etc., à l'occasion du

mariage du prince son fils. Ajoutons qu'à Paris comme
à Turin la population a manifesté un empressement
bien sympathique pour acclamer le Prince Napoléon
et la princesse Clotilde.

Dans son discours d'ouverture de la session législative, l'Empereur parle ainsi des défiances et des craintes qui semblent tout paralyser en ce moment. « Je déplore ces découragements périodiques sans m'en étonner. Quant à l'alliance de la France et de l'Angleterre, j'ai mis toute ma persévérance à la consolider, et j'ai trouvé, de l'autre côté du détroit, une heureuse réciprocité de sentiments de la part de la reine de la Grande-Bretagne... Depuis la conclusion de la paix, mes rapports avec l'Empereur de Russie ont pris le caractère de la plus franche cordialité... J'ai également à me féliciter de mes relations avec la Prusse... Le cabinet de Vienne et le mien, au contraire, je le dis avec regret, se sont trouvés souvent en dissidence sur les questions principales; et il a fallu un grand esprit de conciliation pour parvenir à les résoudre, surtout dans la reconstitution des principautés danubiennes. Dans cet état de choses, il n'y avait rien d'extraordinaire que la France se rapprochât davantage du Piémont, qui avait été si dévoué pendant la guerre, si fidèle à notre politique pendant la paix. L'heureuse union de mon bien-aimé cousin le prince Napoléon avec la fille du roi Victor Emmanuel n'est donc pas un de ces faits insolites auxquels il faille chercher une raison cachée... Loin de nous les fausses alarmes et les défiances injustes... Reprenez avec calme le cours habituel de vos travaux. Je compte toujours avec confiance sur votre concours comme sur l'appui de la nation qui m'a confié ses destinées. »

Déjà le 16 mars on annonce qu'une partie de l'Allemagne présente un spectacle qui nous afflige et nous étonne. Une question vague, indéfinie, qui touche aux problèmes les plus délicats comme aux intérêts les plus élevés, surgit tout à coup dans le monde politique. Disons-le sans détour, au milieu du calme profond dont semble jouir en ce moment l'Europe, l'Autriche éprouve des velléités du côté de la péninsule italique, pareilles à celles qui poussaient naguère vers l'Orient le czar de toutes les Russies. L'Empereur, à qui rien n'échappe, va se préparer à tout événement en créant l'armée d'Italie en cinq divisions. Le roi Victor-Emmanuel II a suivi son exemple. Mais disons d'abord qu'avant d'agir ainsi, l'Empereur avait accepté toutes les propositions faites par la Grande-Bretagne, la Prusse, la Russie et même l'Autriche, dans un but de conciliation qui n'a pu être atteint, parce que ce dernier cabinet, après avoir paru se prêter aux négociations, soulevait ensuite des difficultés inattendues. En présence de cet état de choses, si la Sardaigne est menacée, si, comme tout le fait présumer, son territoire est envahi, la France ne peut pas hésiter à répondre à l'appel d'une nation alliée à laquelle l'unissent des intérêts communs et des sympathies traditionnelles, rajeunies par l'union contractée entre les deux maisons régnantes. Le ministre d'État et de la maison de l'Empereur donne communication au Sénat et au Corps législatif des faits qui ont amené la crise actuelle.

Si l'Autriche, séparant son action des autres cabinets, a pris la résolution d'adresser à la Sardaigne un ultimatum, énonçant, s'il n'y était satisfait, l'intention de recourir à l'emploi des armes, de son côté, le 26 mars, le gouvernement de l'Empereur n'a pas laissé ignorer à la cour d'Autriche que, si ses troupes franchissaient la frontière du Piémont, la France serait obligée de considérer cette invasion d'un pays allié comme une déclaration de guerre. L'Autriche persiste à employer la force. Les événements précipitent leur cours et l'Empereur a adressé un appel au peuple français qui se termine ainsi :

« Je vais bientôt me mettre à la tête de l'armée. Je laisse en France l'Impératrice et mon fils. Secondée par l'expérience et les lumières du dernier frère de l'Empereur, elle saura se montrer à la hauteur de sa mission. Je les confie à la valeur de l'armée qui reste en France pour veiller sur nos frontières, comme pour protéger le foyer domestique; je les confie au patriotisme de la garde nationale ; je les confie enfin au peuple tout entier, qui les entourera de cet amour et de ce dévouement dont je reçois chaque jour tant de preuves.

« Courage donc et union ! Notre pays va montrer au monde qu'il n'a pas dégénéré. La Providence bénira nos efforts ; car elle est sainte aux yeux de Dieu la cause qui s'appui sur la justice, l'humanité, l'amour de la patrie et de l'indépendance.

« NAPOLÉON. »

Avec cet appel, on électrise des soldats français, on opère des prodiges. Eh ! qui peut douter du succès, quand on s'annonce comme libérateur d'un peuple opprimé, qu'on s'engage dans la lutte, qu'on vient se mettre à sa tête pour revendiquer son indépendance et le conduire au combat, sur un terrain surtout où chaque étape rappelle une victoire avec les noms de Mondovi, de Marengo, de Castiglione, d'Arcole et de Rivoli ? Les enfants des premiers soldats du monde ne peuvent répondre que par des triomphes, avec les noms de Turbigo, de Marignan, Montébello, Palestro, Solférino ; car l'armée sarde s'est montrée digne de marcher à côté de nos braves, et le héros qui les commandait tous n'a vu ni balles, ni boulets, ni mitraille, bien que les guerriers qui l'entouraient frémissent pour sa vie.

Et vous aussi, mère, épouse adorée, vous avez souvent craint pour les jours de ce ferme soutien de l'Empire ; mais vous étiez entourée de la sollicitude des grands corps de l'État, que vous avez reçus au palais des Tuileries, accompagnée de S. A. I. le

Prince Impérial, et chacun des présidents vous a remerciée avec effusion de cette audience affectueuse qui leur permettait de voir cet enfant bien-aimé, l'espoir de la patrie.

L'Impératrice régente a répondu dans cette mémorable audience :

« Messieurs, vous avez voulu, avant de vous séparer, donner une nouvelle preuve de dévouement à l'Empereur, en manifestant le désir de voir le Prince Impérial ; ce témoignage de la sollicitude dont vous l'environnez ne m'a point surprise ; mais je n'en suis pas moins profondément émue ; cette démarche est pour moi, comme le sont déjà les conseils de mon bien-aimé oncle, un encouragement et une force. » Des cris enthousiastes de : *Vive l'Empereur ! Vive l'Impératrice ! Vive le Prince Impérial !* ont accueilli ces paroles de Sa Majesté.

L'Impératrice a ajouté, en s'adressant au Corps législatif : « En rentrant dans vos départements, je compte sur votre patriotisme éclairé pour y entretenir la foi que nous devons tous avoir dans l'énergie de l'armée, et quand le jour sera venu, dans la modération de l'Empereur. Pour moi, quelque lourde que puisse être ma tâche, je trouverai dans mon cœur tout français le courage nécessaire pour l'accomplir. Je me repose donc, Messieurs, sur votre loyal concours et sur l'appui de la nation entière qui, en l'absence du chef qu'elle s'est donné, ne fera jamais défaut à une femme et à un enfant. » Les cris ont redoublé et retentissaient encore lorsque l'Impératrice et le Prince Impérial étaient déjà loin de la salle des Maréchaux.

Après la victoire de Magenta, l'Empereur avait dit à ses soldats : « Vous êtes les dignes fils de vos pères. » Après la victoire de Solférino, à Cavriana, 25 juin, il leur dit : « L'ennemi croyait nous surprendre et nous rejeter au delà de la Chièse, c'est lui qui a repassé le Mincio. Vous avez dignement soutenu l'honneur de la France, et la bataille de Solférino égale et dépasse même les souvenirs de Lonato et de Castiglione. Pendant douze heures vous avez repoussé les efforts désespérés de plus de cent cinquante mille hommes. Ni la nombreuse artillerie de l'ennemi, ni les positions formidables qu'il occupait sur une profondeur de trois lieues, ni la chaleur accablante n'ont arrêté votre élan. La patrie reconnaissante vous remercie par ma bouche de tant de persévérance et de courage ; mais elle pleure avec moi ceux qui sont morts au champ d'honneur, et néanmoins, tant de sang versé ne sera pas inutile pour la gloire de la France et pour le bonheur des peuples. »

La paix est signée à Valeggio le 15 juillet 1859 ; l'Empereur va nous dire à Saint-Cloud à quelles conditions, ainsi que les obstacles que l'Europe élevait devant lui. Les souscriptions organisées par l'Impératrice affluent de tous côtés. Le ministre de l'instruction publique fait lire dans les lycées et les colléges les bulletins de la guerre d'Italie, car la jeunesse est prompte aux nobles sentiments, son cœur est touché des grandes choses et dévoué aux dynasties qui savent les entreprendre.

L'Empereur et le Roi d'Italie s'avancent rapidement vers Turin. On ne saurait décrire les ovations dont Leurs Majestés ont été l'objet au moment où Elles arrivaient en voiture découverte. Sur tout leur passage, les augustes souverains ont été accueillis par des acclamations chaleureuses et multipliées. L'illumination était générale pendant la soirée ; la foule, après avoir parcouru les rues en faisant éclater sa joie par des chants patriotiques, revenait par troupes compactes dans la cour du Palais-Royal acclamer Leurs Majestés. Il y avait grand dîner à la cour, auquel ont eu l'honneur d'assister les éminents chevaliers de la Sainte-Annonciation, le ministre de France et les personnes attachées à la légation impériale, les présidents des deux chambres, les hauts fonctionnaires de l'État, les dignitaires de la cour, le maire de Turin, le général commandant la garde nationale, etc., etc.

A six heures du matin, l'Empereur est parti pour Suze accompagné du Roi et du prince de Carignan : c'est là que les deux augustes alliés se sont fait leurs adieux.

L'Empereur a reçu ce soir 19 juillet, au palais de

Saint-Cloud les grands corps de l'État. Les présidents du Sénat, du Corps législatif et du conseil d'État, on peut en convenir, avaient ample matière pour féliciter celui que nous avions suivi avec orgueil sur les champs de bataille et que nous venions d'admirer dans son héroïque modération celui qui, en deux mois, a délivré le Piémont, arraché la Lombardie à son puissant maître, et fait reluire sur la France les grands jours du premier empire. Cinq victoires successives venaient d'ajouter la plus glorieuse page à notre histoire militaire ; et la plus belle est celle que l'Empereur remportait sur lui-même ; car, dans l'enivrement du triomphe, il s'est montré généreux ennemi, autant qu'allié fidèle et désintéressé. Il a su s'arrêter enfin au moment où les intérêts de la France pouvaient avoir à souffrir du caractère et des développements que la guerre paraissait devoir prendre ; il est ramené par la faveur du ciel, sain et sauf, couvert d'une nouvelle gloire, dans cette France dont il est le sauveur et l'espoir, entre cette épouse auguste, dont nous avons, pendant l'absence d'un époux adoré, éprouvé le ferme courage et la haute raison, et ce noble enfant qui apprend déjà à remercier Dieu des triomphes de son père.

Après les discours des trois présidents, qui ont été vivement applaudis, l'Empereur a répondu :

« Messieurs,

« En me retrouvant au milieu de vous qui, pendant mon absence, avez entouré l'Impératrice et mon fils de tant de dévouement, j'éprouve le besoin de vous remercier d'abord, et ensuite de vous expliquer quel a été le mobile de ma conduite. — Lorsque, après une heureuse campagne de deux mois, les armées française et sarde arrivèrent sous les murs de Vérone, la lutte allait inévitablement changer de nature, tant sous le rapport militaire que sous le rapport politique. J'étais fatalement obligé d'attaquer de front un ennemi retranché derrière de grandes forteresses, protégé contre toute diversion sur ses flancs par la neutralité des territoires qui l'entouraient; et, en commençant la longue et stérile guerre des siéges, je trouvais en face l'Europe en armes, prête, soit à disputer nos succès, soit à aggraver nos revers.

« Néanmoins, la difficulté de l'entreprise n'aurait ni ébranlé ma résolution, ni arrêté l'élan de mon armée, si les moyens n'eussent pas été hors de proportion avec les résultats à attendre. Il fallait se résoudre à briser hardiment les entraves opposées par les territoires neutres, et alors accepter la lutte sur le Rhin comme sur l'Adige. Il fallait partout franchement se fortifier du concours de la Révolution. Il fallait répandre encore un sang précieux qui n'avait que trop coulé déjà ; en un mot, pour triompher, il fallait risquer ce qu'il n'est permis à un souverain de mettre en jeu que pour l'indépendance de son pays.

« Si je me suis arrêté, ce n'est donc pas par lassitude ou par épuisement, ni par abandon de la noble cause que je voulais servir, mais parce que dans mon cœur quelque chose parlait plus haut encore : l'intérêt de la France. — Croyez-vous donc qu'il ne m'en ait pas coûté de mettre un frein à l'ardeur de ces soldats qui, exaltés par la victoire, ne demandaient qu'à marcher en avant ? Croyez-vous qu'il ne m'en ait pas coûté de retrancher ouvertement devant l'Europe de mon programme le territoire qui s'étend du Mincio à l'Adriatique ? Croyez-vous qu'il ne m'en ait pas coûté de voir dans des cœurs honnêtes de nobles illusions se détruire, de patriotiques espérances s'évanouir?

« Pour servir l'indépendance italienne, j'ai fait la guerre contre le gré de l'Europe ; dès que les destinées de mon pays ont pu être en péril, j'ai fait la paix.

« Est-ce à dire maintenant que nos efforts et nos sacrifices aient été en pure perte ? Non. Ainsi que je l'ai dit dans mes adieux à mes soldats, nous avons droit d'être fiers de cette courte campagne. En quatre combats et deux batailles, une armée nombreuse, qui ne le cède à aucune en organisation et en bravoure, a été vaincue. Le roi de Piémont, appelé jadis le gardien des Alpes, a vu son pays délivré de l'invasion et la frontière de ses États portée du Tessin au Mincio. L'idée d'une nationalité italienne est admise par ceux qui la combattaient le plus. Tous les souverains de la Péninsule comprennent enfin le besoin impérieux de réformes salutaires. Ainsi, après avoir donné une nouvelle preuve de la puissance militaire de la France, la paix que je viens de conclure sera féconde en heureux résultats, l'avenenir les révélera chaque jour davantage, pour le bonheur de l'Italie, l'influence dela France, le repos de l'Europe. » Le discours de Sa Majesté a été fréquemment interrompu par des marques d'enthiousiasme, et s'est terminé au milieu des acclamations les plus chaleureuses et des cris répétés de : *Vive l'Empereur! Vive l'Impératrice! Vive le Prince Impérial!*

Les nouvelles listes de souscription en faveur des blessés et des familles de ceux qui ont succombé en Italie pendant cette guerre de deux mois, rempliraient bien des pages de ce livre ; un premier total se monte déjà à la somme de 704, 646 fr. 37 c.

Le Corps diplomatique a manifesté à son tour par l'organe de son président le désir d'être admis à offrir à l'Empereur ses félicitations au sujet de la conclusion de la paix.

Sa Majesté, entourée des grands officiers de sa maison et des officiers de service, du ministre des affaires étrangères, etc., a reçu le Corps diplomatique au palais de Saint-Cloud, et le nonce apostolique, parlant au nom du Corps, s'est exprimé ainsi : « Sire, le Corps diplomatique éprouvait le besoin de demander à Votre Majesté de lui offrir ses félicitations empressées et sincères pour son heureux retour et la prompte conclusion de la paix. »

Sa Majesté a répondu : « L'Europe a été en général si injuste envers moi au début de la guerre, que j'ai été heureux de pouvoir conclure la paix dès que l'honneur et l'intérêt de la France ont été satisfaits, et de prouver qu'il ne pouvait entrer dans mes intentions de bouleverser l'Europe et de susciter une guerre générale. J'espère qu'aujourd'hui toutes les causes de dissentiment s'évanouiront, et que la paix sera de longue durée. Je remercie le Corps diplomatique de ses félicitations. »

Paris, 29 juin 1860.

Nous avons la douleur d'annoncer la mort de Son Altesse Impériale le prince Jérôme Napoléon, qui va exciter des regrets unanimes. Dans le succès comme dans les revers, sur le trône ou en exil, le dernier frère de Napoléon 1er a servi avec une égale constance la dynastie à laquelle il avait consacré sa vie entière et la patrie, dont il a été un des plus vaillants soldats. Aussi la mort, qui croit tout détruire, ne fait que raviver ce qui doit durer. C'est près de ce lit funèbre qu'on trouve plus présente et plus vive la mémoire du grand empereur. C'est surtout dans les jours où se font les ruines que l'histoire se plaît à rappeler que le génie, la gloire et les services rendus au pays survivront à la poussière de l'homme. Cette même histoire ne sera pas muette pour le prince Jérôme, après que la pierre de son sépulcre aura été scellée. Elle dira la bonté de son cœur, la générosité de ses sentiments, sa bravoure comme soldat, sa justice comme roi, sa dignité comme proscrit ; car tout se trouve dans sa vie si diverse, image d'une époque tourmentée par les plus incompréhensibles contrastes, et qui ne voit l'ordre se rétablir en France, après tant de secousses et de revers de fortune, que parce que des flancs de la société nouvelle est sorti le pouvoir régénéré qui vit de la même vie qu'elle, et correspond à sa nature. Lorque la France eut conçu le dessein de chercher son salut dans le retour de la dynastie napoléonienne, le prince Jérôme comprit ses devoirs en bon citoyen et en loyal parent. Il avait prêté son épée à son frère; il donna à son neveu son concours le plus ardent. Placé entre deux grands règnes, il suffisait à son ambition de contribuer à leur prospérité pour le bien général de la France. — Les obsèques de Son Altesse Impériale ont été célébrées avec une pompe vraiment royale.

RENTRÉE A PARIS DE L'ARMÉE D'ITALIE.

Sur tout le parcours du défilé, l'affluence est incalculable. De la barrière du Trône à la place Vendôme, les chaussées latérales sont encombrées de monde. Sur les échafaudages, aux fenêtres, aux balcons, jusque sur les toits, entre les cheminées, fourmillent les têtes avides de voir. La tribune occupée par l'Impératrice, devant l'hôtel du garde des sceaux, est supportée par un avant-corps d'architecture d'ordre toscan orné de trophées dans des niches ; des hampes dorées soutiennent un vélarium rayé de pourpre et d'or. Autour de la place, s'étagent en gradins de vastes amphithéâtres capables de contenir 10,000 spectateurs; et ainsi disposée, ayant au centre cette magnifique colonne Trajane surmontée de l'image de Napoléon, la place Vendôme a l'air d'un cirque romain un jour de triomphe..... Mais cette description, pour si longue qu'elle fût, ne sera jamais qu'incomplète.

Ce soir, un grand banquet auquel étaient invitées trois cents personnes, a été donné par Sa Majesté l'Empereur aux principaux chefs de l'armée dans la salle des États. A la fin de ce banquet, l'Empereur a prononcé les paroles suivantes :

« Messieurs, la joie que j'éprouve en me retrouvant avec la plupart des chefs de l'armée d'Italie serait complète s'il ne venait s'y mêler le regret de voir se séparer bientôt les éléments d'une force si bien organisée et si redoutable. Comme souverain et comme général en chef, je vous remercie encore de votre confiance. Il était flatteur pour moi qui n'avais pas encore commandé d'armée, de trouver une telle obéissance de la part de ceux qui avaient une grande expérience de la guerre. Si le succès a couronné nos efforts, je suis heureux d'en reporter la meilleure part à ces généraux habiles et dévoués qui m'ont rendu le commandement facile, parce que animés du feu sacré, ils ont sans cesse donné l'exemple du devoir et du mépris de la mort.... Si la France a tant fait pour un peuple ami, que ne ferait-elle pas pour son indépendance ? — Je porte un toast à l'armée ! »

Les élèves du lycée de Versailles ayant exprimé le désir de voir le Prince Impérial, l'Empereur a bien voulu permettre que le jeune Prince se rendît lundi dernier au lycée. Son Altesse Impériale, accompagnée de madame la sous-gouvernante de service et de son écuyer, a été reçue par le proviseur à la tête des élèves, qui l'ont accueillie avec les plus chaleureuses acclamations. Puis le jeune Prince s'est rendu à la chapelle où les élèves ont chanté un *Domine, salvum.* Le fils de l'Empereur a écouté à genoux les chants religieux avec un recueillement au-dessus de son âge et que tous les assistants ont remarqué. Au sortir de la chapelle, le Prince Impérial a demandé au proviseur, avec une grâce charmante, d'accorder un congé à ses jeunes amis et l'a chargé de les remercier de leur réception. Après avoir écouté encore une marche chantée en chœur, Son Altesse Impériale est remontée en voiture, saluée par les acclamations des élèves, qui garderont le souvenir de cette visite.

Dans sa constante sollicitude pour les intérêts de l'Église et du clergé, l'Empereur s'efforce d'assurer successivement, à tous les degrés de la hiérarchie ecclésiastique, des ressources en rapport avec l'importance et la dignité des fonctions sacerdotales. Tel a été l'objet de plusieurs décrets qui ont amélioré, autant que l'état des finances le permettait, la situation des archevêques et évêques, des vicaires généraux et des desservants. Les chanoines, qui sont presque tous d'anciens curés de canton, et dont le traitement n'a reçu depuis quarante ans aucune augmentation, ne méritaient pas moins un témoignage de la bienveillance de Sa Majesté. D'après ses ordres, une allocation de 65,000 francs, inscrite au budget de l'exercice prochain, leur apportera quelques douceurs en attendant qu'il soit possible à Sa Majesté de faire davantage.

L'Impératrice s'est rendue à Vincennes pour visiter les travaux d'une chapelle érigée en l'honneur de la sainte Vierge, dont Sa Majesté avait ordonné la construction, et qui se trouve maintenant renfermée dans l'enceinte des murs de l'hôpital militaire. Sa Majesté a daigné ensuite parcourir les salles de l'hôpital, et, s'arrêtant au lit des soldats malades, leur a adressé les paroles les plus bienveillantes d'encouragement et de consolation. Sa Majesté s'est arrêtée ensuite à l'Asile Eugène-Napoléon et s'est informée avec sa sollicitude habituelle de la tenue et de l'instruction des jeunes filles élevées par ses soins.

Nous pourrions dire ici, sans crainte d'être contredit, que tout ce qui nous approche respire la bienfaisance et la charité. Le vice-roi d'Egypte s'est signalé à Paris par des bienfaits hors ligne. M. le baron Sina, reconnaissant de l'accueil qu'il a reçu en France, a désiré, avant de quitter Paris, consacrer par un acte de bienfaisance le souvenir des sentiments que lui a inspirés l'hospitalité française. Sa pensée s'est arrêtée sur la maison Eugène-Napoléon, dont nous venons de parler, et il a demandé la faveur d'être admis à faire don à cet établissement d'une somme de 10,000 francs qui contribuerait à en assurer la dotation. En autorisant son secrétaire des commandements à accepter le témoignage de sympathie qu'un étranger aussi distingué offrait pour ses petites protégées, Sa Majesté l'a chargé d'aller remercier en son nom M. le baron Sina.

Sur le point de quitter la France, les ambassadeurs du Maroc ont remis au ministre des affaires étrangères une somme de 10,000 francs, dont 8,000 doivent être déposés entre les mains du préfet de la Seine pour être distribués aux indigents, et 2,000 versés à la caisse de l'Orphelinat du Prince-Impérial. Bientôt l'ambassade du Japon suivra ce magnifique exemple.

La commission supérieure de l'Orphelinat du Prince-Impérial a eu l'honneur de présenter à Sa Majesté, pour la troisième fois, le compte rendu des résultats annuels de ses travaux : nulle œuvre de charité publique n'a aussi promptement éveillé des sympathies plus générales et qui grandissent tous les jours. De Paris, la popularité de cette institution s'est répandue dans la France entière et jusque dans les plus humbles communes; c'est que l'Orphelinat du Prince-Impérial, placé sous un auguste et touchant patronage, répond à des souffrances, à des nécessités réelles, et qu'il n'est pas moins cher aux classes ouvrières par le nom dont il se glorifie que par les bienfaits qu'il distribue.

L'Empereur apprenant la série de désastres commis le 22 juin dernier par un ouragan terrible, a fait remettre aux préfets des départements ravagés, pour les distribuer aux victimes les plus nécessiteuses, les sommes suivantes : Cher, 10,000 fr.; Marne 10,000 fr.; Haute-Marne, 4,000 fr.; Saône-et-Loire, 3,000 fr.; Côte-d'Or, 10,000 fr.; Allier, 6,000 fr.;

Depuis l'envoi d'une expédition française en Chine, le gouvernement s'occupe de remédier à l'insuffisance du personnel de ses interprètes pour la langue chinoise, et pour assurer cette partie essentielle du service diplomatique et consulaire, il élève de deux à six, pour la Chine et le Japon, le nombre des interprètes déjà existant, et les quatre nouveaux candidats qu'il envoie à cet effet offrent les garanties d'aptitude et de moralité désirables.

Un rapport de l'amiral Rigaud de Genouilly nous a donné des détails sur la prise de Canton par nos troupes réunies à celles de la reine d'Angleterre.

Une circulaire du ministre de l'intérieur adressée aux archevêques fait connaître que plusieurs ecclésiastiques ont abusé de la liberté de la chaire pour se livrer à des allusions blessantes et à des provocations coupables. Le ministre compte sur les sentiments de prudence et de charité qui ont toujours distingué l'épiscopat pour ramener dans les voies de l'Evangile et du devoir les hommes qui s'en écartent. L'Empereur sera toujours heureux de protéger le clergé français, mais il veut énergiquement, dans l'intérêt de tous, le maintien et l'exécution des lois, et il a le ferme espoir que l'épiscopat remplira de son côté sa mission d'ordre, de paix et de conciliation.

On sait d'où vient cette grande émotion : elle a sa source à Rome même. Mais si les Romagnes se sont affranchies du joug papal, ce soulèvement ne peut, en aucune manière, être imputé à la France, ni autoriser un doute quelconque sur la sincérité des assurances de sympathie et de bon vouloir que l'Empereur avait données à Pie IX à l'origine de la guerre. Ensuite, l'Empereur devait-il ne point prendre en considération les faits nouveaux qui ont surgi contrairement à ses vœux ? Sa Majesté envisageant, comme elle le devait, les difficultés de la situation lors de la paix conclue à Villafranca, écrivait au pape le 14 juillet : « Je supplie Votre Sainteté d'écouter la voix d'un fils dévoué à l'Église, mais qui comprend les nécessités de son époque, et sait que la force ne suffit pas pour résoudre les questions et aplanir les difficultés... Je vois dans la décision de Votre Sainteté ou le germe d'un avenir de paix et de tranquillité, ou bien la continuation d'un état violent et calamiteux. » Chacun sait que ces suggestions ne furent pas accueillies : et, maintenant, il ne s'agirait pas seulement de rendre les Légations au pape, il faudrait encore trouver les moyens de les maintenir entre ses mains sans faire succéder une nouvelle occupation à une nouvelle intervention. Les événements ont assez prouvé combien cette mesure serait impuissante pour remédier au mal.

Un autre inconvénient grave s'en est suivi : les questions religieuses ont donné lieu à des discussions dont le gouvernement n'a pas cru devoir gêner l'indépendance, tout en déplorant parfois leurs excès. Ces discussions tendent à prendre un caractère plus passionné, et des agressions violentes sont dirigées chaque jour par la voie des journaux et des brochures contre le clergé catholique. Le gouvernement, dont le devoir est de faire respecter la religion et ses ministres, invite les écrivains à la modération dont quelques-uns d'entre eux se sont écartés, et il est résolu à provoquer la répression des attaques de cette nature qui dégénéreraient en délits qualifiés par les lois.

Aujourd'hui, à une heure, l'Empereur a fait en personne l'ouverture de la session législative. Sa Majesté expose avec une lucidité sans égale et son éloquence habituelle la question italienne, et poursuit ainsi. « Pendant qu'elle était l'objet d'explications loyales entre mon gouvernement et celui de l'Autriche, elle inspirait à l'Angleterre, à la Prusse et à la Russie, des démarches dont l'ensemble atteste clairement, de la part des grandes puissances le désir d'arriver à la conciliation de tous les intérêts.

« Pour seconder ces dispositions, il importait à la France de présenter la combinaison dont l'adoption avait le plus de chance d'être agréée par l'Europe. Garantissant par mon armée l'Italie contre l'intervention étrangère, j'avais le droit de marquer les limites de cette garantie.

« Aussi n'ai-je pas hésité de déclarer au roi de Sardaigne que, tout en lui laissant l'entière liberté de ses actes, je ne pourrais pas le suivre dans une politique qui avait le tort de paraître, aux yeux de l'Europe, vouloir absorber tous les États de l'Italie, et menaçait de nouvelles conflagrations. Je lui ai conseillé de répondre favorablement aux vœux des provinces qui s'offraient à lui, mais de maintenir l'autonomie de la Toscane et de respecter en principe les droits du saint-siége. Si cet arrangement ne satisfait pas tout le monde, il a l'avantage de réserver les principes, de calmer les appréhensions, et il fait du Piémont un royaume de plus de 9 millions d'âmes.

« En présence de cette transformation de l'Italie du Nord, qui donne à un État puissant tous les passages des Alpes, il était de mon devoir, pour la sûreté de nos frontières, de réclamer le versant français des montagnes. Cette revendication d'un territoire de peu d'étendue n'avait rien qui pût éveiller les susceptibilités des puissances de l'Europe... »

L'Empereur, dont le cœur s'était ému naguère aux accidents si fréquents des chemins de fer, prescrit aujourd'hui, pour prévenir les abordages, qu'à dater du 1er octobre, les bâtiments à vapeur, lorsqu'ils seront en marche sous vapeur, au large, dans les rades ou dans les ports, porteront les feux désignés dans son décret.

Des actes d'une atroce barbarie dont Djeddah a été le théâtre contre la population chrétienne, les consulats saccagés, pillés et complétement dévastés, commandent une éclatante et prompte satisfaction : le gouvernement de l'Empereur et celui de Sa Majesté Britannique prennent des mesures de concert pour qu'elle soit telle que l'exigent l'honneur de leurs pavillons et l'énormité de l'attentat dont les agents ont été victimes de la part des fanatiques musulmans. Bientôt les massacres du Liban par les Druses exigeront la présence d'une armée française en Orient. En attendant, l'invasion du choléra dans ces misérables contrées menace la santé générale, surtout en France. C'est sous l'inspiration de cette prévoyante pensée qu'a été décidé l'envoi immédiat en Egypte d'une mission médicale qui avait pour but, non-seulement d'apporter aux victimes de l'épidémie une assistance éclairée, mais encore d'étudier les causes, la marche, le caractère de la maladie, pour en arrêter, autant que possible, les progrès et en prévenir l'introduction sur le territoire de l'Empire.

L'Empereur et l'Impératrice ont visité les provinces annexées de la Savoie, et puis la Corse, et sont arrivés à Alger le 17 septembre 1860. La première pensée de Sa Majesté s'est portée sur les colons, sur les travailleurs qui, après de pénibles labeurs sont quelquefois atteints de cruelles maladies, et elle s'est fait rendre compte de la situation des établissements où ils peuvent être soignés. Sa Majesté a remarqué que les ressources dont ces établissements disposent sont toutes puisées dans les recettes déjà assez restreintes des provinces.

En effet, dans ce pays où nous sommes à peine fixés, où nous apportons notre civilisation avec ses splendeurs et sa puissance, mais aussi avec ses besoins et ses misères, la charité n'a pu encore, comme elle l'a fait en France, doter quelques-unes de ces pieuses fondations qui offrent à l'indigent ou à l'homme isolé des asiles dans lesquels il est certain de trouver des secours et les soins les plus intelligents. Un édifice de charité sera donc élevé dans chacune des trois provinces, Alger, Constantine et Oran.

L'Empereur et l'Impératrice ont posé, le 18 septembre, la première pierre du magnifique boulevard qui va longer la mer, et, en dotant la ville d'une promenade depuis longtemps désirée, créer une artère industrielle d'un grand avenir. La bénédiction a été donnée avec une grande pompe religieuse par Mgr Pavy, évêque d'Alger, assisté de son clergé. Le bey de Tunis s'y était rendu avec un des frères de l'empereur du Maroc. Ils ont été reçus avec tous les honneurs dus à leur rang.

Paris, le 18 septembre 1860.

Nous avons la douleur d'annoncer la mort de madame la duchesse d'Albe, sœur de S. M. l'Impératrice, qui vient de succomber après une cruelle maladie. Ses obsèques ont eu lieu aujourd'hui même à l'église de la Madeleine, au milieu du concours de tous les ministres, des présidents des grands corps de l'État, des maréchaux, des sénateurs, des députés, etc. La duchesse d'Albe est morte à trente-cinq ans : sa beauté, sa grâce, son esprit l'avaient rendue l'arbitre de l'élégance, l'âme de toutes les fêtes à Madrid, où on la nommait la Reine des salons. Elle se servait de son empire pour soulager toutes les infortunes, pour protéger le talent encore inconnu, quelquefois pour exciter de nobles et patriotiques enthousiasmes chez cette aristocratie espagnole à qui le luxe n'a pas fait oublier les vertus chevaleresques de ses ancêtres. Les fatigues que causa à la duchesse d'Albe la maladie d'un de ses enfants portèrent une première atteinte à sa santé florissante. On se flattait qu'à Paris les oracles de l'art pourraient la lui rendre. Vain espoir ! Mgr le cardinal archevêque de Paris a donné l'absoute, et le cercueil a été déposé ensuite dans un des caveaux de l'église, d'où il doit être transporté en Espagne.

Alger, le 19 septembre 1856.

Une fête arabe a eu lieu aujourd'hui devant Leurs Majestés. Après un simulacre de combat de tribu à tribu, après une fantasia de dix mille cavaliers se précipitant au triple galop et déchargeant leurs armes devant la tente de l'Empereur et de l'Impératrice, après des joutes, et des chasses à la gazelle, à l'autruche, au faucon, après le défilé des Touaregs, à la face voilée, montés sur leurs chameaux ; enfin, après le spectacle le plus splendide qui puisse être donné en Afrique, tous les goums, formant une immense ligne de bataille, se sont rapprochés majestueusement, fusil haut, bannières déployées, de l'éminence sur laquelle était dressée la tente de l'Empereur, et les chefs, aux burnous éclatants, ont mis pied à terre, et sont venus, tous ensemble, présenter le cheval de *Gaoda*, tout caparaçonné d'or, et faire acte de soumission au souverain de la France. Le soir, l'Empereur a assisté seul au banquet offert par la ville ; car l'Impératrice, sous le coup de la douleur que lui causait l'état alarmant de sa sœur bien-aimée, n'a pas quitté ses appartements et a passé la nuit en prières.

Ce n'est qu'en mettant le pied en France que l'Impératrice a appris cette mort funeste, et elle a formé le projet de supporter cette douloureuse épreuve avec courage et résignation. Son premier soin, dès son arrivée, a été de se rendre auprès de sa mère, de pleurer avec elle sur leur irréparable malheur, et de la ramener à Saint-Cloud. Sa Majesté a désiré ensuite que le corps de la duchesse d'Albe fût déposé provisoirement dans l'église de Rueil, afin que le plus tôt possible elle fût rapprochée de sa sœur, pour la visiter jusqu'au jour où elle serait transportée en Espagne. Mais ce moyen, loin de soulager sa peine, altérait déjà sa santé : il a donc fallu bientôt recourir au moyen contraire, et l'Impératrice a entrepris, à cet effet, un voyage en Écosse. C'est là que, dans le plus strict *incognito*, elle devait rechercher l'isolement et la solitude, au milieu des tertres les plus accidentés, des sites les plus pittoresques. Mais il lui fallut aussi visiter les églises, les monuments, les châteaux, et l'accueil que reçut partout la souveraine de la France, de la part des grands, chez un peuple ami, de la part d'une foule toujours sympathique et respectueuse (car la nouvelle de la présence de Sa Majesté se répandit malgré tout et comme à dessein avec la rapidité de la flamme électrique), les ovations de milliers d'ouvriers dans les fabriques à Edimbourg, à Glasgow, ensuite à Londres, puis sa visite à Windsor, dans les bras de la reine, qui savait si bien compatir à la douleur, avant d'en avoir éprouvé elle-même les atteintes ; et enfin, à son retour, les caresses du jeune Prince, Fils de France, qui avait été au-devant de sa mère, opérèrent sur cette exquise sensibilité la plus heureuse diversion. — L'Empereur avait été l'attendre à Amiens.

Paris 4 février 1861.

A l'ouverture de la session législative, l'Empereur a résumé, comme les années précédentes, les actes passés et les projets à venir : mais Sa Majesté a décidé en même temps qu'un exposé général de la situation de l'empire serait placé tous les ans sous les yeux des grands corps de l'État, pour mettre son gouvernement en rapport plus intime avec eux et leur donner ainsi la faculté de le fortifier par leur adhésion publique, ou de l'éclairer par leurs conseils. Ils pourront encore, dans une adresse, manifester leur sentiment sur les faits qui s'accomplissent; non plus comme autrefois, par une simple paraphrase du discours du Trône, mais par la libre et loyale expression de leur opinion. — Cette amélioration initie plus amplement le pays à ses propres affaires, lui fait mieux connaître ceux qui le gouvernent, comme ceux qui siégent dans les chambres, et, malgré son importance, n'altère en rien l'esprit de la Constitution. A l'extérieur, sans prendre fait et cause pour les révolutions, il suffit à la grandeur du pays de maintenir son droit là où il est incontestable, de défendre son honneur là où il est attaqué, de prêter son appui là où il est imploré en faveur d'une juste cause. C'est ainsi que nous avons maintenu notre droit en faisant accepter la cession de la Savoie et de Nice. C'est ainsi que, pour venger notre honneur à l'extrême Orient, notre drapeau, uni à celui de la Grande-Bretagne, a flotté victorieux sur les murs de Pékin, et que la croix, emblème de la civilisation chrétienne, surmonte de nouveau, dans la capitale de la Chine, les temples de notre religion, fermés depuis plus d'un siècle. C'est ainsi qu'au nom de l'humanité nos troupes sont allées en Syrie, en vertu d'une convention européenne, protéger les chrétiens contre un fanatisme aveugle. C'est ainsi qu'à Rome, l'Empereur a cru devoir augmenter la garnison, lorsque la sécurité du Saint-Père a paru menacée... Ce discours s'est terminé au milieu des cris mille fois répétés de : *Vive l'Empereur! Vive l'Impératrice! Vive le Prince Impérial!*.

La chambre syndicale des agents de change de la Bourse de Paris a offert à l'Impératrice une somme de 24,000 francs pour la maison Eugénie-Napoléon, fondée au faubourg Saint-Antoine par Sa Majesté. Vivement touchée de cette démarche, l'Impératrice a donné ordre au secrétaire de ses commandements de se rendre auprès du président de la chambre syndicale, et de le prier de transmettre ses remercîments à la compagnie qui a témoigné un si généreux intérêt à ses jeunes protégées.

On nous annonce de Londres la mort du Prince époux, de ce Prince accompli dont l'Angleterre admirait les hautes qualités, les vertus et le savoir. Malgré l'énergique résignation avec laquelle la reine a réagi contre le coup qui l'a frappée, peut-être à cause de cette énergie même, on craint que sa santé n'ait souffert ; cette crainte est un sujet de préoccupation pour tout un peuple, pensée bien faite pour rappeler à Sa Majesté qu'elle doit veiller sur elle-même. Le prince de Prusse, le prince Louis de Hesse, le duc de Saxe-Cobourg-Gotha, le duc de Brabant et son frère, le prince de Leiningen, la princesse de Hohenloe, sont à Osborne avec la reine et ne la quittent pas. La princesse Aline l'entoure des soins les plus affectueux.

Aujourd'hui lundi, la pompe des funérailles répond au deuil de la nation. Tout y est représenté : les puissances étrangères, les ministres, les hommes d'État, tous les partis ; le comte Derby, le torisme et l'aristocratie terrienne ; l'archevêque de Cantorbéry, l'évêque de Londres et trois autres prélats, la puissante Église anglicane. Toute la nation française unit ses regrets aux regrets de ses bons alliés ; la Cour impériale a pris le deuil et l'Empereur a envoyé à la reine un de ses aides de camp porteur d'une lettre de condoléance ; l'Impératrice, elle aussi, a écrit à la souveraine, qui, l'an dernier, savait trouver des expressions si touchantes pour calmer sa douleur amère. On voit bien que les trônes ne sont pas un abri sûr contre les peines de ce bas monde.

Le 30 décembre, nous avons encore la douleur d'apprendre le décès de S. A. R. le duc de Béja, frère du roi de Portugal. C'est le troisième membre enlevé, dans l'espace d'un mois, à la famille royale de Portugal. Le Prince a succombé à une fièvre typhoïde. C'est le cas de s'écrier avec Bossuet : « Oh, que nous ne sommes rien ! » — Il n'y a que le peu de bien que nous faisons qui reste après nous. — MM. de Rothschild, Isaac et Émile Pereire mettent aujourd'hui, comme tous les ans, indépendamment de mille autres bonnes œuvres, à la disposition de l'administration de l'assistance publique, pour les pauvres de Paris, chacun 30,000 kilogrammes de pain. Ce secours, si opportun au moment où la rigueur de la saison rend encore plus pressants les besoins de la population indigente, sera réparti entre les bureaux de bienfaisance des vingt arrondissements.

Aujourd'hui encore ont eu lieu les obsèques du général de division de Bar. L'Empereur et l'Impératrice y étaient représentés par leurs chambellans, et le Sénat par une députation en grand uniforme. On voyait les maréchaux Vaillant et Pélissier en tête de généraux anciens compagnons d'armes du général de Bar.

Art. 2. Une somme de 1,200,000 francs sera distribuée aux donataires de Fontainebleau ou à leurs héritiers en ligne directe, existant à la date du 18 août 1861, qui n'ont pas été compris dans le testament de l'empereur Napoléon Ier.

Art. 3. La somme restant libre sur le fonds de 12,500,000 francs ci-dessus spécifié demeure acquise au trésor public.

Art. 4. Il sera institué auprès de notre ministre

d'État une commission chargée de répartir le crédit de 312,500 francs entre les donataires du Mont-de-Milan et de distribuer la somme de 1,200,000 francs entre les donataires de Fontainebleau.

Fait au palais des Tuileries, le 18 décembre 1861.

Tout va changer de face à Pékin. Trois des principaux ministres et meneurs de l'ancien parti hostile à tout progrès, viennent d'être condamnés d'après la loi chinoise à la *mort lente*, c'est-à-dire à être coupés en morceaux. L'empereur, par un esprit de clémence auquel l'influence des idées nouvelles n'est peut-être pas étrangère, a commué cet affreux supplice, et les princes y ont reçu l'ordre de s'étrangler dans leur prison. Quant à Souchun, que sa conduite semble avoir plus particulièrement désigné à la colère du souverain, il a eu la tête tranchée sur l'une des places publiques de la capitale. Telle a été l'issue de cette révolution de palais, malheureusement encore accompagnée d'effusion de sang, mais qui, par la publicité qui lui a été donnée, et le caractère de satisfaction politique qu'elle a semblé revêtir vis-à-vis des puissances étrangères, n'est rien moins qu'une modification complète de l'attitude séculaire du gouvernement chinois à l'égard de l'Europe. Il en faut reporter tout le mérite à l'excellent prince Kong, qui, au péril de sa vie, a su faire triompher les tendances favorables à la civilisation étrangère.

Mercredi, 1er janvier 1862.

Sénatus-consulte portant modification des articles 4 et 12 du sénatus-consulte du 25 décembre 1852.

Art. 1er. le budget des dépenses est présenté au corps législatif avec ses divisions en sections, chapitres et articles.

Le budget de chaque ministère est voté par section, conformément à la nomenclature annexée au présent sénatus-consulte. La répartition par chapitre des crédits accordés pour chaque section est réglée par décret de l'Empereur rendu en conseil d'État.

Art. 2. Des décrets spéciaux, rendus dans la même forme, peuvent autoriser des virements d'un chapitre à un autre dans le budget de chaque ministère.

Art. 3. Il ne pourra être accordé de crédits supplémentaires ou de crédits extraordinaires qu'en vertu d'une loi...

Art. 4. Il n'est point dérogé aux dispositions des lois existantes en ce qui concerne les dépenses d'exercice clos restant à payer, les dépenses des départements, des communes et des services locaux, et les fonds de concours pour dépenses d'intérêt public.

Art. 5. Les articles 4 et 12 du sénatus-consulte du 25 décembre 1852 sont modifiés en ce qu'ils ont de contraire au présent sénatus-consulte.

Dans sa haute bienveillance pour les intérêts de la littérature et des arts, Sa Majesté a voulu que la question de la propriété de l'œuvre intellectuelle fût examinée de nouveau. Agitée depuis un siècle, attaquée et défendue tour à tour par les plus grands esprits, éclaircie par les anciens débats et par les nouvelles études dont elle a été l'objet, cette question, si importante pour les écrivains et pour les artistes, demande à recevoir enfin sa solution, et la législation qui doit définitivement la régler est impatiemment attendue.

Déjà la généreuse initiative de l'Empereur a produit deux résultats considérables. Le décret du 28 mars 1852 a posé et reconnu le droit international de propriété littéraire et artistique, et les principaux États de l'Europe se sont engagés, par des conventions à la réciprocité vis-à-vis de la France. Enfin, la loi du 8 avril 1854 a étendu à trente années la jouissance attribuée aux enfants des auteurs, des compositeurs et des artistes. Ce progrès a été accueilli sans doute avec reconnaissance ; mais Sa Majesté a pensé que, pour avoir fait un nouveau pas, la législation qui règle la matière n'était pas complète encore et ne suffisait pas à de légitimes intérêts. Heureux de seconder tant de bienveillantes intentions du Souverain, le ministre d'État vient de se concerter avec ses collègues de l'intérieur et de l'instruction publique, placés à la tête des départements ministériels les plus intéressés à la question, après le ministère d'État, et les plus spécialement désignés par leurs attributions, pour rechercher les moyens et constituer le patrimoine de l'intelligence. Assuré de leur adhésion et de leur concours, le ministre a puisé dans les grands corps de l'État, dans l'Institut et parmi d'autres notabilités compétentes, les éléments d'une commission qu'il propose à Sa Majesté de vouloir instituer, à l'effet de préparer un projet de loi pour réglementer la propriété littéraire et artistique et coordonner dans un code unique la législation spéciale.

Les instructions qui régissent toutes les caisses d'épargne existant en France leur prescrivent de clore, chaque année, leurs écritures la veille du dernier dimanche de décembre. Celle de Paris vient de dresser et d'arrêter son bilan annuel à la date du samedi 28 décembre. Il résulte de la situation établie par ce bilan que les versements ont excédé les remboursements de 1,400,000 francs.

Paris, le 27 janvier, 1862.

L'Empereur a fait en personne l'ouverture de la session législative. Sa Majesté expose que, dans les affaires extérieures, nous ne serions en lutte avec personne, si, au Mexique, les procédés d'un gouvernement sans scrupules ne nous avaient obligés de nous réunir à l'Espagne et à l'Angleterre pour protéger nos nationaux et réprimer des attentats contre l'humanité et le droit des gens... Sa Majesté a porté ensuite son attention sur l'état de nos finances. Le public s'est ému du chiffre de 963 millions auquel s'est élevée la dette flottante : mais cette dette, en l'arrêtant désormais, n'a rien d'inquiétant, car elle avait déjà atteint ce chiffre avant 1848, alors que les revenus de la France étaient loin d'approcher de ce qu'ils sont aujourd'hui. D'ailleurs, qu'on retranche de cette somme, d'abord les 652 millions qui grevaient l'État à une époque antérieure à l'Empire ; ensuite les 78 millions remboursés aux rentiers à l'époque de la conversion ; enfin les 233 millions montant des découverts qu'ont amenés dans les deux derniers exercices des expéditions lointaines, et qu'il eût été possible de demander à un emprunt, on verra que, depuis l'établissement de l'Empire, grâce, il est vrai, aux consolidations successives opérées, les découverts ne se sont pas accrus en proportion des nécessités auxquelles il a fallu pourvoir et des avantages obtenus depuis dix ans. Enfin, l'Empereur fait entrer en ligne l'accroissement de dépenses exigées par le service annuel des emprunts contractés pour deux guerres qui n'ont pas été sans gloire ; les 622 millions employés par le Trésor aux grands travaux d'utilité publique, indépendamment des trois milliards affectés par les compagnies à l'achèvement de 6,553 kilomètres de chemins de fer; l'exécution du réseau télégraphique ; l'amélioration du sort de presque tous les serviteurs de l'État ; l'augmentation du bien-être du soldat; les cadres de l'armée mis en proportion de ce qu'exige, en temps de paix, la dignité de la France; la transformation de la flotte et de tout notre matériel d'artillerie; la réédification de nos édifices religieux et de nos monuments publics. Ces dépenses ont imprimé à tous les travaux utiles, sur la surface de l'Empire, une impulsion féconde. En renonçant au droit d'ouvrir des crédits supplémentaires et extraordinaires dans l'intervalle des sessions, l'application sévère du nouveau système nous aidera à asseoir notre régime financier sur des bases inébranlables.

Paris, 28 mars.

Afin d'alléger les charges du Trésor, et d'entrer dès à présent dans les vues d'économie qui président à l'établissement du budget de 1863, l'Empereur vient d'ordonner une réduction de 32,000 hommes sur l'effectif de l'armée active, le licenciement des 101e et 102 régiments d'infanterie de ligne, et la vente de 2,200 chevaux.

26 avril.

Toujours empressée à venir en aide à ceux qui souffrent, toujours attentive à rechercher les causes de la misère, l'Impératrice a été frappée des grandes difficultés qu'éprouvent trop souvent les hommes qui vivent de leur labeur lorsqu'ils ont à emprunter un petit capital pour acheter des instruments d'agriculture, des outils, des matières premières, ou pour subvenir à des besoins accidentels et temporaires. Elle a résolu d'adoucir, autant qu'elle le pourrait, ces difficultés au moyen d'une institution fondée sur la bienfaisance. Frappée des résultats considérables qu'a obtenus l'œuvre de la *Sainte-Enfance*, elle veut suivre cet exemple, appeler le jeune âge à venir au secours de l'âge viril dénué de ressources, grouper les enfants en association, les placer sous un auguste patronage et constituer ainsi la *Société du Prince-Impérial* qui distribuera les *prêts de l'enfance au travail*. Pour arriver plus immédiatement au but, Sa Majesté s'adresse à toutes les conditions, depuis le plus grand dignitaire de l'État jusqu'au plus modeste citoyen, à tous ceux qui connaissent la douceur de faire le bien et qu'animent des sentiments généreux. Elle les convie tous à s'incrire au nombre des fondateurs de l'œuvre nouvelle. Pour acquérir ce titre, il suffit de verser une fois pour toutes une somme de 100 francs, et chaque année une somme de 10 francs ; de cette manière les souscriptions seront moins onéreuses et plus abondantes. Ces ressources seront suffisantes, car elles ne doivent pas être dépensées ; son capital doit être mis en circulation ; il est engagé ; il n'est pas consommé. Chaque remboursement accompli servira donc à un placement nouveau, et, grâce à ce mouvement continuel, d'innombrables services peuvent être rendus par un capital limité. C'est ainsi que la Société du Prince-

Impérial sera définitivement fondée. Suit le règlement de la société : *Prêts de l'enfance au travail.*

Palais des Tuileries, le 26 avril 1862.

Approuvé.

EUGÉNIE.

L'Empereur, l'Impératrice et le Prince Impérial et tous les princes et princesses de la maison impériale figurent les premiers sur la liste des souscripteurs de la société *Prêts de l'enfance au travail.* Viennent ensuite les élèves du lycée Napoléon pour une somme de 400 francs ; ainsi de tout le reste : chacun a voulu se faire l'associé du jeune Prince Impérial au moyen de délégués. La haute et généreuse pensée qui a présidé à la conception de cette société est trop éminemment sociale pour que tous les gens de cœur ne s'y associent pas avec empressement. Le ministre de l'intérieur vient d'écrire aux préfets en leur adressant le règlement organique et la décision de S. M. l'Impératrice, les engageant à établir des comités locaux et à nommer des dames patronnesses, puisque le succès de l'œuvre dépend en grande partie de leur coopération.

L'Angleterre, l'Allemagne, la Prusse et l'Italie ont remercié la France d'avoir pris l'initiative d'un diapason uniforme ; partout et en même temps le monde musical y a applaudi, car il en avait senti la nécessité urgente. Le diapason-type donnant le *la* sera donc fixé à 870 vibrations par seconde, à la température de 15 degrés centigrades. Le ministre de la guerre en prescrira l'adoption, ainsi amendé, dans les régiments, le ministre du commerce prendra des mesures pour qu'il soit seul admis aux expositions de l'industrie à concourir pour les récompenses, et le ministre de l'instruction publique donnera des ordres pour qu'il soit seul autorisé et employé dans toutes les écoles communales de la France où l'on enseigne la musique.

Le comité central de patronage des salles d'asile, se conformant aux intentions exprimées par S. M. l'Impératrice dans les deux séances qu'elle a daigné présider, a donné la plus sérieuse attention à l'état actuel de l'enseignement dans les salles d'asile. Il est resté convaincu que, par un abus prenant sa source dans d'honorables préoccupations, on consacre, dans ces établissements, beaucoup trop de temps à un enseignement scolaire qui n'est pas toujours en rapport avec l'âge et la destination des élèves, et qu'on n'y laisse pas toujours une place suffisante pour les exercices physiques si nécessaires au libre développement de l'enfance. Le comité central a donc préparé un nouveau règlement qui, tout en laissant subsister les prescriptions utiles de l'ancien, a pour but de modifier considérablement l'état de choses actuel.

Nous avons négligé de parler d'une caisse générale d'assurances agricoles qui a été le sujet d'amères critiques de la part des journaux, et qui n'est pas moins conforme aux règles d'une sage et généreuse économie politique que les caisses d'épargne, les caisses de retraite pour la vieillesse, la caisse de l'armée, les associations de prévoyance et de secours mutuels, que toutes les institutions destinées à venir au secours des classes laborieuses et souffrantes.

L'espoir de voir bientôt se réaliser une institution que réclament depuis longtemps tous les organes des besoins et des vœux de l'agriculture, a été accueillie au contraire par les populations rurales et par tous ceux qui ont à cœur les intérêts agricoles avec la plus vive sympathie ; et que les assureurs ne redoutent pas ici la concurrence : l'unique but du projet est d'employer l'action tutélaire de l'État à garantir, de la manière la plus efficace et la plus économique, les habitants des campagnes contre les fléaux qui les désolent et à leur assurer le fruit de leurs travaux.

Le 16 mars 1863 le Prince Impérial accomplit sa huitième année, et le 17 une intéressante solennité avait lieu au collége Chaptal pour la distribution des médailles aux enfants associés de l'œuvre du Prince-Impérial. M. Frémy, conseiller d'État, présidait la séance, et son allocution a été interrompue par l'arrivée du Prince accompagné de M. Bachon et de M. Monnier. Son Altesse Impériale a été saluée par des cris enthousiastes : cette heureuse surprise est venue ajouter à l'éclat et à l'animation de la fête.

M. Frémy reprenant : « Tout à l'heure, mes chers enfants, j'appelais votre reconnaissance sur l'Empereur et sur l'Impératrice, qui ont daigné vous faire remettre leur portrait en pied, avec la signature de Leurs Majestés et un encadrement à leurs armes : je suis heureux d'ajouter qu'elles ont voulu vous donner une marque plus précieuse encore de leur bonté et de leur confiance, en permettant que le Prince vînt s'asseoir au milieu de vous pour vous distribuer des médailles. » Les cris de *Vive Son Altesse Impériale!* ont retenti dans la salle avec enthousiasme.

Il y a bien au moins un millier de faits qui se renouvellent tous les ans ; mais ne citons d'abord que la fête du 15 août. Quand les populations vont se réunir dans nos églises pour célébrer une solennité religieuse à laquelle un pieux usage a rattaché la fête nationale de notre pays, l'Empereur, obéissant aux traditions de sa dynastie et à ses sentiments intimes, désire qu'en ce jour de glorieux aniversaire des prières unanimes appellent sur lui les bénédictions du ciel : il désire que de tous les sanctuaires s'élèvent à la fois des actions de grâces pour la protection éclatante dont la Providence ne cesse de couvrir l'Empire, et des vœux pour la grandeur et la prospérité de la France; puis, son âme se délecte en rendant la liberté à bon nombre de ces infortunés qui gémissent sous les verroux. Dans les vœux de l'Impératrice on trouvera quelque analogie : elle désire toujours que le conseil municipal sache se restreindre du côté des réjouissances publiques pour faire une plus large part aux indigents. Et de là ce concert d'éloges que l'on entend de toutes parts.

Lundi 10 août 1862, a eu lieu à la Sorbonne la distribution des prix du concours général des lycées : le ministre de l'instruction publique a électrisé son auditoire, lorsqu'il s'est écrié : « Rendons tous ensemble un sincère hommage et à la France et au Souverain qui gouverne ses destinées. Depuis douze ans aucune gloire n'a manqué au pays, dont les rapides et prodigieux développements étonnent le monde. Le nom de la France a retenti partout, il est partout honoré, et malheur aux imprudents qui croiraient pouvoir impunément insulter son drapeau !... »

L'œuvre de Saint-Nicolas, qu'un décret de l'Empereur a reconnue d'utilité publique, retentit aussi tous les ans, sous la présidence de l'archevêque de Paris, de chants de reconnaissance et d'amour pour le Souverain. C'est là que les impressions et les habitudes religieuses pénètrent de toutes parts dans ces jeunes cœurs confiés aux frères des Écoles chrétiennes, sous la haute direction du savant et vertueux frère Philippe. C'est là que le cardinal-archevêque, dans une allocution chaleureuse, retrace à grands traits tout le bien que produisait et qu'était appelée à produire de plus en plus l'œuvre de Mgr de Bervanger, sous le patronage des hommes éminents qui veulent bien aider par leur direction et leur zèle à son développement.

Dans un autre endroit, M. Rouland s'écrie, en parlant aux jeunes élèves : « Enfants, vivez et travaillez pour l'honneur de la patrie, et conservez à l'Empereur votre reconnaissance, et à son fils votre fidélité. »

Enfin, en présidant la distribution des prix aux cours gratuits de l'Association philotechnique, l'éminent orateur a exprimé le bonheur qu'il éprouvait de retrouver des cœur amis, dévoués à une œuvre excellente. Il a dit l'ardente sollicitude qui, du haut du trône, veille sur tout ce qui peut élever les classes laborieuses au niveau de leurs devoirs et de leurs droits.

La Société des amis de l'enfance cherche à mettre un peu de contentement et de bien-être où était la misère et le désespoir. Elle prend les enfants des familles nécessiteuses, les arrache à l'ignorance et au vice pour les placer sur ces voies larges et sûres où le travail conduit à l'utile et à l'honnête. « L'œuvre rachète, dit M. de Montreuil président une de ses séances, elle redresse, elle relève, elle fortifie ou refait la famille. Mes enfants, n'oubliez jamais vos bienfaiteurs ; l'Impératrice Eugénie, au moment où elle eut le bonheur d'être mère, ne vous oublia pas dans les nombreux bienfaits qu'elle déposait, douce auréole, sur le berceau de son fils. »

Lorsque Napoléon 1er reconstitua l'administration des haras, en 1806, il s'inspira des besoins du temps : il sut pourvoir à tous les besoins, à ceux de la guerre et du commerce, et doter le pays de types supérieurs, car tout manquait, après vingt ans de guerre. Sa Majesté Napoléon III s'est inspiré des besoins du temps ; il s'est attaché à la consommation, parce qu'il a vu que les types sont devenus moins rares et qu'un poulain pour devenir cheval avait besoin d'être manié, dressé et convenablement nourri, et son but, après cinquante ans, vient de compléter, par un décret, l'éducation équestre de la France et clore l'œuvre de l'illustre fondateur de la dynastie impériale.

Lors de son dernier voyage en Algérie, Sa Majesté n'a pu exécuter elle-même ses grands desseins ; c'est sur les documents recueillis par son ministre des travaux publics, l'espace d'un mois, que ce travail va s'opérer aujourd'hui sur les lieux mêmes ; car le maître l'a dit : « C'est ici un royaume arabe ; les indigènes comme les colons ont droit à ma protection, et je suis aussi bien l'Empereur des Arabes que l'Empereur des Français. » Puis il ajoute : « Dans le sénatus-consulte que l'on prépare, l'article principal sera de rendre les tribus ou fractions de tribu propriétaires incontestables des territoires qu'elles occupent à demeure fixe, et dont elles ont la jouissance traditionnelle à quelque titre que ce soit. »

Tandis que Napoléon III recueillait les ovations les plus chaleureuses à Alger, à Constantine, à Oran, le prince Napoléon s'est rendu à Ajaccio pour présider l'inauguration du monument élevé à la gloire de Napoléon 1er et de ses quatre frères. Dans le discours qu'il a prononcé, le Prince a fait à grands traits l'historique de la vie du héros qui les a surpassés tous, en développant ce que contenait l'idée napoléonienne : l'organisation de la démocratie en France et la propagation du principe démocratique à l'extérieur appuyant énergiquement les nationalités. Ce discours n'a pas été reproduit par le *Moniteur*, parce qu'il n'avait pas de tous points l'approbation de Sa Majesté.

L'Impératrice a daigné recevoir le Conseil supérieur de la Société du Prince-Impérial. L'administration a été complétée par la nomination de six cents dames patronnesses. Le total des sommes prêtées jusqu'à ce jour s'éleverait à 191,875 francs. Dans le courant du mois de juin 2,000 demandes ont été examinées par les divers comités.

En ouvrant la session du Corps législatif, Sa Majesté a annoncé qu'un crédit serait demandé pour venir en aide aux ouvriers de l'industrie cotonnière qui se trouvent sans travail, ainsi que les ouvriers du Royaume-Uni, privés de matières premières tant que la lutte continue au delà de l'Atlantique entre le Nord et le Sud. Sa Majesté a déjà souscrit pour une somme de 100,000 francs, en faveur des ouvriers du département de la Seine-Inférieure. Pareille somme sera ainsi répartie, prise sur la même cassette : Vesoul 50,000 francs ; Lyon 5,000 ; Saint-Etienne 10,000 ; Amiens 10,000 ; Alençon 20,000 ; Angers 5,000 ; Colmar 10,000 ; Epinal 5,000 ; Troyes 5,000 ; Evreux 10,000 ; Limoges 3,000. Le Corps législatif a sanctionné un projet de loi qui ouvre au budget un crédit de 2,500,000 francs pour remplir les généreuses intentions de Sa Majesté.

L'Empereur a présidé la distribution des récompenses aux exposants français de l'industrie à Londres, où la France a obtenu 1,650 médailles. La commission impériale, a dit le Prince Napoléon, a fait tous ses efforts pour remplir son devoir ; sa plus haute récompense, pour elle et pour son président, sera d'obtenir l'approbation du représentant suprême du peuple français, l'Empereur. — Sa Majesté a répondu : « Messieurs, vous avez dignement représenté la France à l'étranger. Je viens vous en remercier, car les expositions universelles ne sont pas de simples bazars, mais d'éclatantes manifestations de la force et du génie des peuples... »

Le 10 août 1863 a eu lieu à la Sorbonne la distribution des prix du concours général des lycées. La fête scolaire était présidée par M. Duruy, le nouveau ministre de l'instruction publique. Son Excellence s'est adressée d'abord aux professeurs, ses anciens et très-chers collègues, regrettant en quelque sorte la robe qui l'avait honoré trente ans. Le ministre attache un grand prix à conserver les liens qui l'unissent à ces hommes d'élite qui sont la grande armée de la paix, qui font la guerre sans relâche à toutes les choses mauvaises, à l'ignorance, à la paresse, aux défauts de l'esprit comme aux vices du cœur. « Ne laissez pas l'élève se cantonner dans un coin de nos études, faites que le meilleur tienne partout le premier rang, a dit le ministre. Nous avons une éducation *classique*, ce qui est un bien ; mais nous n'avons pas une éducation *nationale*, ce qui est un mal. L'Empereur a voulu y pourvoir ; et l'homme le plus véritablement libéral de la France, c'est l'Empereur. »

De vifs applaudissements ont accueilli ces éloquentes paroles, inspirées par un tendre intérêt pour la jeunesse et une connaissance profonde de ses besoins intellectuels et moraux. Les applaudissements ont redoublé lorsque le ministre a déclaré qu'un projet de loi relatif à l'enseignement secondaire et professionnel serait présenté au Corps législatif dans sa prochaine session.

Les élèves de septième des lycées et colléges de Paris et de Versailles, admis par leurs places au banquet traditionnel de la Saint-Charlemagne, ont été invités par S. M. l'Impératrice à venir célébrer cette fête le vendredi, 27 janvier, avec S. A. le Prince Impérial, qui se trouve, par ses études, leur condisciple. Ces enfants, au nombre de 120, ont été conduits au palais des Tuileries par MM. les proviseurs et directeurs. La fête s'est ouverte à deux heures par une séance de physique amusante, qu'avait demandée le Prince Impérial. S. M. l'Impératrice n'a cessé de témoigner aux jeunes lauréats la plus gracieuse bonté. Leurs Altesses Impériales, la princesse Napoléon et la princesse Mathilde s'étaient réunies à

Sa Majesté pour cette fête de l'enfance. Le Prince Impérial a répondu d'une voix ferme et sympathique au toast porté par un jeune lycéen : « A mes jeunes camarades, a-t-il dit, aux enfants de la France! »

Dans l'avenue de Neuilly s'élève un monument qui réunit les conditions de grandeur et de salubrité pour admettre 300 jeunes filles incurables, c'est l'asile Mathilde, c'est là que ces délaissées de la nature sont l'objet de la plus instante sollicitude. L'auguste princesse a voulu appeler sur cet asile les bénédictions du ciel et a prié Mgr Darboy de venir le consacrer le 26 janvier. En recevant Sa Grandeur au seuil de la chapelle, la princesse a prononcé une allocution dont les termes, expression de la plus douce charité, ont éveillé des sympathies chez les nombreuses personnes convoquées à cette cérémonie, et parmi lesquelles on remarquait S. A. I. la princesse Clotilde.

M. Ferdinand de Lesseps vient d'adresser aux Chambres de commerce de divers pays une circulaire par laquelle il annonce qu'une première communication est ouverte entre la Méditerranée et la mer Rouge. Depuis le 1er janvier 1865, un service journalier de batelage est établi de port Saïd à Suez et d'Ismaïla à Zagazig.

Nous trouvons encore sur notre chemin, non sans être saisis d'épouvante, quatre Italiens accusés de complot contre la vie de l'Empereur, Greco, Trabucco, Imperatori et Saglioni. Mais le principal complice est toujours Mazzini, qui dirige tous les complots, qui ne cesse de poursuivre dans la personne de Napoléon III le principe d'ordre et d'autorité dont la Révolution est l'implacable ennemie ; c'est encore lui, condamné contumace en 1857, qui a armé les nouveaux conspirateurs ; c'est lui qui nous fait voir l'Italie comme un repaire de conspirateurs et d'assassins, au moment où cette vieille et glorieuse Italie veut reprendre sa place parmi les grandes nations ; c'est lui qui prend à tâche de lui enlever toutes les sympathies du monde civilisé. Ces hommes ingrats envers la France, impies envers leur patrie, sont encore les pires ennemis de la liberté ; car les causes politiques se perdent par les crimes que l'on commet en leur nom. Contre de telles entreprises, le courage des soldats de Magenta et de Solférino ne peut rien, et la patrie n'a pour défense que l'énergie des consciences et la loyale fermeté du jury. Greco et Trabucco sont condamnés à la déportation (peine perpétuelle), et Imperatori et Saglioni à vingt années de détention.

Les pupilles de la garde impériale, parmi lesquels se trouve placé S. A. I. le Prince Impérial, ont manœuvré le 15 mars, pour la première fois, dans la grande cour d'honneur des Tuileries, en présence de l'Empereur. Le jeune Prince a pris part aux manœuvres qui ont été exécutées avec beaucoup de précision : ensuite les enfants de troupe ont posé leurs armes en faisceaux, et sont allés prendre part au goûter qui leur était offert par le Prince Impérial dans la galerie de Diane. S. M. l'Impératrice, placée à l'une des croisées du palais, a assisté à ces manœuvres.

Le 7 avril 1865, l'Impératrice a honoré de sa visite l'imprimerie de M. Paul Dupont, à Clichy. Sa Majesté était accompagnée de la comtesse de Reyneval, de la baronne de Viry-Cohendier, de mademoiselle Bouvet, du marquis de Piennes, du marquis de Lagrange. Elle a désiré voir l'appropriation des maisons ouvrières et celle du dispensaire médical. Connaissant la sympathie particulière de l'Impératrice pour les dispositions qui favorisent le travail des femmes, M. Paul Dupont a conduit successivement Sa Majesté dans les ateliers des compositrices, plieuses, brocheuses, satineuses; l'Impératrice a suivi avec intérêt et une satisfaction visible tous les détails de ces divers travaux : passant ensuite dans la salle de l'école des jeunes apprenties, elle a été aussi agréablement surprise par l'hymne *Salvum fac* qu'ont exécutée en chœur les jeunes élèves présentées par le curé de Clichy et son vicaire. L'Impératrice a laissé une gratification de 500 francs aux ouvriers de ce grand établissement qui, répandus dans la cour, au nombre de quatre ou cinq cents, l'ont acclamée des cris de : *Vive l'Impératrice! vive l'Empereur! vive le Prince Impérial!*

Depuis près d'un demi-siècle, le Mexique était dans un état d'affreuse anarchie, et plusieurs généraux s'y disputaient le pouvoir en rançonnant ce peuple malheureux, lorsque l'Angleterre, l'Espagne et la France résolurent de demander raison des outrages subis par leurs nationaux, c'est-à-dire, du pillage et de l'assassinat. L'Angleterre avait stipulé que ses marins ne quitteraient pas leurs vaisseaux. Les Français et les Espagnols, en débarquant à Véra-Cruz, sont décimés par la fièvre jaune : bientôt, les premiers restèrent seuls pour venger leurs compatriotes, et réclamer même au nom des deux autres nations des indemnités relatives. Les Français qu'avait épargnés l'épidémie s'avancèrent vers Puebla, où ils devaient être reçus en libérateurs : ils furent accueillis avec de la mitraille. Ce n'est que huit mois après que ce guet-apens a pu être vengé par de nouvelles troupes que commandait le général Forey, et qui, de succès en succès, pacifièrent le pays et s'établirent à Mexico, où l'un des prétendants, Ortéga, vint faire sa soumission avec dix-huit mille hommes. Il eût fallu, certes, un Napoléon III pour rendre le calme et la prospérité à ces populations épuisées par des luttes sanglantes et fratricides. Le duc Maximilien d'Autriche possédait, sans nul doute, toutes les qualités requises pour faire un souverain accompli ; mais il comptait sans la trahison. Un homme, du nom de Lopez, et ce nom passera en exécration à nos derniers neveux, cet homme qui avait su capter sa confiance, l'a vendu et livré à Juarès pour 30 onces d'or ! Ce crime horrible a été commis contre les lois de la guerre, du droit des gens et de l'humanité. Mais le sang de Maximilien retombera sur ceux qui l'ont versé. Ce malheureux prince avait été reconnu souverain du Mexique par toutes les puissances de l'Europe. Le jour où cette fatale nouvelle nous est parvenue, S. M. le Sultan était à Paris, et il a engagé le préfet de la Seine à contremander la fête splendide qui devait avoir lieu à l'Hôtel de Ville en son honneur.

Depuis bientôt quatre ans l'opposition systématique reproche au gouvernement de l'Empereur de s'être engagé dans cette guerre lointaine, sans motif, c'est son mot. Indépendamment des raisons que nous avons fait connaître, on peut dire, avec le ministre de l'instruction publique, que la première livraison des *Archives scientifiques* mexicaines vient de paraître, et qu'elle justifie les espérances que ce grand ministre nous avait fait concevoir. « Le Mexique a bien des secrets à nous livrer : une civilisation étrange, que la science devra faire revivre ; des races dont l'origine nous échappe, des langues inconnues, des inscriptions mystérieuses, des monuments grandioses... Quand nos soldats quitteront cette terre, laissant derrière eux de glorieux souvenirs, nos savants achèveront de la conquérir par la science et le progrès. »

L'Empereur avait dit aux colons et aux Arabes qu'il confond dans un même intérêt : « Je viens étudier vos besoins, et les secours de la métropole ne vous manqueront jamais. » Cinq semaines se sont déjà écoulées depuis qu'il fait ses excursions à travers des ruines majestueuses, des pays tourmentés ou des plaines riantes, accompagné de toute sa maison, du maréchal gouverneur, de son état-major et le plus souvent de trente mille indigènes ou colons, vivant en parfaite harmonie et acclamant avec transport leur Souverain. Mais l'Impératrice régente tient ici les rênes de l'État. Elle a reçu, le 6 juin, l'ambassadeur du Sultan en audience publique ; elle a répondu à l'expression des vœux formés pour la gloire de ce règne, pour le bonheur de la famille impériale et la prospérité de la France :

« Monsieur l'ambassadeur, je reçois avec satisfaction l'assurance des sentiments d'amitié de votre auguste Souverain. La France a toujours entretenu avec la Sublime Porte les rapports les plus intimes, et l'Empereur a donné des gages éclatants de sa fidélité à cette tradition nationale. Aussi, j'aime à croire qu'à l'exemple de votre prédécesseur, qui laisse parmi nous les meilleurs souvenirs, vous contribuerez à développer entre les deux empires ces relations sympathiques dont vous rappelez si justement l'origine. »

S. M. l'Impératrice a daigné encore cette année rehausser l'éclat de la distribution des prix au lycée du Prince-Impérial, en instituant, au nom de l'Enfant de France, un prix d'honneur pour l'élève le plus distingué par sa bonne conduite et ses succès. Les élèves, les familles et les maîtres ont accueilli avec une chaleureuse reconnaissance cette nouvelle marque de la gracieuse bienveillance qu'ils ont tant de fois éprouvée.

Des décrets successifs ont placé sous le haut patronage de l'Impératrice les sociétés de charité maternelle, les salles d'asile, l'hospice des Quinze-Vingts, les crèches et la société du Prince-Impérial. Afin de procéder d'une manière uniforme, l'Empereur approuve et décrète que la maison impériale de Charenton, l'institution des jeunes aveugles, celle des sourds-muets de Bordeaux et de Chambéry, l'asile impérial de Vincennes et du Vésinet, et l'hospice impérial du Mont-Genèvre, seront aussi placés sous l'auguste patronage de l'Impératrice et que les admissions gratuites à ces divers établissements seront prononcées par Sa Majesté, sur le rapport du ministre de l'intérieur.

L'Impératrice et le Prince Impérial sont partis ce matin à onze heures de Fontainebleau pour se rendre à la Maison-Napoléon, de Saint-Denis, afin de présider à la distribution des prix. Après avoir assisté à divers exercices des élèves, et remis des cadeaux en souvenir d'Elle aux lauréats qui ont remporté les premiers prix ; après que le Prince Impérial a eu distribué à son tour des couronnes, Sa Majesté a visité l'infirmerie et remis un souvenir à une jeune fille lauréat, retenue au lit par la maladie. L'Impératrice et le Prince Impérial ont reçu de la Maison-Napoléon le plus chaleureux accueil ; la ville de Saint-Denis les a salués avec enthousiasme, et les dames de la halle sont venues offrir à Sa Majesté un magnifique bouquet.

Le 19 juillet, à neuf heures du matin, l'Impératrice, accompagnée du ministre de l'intérieur, a visité les jeunes détenus de la maison d'éducation correctionnelle de la Roquette. Il y a déjà longtemps que Sa Majesté nourrissait ce projet au fond du cœur, dans un but d'humanité et de profonde sympathie au malheur : cette visite était complétement inattendue. Sa Majesté a parcouru successivement toutes les parties de la prison, l'infirmerie, la chapelle, les cellules de punition, voulant s'assurer par elle-même de la manière dont les détenus étaient traités. Après cette longue et minutieuse inspection, pendant laquelle Sa Majesté n'a cessé de s'enquérir avec une vive sollicitude de tout ce qui touchait à la moralisation et au bien-être des jeunes détenus, elle a voulu visiter, sans en excepter aucune, les cinq cents cellules. Qu'on juge de la surprise, de l'attendrissement de ces enfants, questionnés avec une touchante bonté, par un ange de douceur dont les yeux étaient humides de larmes et la voix presque étouffée par des sanglots. Cette visite a durée quatre heures, mais elle a provoqué une amélioration heureuse dans le système. La commission chargée d'examiner le régime pénitentiaire des jeunes détenus, a été reçue au palais de Fontainebleau ; elle avait à répondre à cette question : Le régime en vigueur à la Roquette, est-il conforme ou contraire aux prescriptions de la loi ? Sur ce point, la commission, sous la présidence de Sa Majesté, a été unanime. La loi du 5 août 1850 s'est proposé un but, c'est l'éducation morale, religieuse et professionnelle, et aussi l'instruction élémentaire des jeunes détenus : pour atteindre ce but, elle a organisé les moyens ; ce sont : les colonies pénitentiaires où ils doivent être élevés en commun, sous une discipline sévère, et appliqués aux travaux de l'agriculture ainsi qu'aux principales industries qui s'y rattachent. L'Impératrice a pu dès lors s'enorgueillir d'avoir rendu, par sa persévérance, l'air et la lumière à ces jeunes infortunés.

Le 13 juillet, à dix heures, l'Impératrice, accompagnée du ministre de l'intérieur, est allée visiter les jeunes filles détenues dans la maison d'arrêt et de justice de Saint-Lazare. Comme à la petite Roquette, Sa Majesté a voulu examiner toutes les dépendances de l'établissement. Elle a parcouru successivement les ateliers de travail et le réfectoire, les cellules de nuit et de punition. Elle s'est renseignée auprès des religieuses préposées à la garde et à l'éducation des jeunes détenues, qui se pressaient autour d'elle, se faisant ainsi rendre compte des causes de leur détention et des soins dont elles sont l'objet. En parcourant l'infirmerie, l'Impératrice apprend qu'une jeune fille, depuis longtemps malade, est prête à rendre le dernier soupir. Avec une spontanéité toute chétienne, Sa Majesté s'est approchée du chevet de la mourante, et joignant ses prières à celles des bonnes sœurs qui l'entouraient, lui a adressé d'une voix émue les plus douces consolations. Cette bienfaisante visite, qui portera aussi ses fruits, s'est prolongée jusqu'à midi et demi.

Rien ne donnera l'idée de l'ovation qu'a reçue l'Empereur à son départ d'Alger, comme celle que Paris lui préparait à son retour. Partout la foule était compacte. Sa Majesté était accompagnée de l'Impératrice et du Prince Impérial qui étaient allés à sa rencontre jusqu'à Fontainebleau. Dès qu'Elle a paru dans une voiture découverte, les acclamations les plus chaleureuses, les cris répétés de *Vive l'Empereur ! vive l'Impératrice ! vive le Prince Impérial !* ont salué son heureux retour, et c'est au milieu des flots d'une population enthousiaste que la voiture est arrivée au pas aux Tuileries. — Le soir toute la ville était illuminée.

Le 4 août, les élections municipales sont terminées. Pour la troisième fois depuis la fondation de l'Empire, les communes ont renouvelé leurs conseils et le pays peut, dès à présent, apprécier quel a été le caractère général de cette importante expression du suffrage universel. Fidèle à la règle qu'elle s'était tracée, l'administration s'est appliquée à maintenir sur tous les points la régularité et la sincérité du vote. De son côté, le pays a répondu, par son attitude et par ses votes, à la légitime attente du Gouvernement. Il en a été de même de l'élection des députés au Corps législatif : sauf dans quelques grands centres de population où les partis extrêmes sont parvenus à débaucher les individus qui n'ont rien à perdre et tout à gagner dans le désordre, chacun a rempli un devoir de conscience dont l'issue ne peut qu'être profitable aux masses.

A l'époque de l'invasion du choléra en Orient, le gouvernement de l'Empereur s'est préoccupé des dangers dont l'apparition du fléau menaçait la santé générale en France. C'est sous l'inspiration de cette prévoyante pensée qu'a été décidé l'envoi immédiat en Égypte d'une mission médicale qui aurait pour but, non-seulement d'apporter aux victimes de l'épidémie une assistance éclairée, mais encore d'étudier les causes, la marche et le caractère de la maladie pour en arrêter autant que possible les progrès et en prévenir l'introduction sur le territoire de l'Empire. Malgré ces sages mesures, dès les premiers jours d'octobre on en ressentait à Paris les cruelles atteintes, et le 24 du même mois, l'Empereur, accompagné du général Reille, son aide de camp, est allé visiter à l'improviste l'Hôtel-Dieu. Pendant une heure Sa Majesté a parcouru toutes les salles, et parlé à tous les malades du choléra, constatant avec plaisir qu'un grand nombre d'entre eux étaient déjà en convalescence. Tous les malades se sont montrés vivement touchés de cette marque d'intérêt de leur Souverain qu'une foule compacte attendait à la porte pour l'acclamer. Sa Majesté a remis au ministre de l'intérieur une somme de 25,000 francs pour être distribuée par ses soins aux familles des victimes du choléra.

Deux jours après, le 23, malgré un rhume violent, l'Impératrice a consacré toute cette journée à la visite des cholériques aux hôpitaux de Beaujon et de La Riboisière, enfin à l'hôpital Saint-Antoine. Sa Majesté a constaté avec bonheur que le nombre des guérisons annonçait une amélioration notable dans le cours de l'épidémie. Au sortir des trois hôpitaux, une foule nombreuse a acclamé l'Impératrice Eugénie avec enthousiasme.

Si l'épidémie cholérique avait diminué d'intensité à Paris, elle exerçait de cruels ravages dans la ville d'Amiens. Le ministre de l'agriculture y voulut porter lui-même l'expression de la vive sympathie du gouvernement de l'Empereur : Sa Majesté fit ouvrir une liste de souscription en faveur des victimes du fléau, s'inscrivit elle-même pour une somme de 5,000 francs et le Prince-Impérial pour 1,000. Que faisait donc en ce moment cette créature accomplie qui donne chaque jour des preuves éclatantes du plus noble dévouement et de la plus ardente charité? L'Impératrice faisait ses préparatifs de départ, elle allait exécuter le projet téméraire de porter elle-même son offrande à ces infortunés, et ce triste épisode a fourni à Sa Majesté le plus riche joyau de sa couronne. D'heureux historiens en feront l'objet principal de leurs merveilleux récits à la postérité. N'écoutant que l'inspiration de son cœur, aussi généreux que sensible, elle vole aux lieux du péril disputer du moins au trépas quelques-unes de ces victimes qui succombent par milliers. Elle semble se multiplier en prodiguant partout les soins, les encouragements, les secours, les prières, les larmes même avec ceux qui pleurent, et nul doute que son auguste présence n'ait rappelé plus d'un mourant à la vie, quand la crainte retenait loin de leur couche les plus proches parents et les amis les plus intimes. Que de fois les uns et les autres ont frémi du danger que courait ainsi la Souveraine de la France en aspirant un dernier souffle contagieux ! que de fois il ont dû s'écrier comme ces spectateurs devenus le jouet de l'illusion sur la scène tragique, en voyant la coupe fatale aux lèvres de l'artiste, mais ici dans l'affreuse réalité pour l'haleine des cholériques : « Madame, elle est empoisonnée ! » — Rendons grâce à la divine Providence de nous l'avoir conservée pour être encore de longues années le guide et le modèle du jeune Prince objet de nos espérances les plus chères, car si l'hydre des révolutions en ce moment sommeille, sa soif de sang n'est jamais assouvie.

Le Prince Impérial, accompagné de son précepteur et de son écuyer, est allé visiter la Bibliothèque impériale. Il a d'abord vu les deux sphères de la plus grande dimension connue, représentant l'une le globe terrestre, l'autre le globe céleste. Après avoir visité la salle de lecture, le Prince Impérial a désiré voir une lettre de Charlemagne ; on n'a pu lui montrer qu'un capitulaire ; mais on a mis en même temps sous ses yeux des autographes de Louis XIV, de Montesquieu, de Boileau, de Racine, de Molière. Une personne présente ayant fait remarquer combien ces lettres étaient précieuses : « Oui, a répondu le Prince, ce sont des reliques des grands hommes. »

Le Prince Impérial a fait un voyage dans l'Alsace et dans la Lorraine avec son auguste mère : c'est là que l'impératrice Eugénie a recueilli les ovations enthousiastes des populations, pour son dévouement sans exemple dans l'histoire. Aux cris de *Vive l'Impératrice ! Vive le Prince Impérial !* se mêlaient les cris de *Vive la sœur de charité ! Vive la sœur d'Amiens !*

Depuis que l'Empereur a fait don à la Société coopérative d'ouvriers pour la construction des logements à bon marché de quatre maisons qu'il avait fait construire pour les petits ménages, l'Impératrice cherchait l'occasion de placer aussi un don important, car il existe une ingénieuse émulation entre Leurs Majestés à qui donnera plus, à qui fera mieux. Elle a cru l'avoir trouvée. Elle écrit donc au préfet du Rhône pour le féliciter, ainsi que le corps municipal et la commission des hospices, d'être venus en aide à la population souffrante par la création d'une maternité à la Croix-Rousse, par l'installation d'un plus grand nombre de lits à l'hôpital de la Charité, enfin par la réforme du système d'inhumation ; puis elle ajoute : « L'établissement d'un hospice de convalescents, décrété par l'Empereur en 1855, a montré combien il est utile de ne pas laisser les malades passer sans transition de l'hôpital au travail. Je désire, Monsieur le sénateur, que cette pensée se réalise aussi à Lyon, et, à cet effet, je donne en toute propriété aux hospices de cette ville le château de Long-Chêne avec ses dépendances, pour qu'il devienne un asile pour les convalescents. Je n'ai pas besoin de faire appel à leur zèle afin que cet asile soit ouvert dans le plus bref délai possible.

« Croyez, Monsieur le sénateur, à tous mes sentiments.

« EUGÉNIE. »

A l'occasion de l'anniversaire de la naissance du Prince-Impérial, l'Empereur a daigné, comme les années précédentes, autoriser le ministre de l'intérieur à lui désigner un certain nombre de maires, placés presque tous à la tête de communes rurales, et que leur longue administration, leur âge, l'estime dont ils sont entourés recommandaient spécialement à sa bienveillance. Sur le compte qui lui a été rendu des services anciens et dévoués de ces magistrats municipaux, Sa Majesté en a nommé chevaliers de la Légion d'honneur soixante-dix-huit.

A la revue qui a été passée aujourd'hui dans la

cour du Carrousel, assistait un détachement des pupilles de la marine, venu de Brest à l'occasion du même anniversaire. — Au défilé, la bonne tenue et la précision des manœuvres de ces enfants ont attiré l'attention de Sa Majesté, qui leur a ordonné de prendre place en tête des troupes. — Après la revue, les pupilles ont eu l'honneur d'être reçus par le Prince Impérial, qui leur a fait servir une collation. S. M. l'Impératrice s'est informée avec un intérêt tout maternel de la situation de ces enfants, et s'est longuement entretenue de tous les détails de l'institution des pupilles avec le lieutenant de vaisseau Picard, commandant de cet établissement.

L'Empereur, l'Impératrice et le Prince Impérial sont partis pour Biarritz, habitation bien modeste où vont néanmoins se résoudre bien des questions toutes palpitantes d'intérêts divers en Europe. Leurs Majestés ont assisté à la course des taureaux à Bayonne. De là à Madrid il n'y a qu'un pas : l'Impératrice Eugénie a voulu le franchir, mais sous le voile du plus strict *incognito*. Elle a été accueillie à la cour d'Aranjuez en Souveraine de la France. Une députation de citoyens les plus distingués de Grenade est venue supplier Sa Majesté d'honorer encore une fois de sa présence les lieux où fut son berceau. L'Impératrice en a exprimé tous ses regrets : elle a répondu avec une grâce parfaite que le temps lui manquait cette fois, mais qu'elle ferait naître un jour l'occasion de satisfaire au vœu si sympathique de ce pays enchanté. — Aux eaux de Schwalbach, Sa Majesté a reçu les visites du roi du Prusse, de la reine des Pays-Bas, du duc de Nassau, du prince et de la princesse Guillaume de Hesse, sans en être plus flattée, ce nous semble, que de celle de ses compatriotes bien-aimés.

Dans sa sollicitude constante pour les établissements généraux de bienfaisance placés sous son auguste patronage, l'Impératrice a décidé que des conférences seraient faites trois fois par semaine aux ouvriers convalescents de l'Asile impérial de Vincennes : elle a daigné allouer sur sa cassette une somme considérable pour subvenir aux frais que pourrait nécessiter cette utile création.

L'Empereur tient à l'amélioration des campagnes plus encore qu'à l'embellissement des villes, et il le prouve par le décret qui consacre 25 millions à l'achèvement des chemins vicinaux d'intérêt commun. Mais les halles centrales occuperont une place considérable dans l'histoire de cette transformation féerique de Paris dont le règne de Napoléon III nous rend les témoins émerveillés; sans parler des immenses travaux qui détournent les eaux des fleuves pour notre usage à vingt lieues de la capitale, sans rien dire de ces boulevards, de ces monuments qui se multiplient à chaque pas, ces halles resteront comme un exemple saisissant et des mieux réussis des ressources que le fer et la fonte offrent à l'architecture moderne, et ce grand projet conçu sous Napoléon Ier se réalise quarante ans plus tard sous Napoléon III.

Au dehors, le percement des Alpes destiné à relier les lignes ferrées de l'Italie avec celles de la France, est un de ces projets qui par leur grandeur déconcertent l'imagination et provoquent l'incrédulité. A ce titre, les critiques ne lui furent pas épargnées non plus qu'à l'isthme de Suez. Et cependant, à l'heure qu'il est quinze cents ouvriers travaillent sans souffrance et sans gêne des deux côtés pour traverser le massif du mont Cenis dans une longueur de 13 kilomètres et sous une hauteur qui va jusqu'à 1,600 mètres, et dans peu d'années on aura gagné sept à huit heures de parcours de Paris à Turin.

L'entreprise gigantesque qui va rendre célèbre le nom de notre compatriote, M. Ferdinand de Lesseps, semblait présenter encore plus de difficultés dans l'exécution : quarante mille bras travaillent à les vaincre et à dissiper tous les doutes à ce sujet, car une première communication est déjà ouverte entre la Méditerranée et la mer Rouge, depuis le 1er janvier 1865. Si une grave contestation s'est élevée récemment entre les ingénieurs et le vice-roi d'Égypte, Son Altesse a porté le différend au tribunal de l'empereur Napoléon, s'en rapportant à sa décision définitive.

Un arbitrage autrement important, car il doit faire cesser l'effusion du sang entre trois grandes nations, l'Autriche, l'Italie et la Prusse, lui est spontanément déféré par l'empereur François-Joseph, qui lui cède la Vénétie, et accepte sa médiation pour amener la paix entre les belligérants. L'empereur s'est empressé de répondre à cet appel et s'est immédiatement adressé aux rois de Prusse et d'Italie pour amener un armistice et enfin le calme et le repos que l'Europe attend avec la plus vive anxiété.

Encore un assassin! Il ne vient pas d'Italie, il sort des rangs de ces Polonais pour qui la France a toujours éprouvé la plus grande sympathie fondée à la fois sur leur magnifique passé, sur leur déplorable présent; elle se base sur de grands souvenirs historiques, sur d'immenses services rendus à la chrétienté, sur des souvenirs communs de gloire et de malheurs; et la foule indignée allait en faire justice sans l'intervention des agents de l'autorité. Le misérable! il avoue qu'il en voulait au Czar, qu'il a fait dès l'âge de seize ans le serment d'en délivrer la terre et qu'il donne en même temps à l'empereur Napoléon III un salutaire avertissement. L'insensé! c'est au milieu d'une fête au bois de Boulogne, qu'il vise avec un révolver l'hôte illustre et vénéré de la France; mais, par une faveur signalée du ciel, la balle se loge dans la tête du cheval de l'officier qui se tenait à la portière, sans blesser ni les deux Empereurs, ni les deux fils du Czar. Berezowski, c'est le nom de l'infâme assassin, est condamné, le 15 juillet 1867, à la peine des travaux forcés à perpétuité par le jury de la Seine. Il accomplit sa vingt-deuxième année; et c'est avec le subside mensuel que la France accorde aux réfugiés de sa nation que le monstre avait acheté des instruments de mort, pistolet et projectiles, pour couvrir de deuil la France et la Russie, pour répandre la terreur chez toutes les puissances européennes !

Ce serait ici le lieu de parler de cette Exposition de 1867 qui peut, à juste titre, s'appeler universelle, car elle a réuni dans notre capitale les éléments de toutes les richesses du globe, les derniers perfectionnements de l'art moderne à côté des produits des âges les plus reculés, de sorte qu'elle représente à la fois le génie de tous les siècles et de toutes les nations. C'est au Souverain le plus éloquent de notre époque, c'est à Napoléon III, distribuant des couronnes aux vainqueurs de ces luttes solennelles et pacifiques, qu'il appartient d'en parler dignement.

« Elle est universelle, a dit Sa Majesté, car à côté
« des merveilles que le luxe enfante pour quelques-
« uns, elle s'est préoccupée de ce que réclament les
« nécessités du plus grand nombre. Jamais les inté-
« rêts des classes laborieuses n'ont éveillé une plus
« vive sollicitude. Leurs besoins moraux et matériels,
« l'éducation, les conditions de l'existence à bon
« marché, les combinaisons les plus fécondes de l'as-
« sociation ont été l'objet de patientes recherches et
« de sérieuses études. Ainsi, toutes les améliorations
« marchent de front. Si la science, en asservissant
« la matière, affranchit le travail, la culture de l'âme,
« en domptant les vices, les préjugés et les passions
« vulgaires, affranchit l'humanité.

« Félicitons-nous, Messieurs, d'avoir reçu parmi
« nous la plupart des Souverains et des Princes de
« l'Europe et tant de visiteurs empressés. Soyons
« fiers aussi de leur avoir montré la France telle
« qu'elle est, grande, prospère et libre. Il faut être
« privé de toute foi patriotique pour douter de sa
« grandeur, fermer les yeux à l'évidence pour nier sa
« prospérité, méconnaître ses institutions, qui parfois
« tolèrent jusqu'à la licence, pour ne pas y voir la
« liberté.

« Les étrangers ont pu apprécier cette France
« jadis si inquiète et rejetant ses inquiétudes au delà
« de ses frontières, aujourd'hui laborieuse et calme,
« toujours féconde en idées généreuses, appropriant
« son génie aux merveilles les plus variées et ne
« se laissant jamais énerver par les jouissances ma-
« térielles.

« Que ceux qui ont vécu quelques instants parmi
« nous rapportent chez eux une juste opinion de
« notre pays ; qu'ils soient persuadés des sentiments
« d'estime et de sympathie que nous entretenons
« pour les nations étrangères et de notre sincère
« désir de vivre en paix avec elles.

« Je remercie la Commission impériale, les mem-
« bres du Jury et les différents comités du zèle
« intelligent qu'ils ont déployé dans l'accomplisse-
« ment de leur mission. Je les remercie aussi au
« nom du Prince Impérial que j'ai été heureux d'as-

« socier, malgré son jeune âge, à cette grande en-
« treprise dont il gardera le souvenir. »

L'Empereur a écrit de Vichy aux ministres de sa maison et des beaux-arts que l'Opéra, élevé aux frais de l'État, et l'Hôtel-Dieu, aux frais des hospices, devaient au moins aller de pair, avec injonction d'exprimer ce désir de Sa Majesté au préfet de la Seine.

L'Empereur avait accordé un prix de 20,000 francs destinés à l'ouvrage historique le plus méritant, au jugement de l'Institut impérial. La commission nommée *ad hoc* a jugé en faveur de l'ouvrage de M. Thiers intitulé : *le Consulat et l'Empire*. Mais l'éminent écrivain a prié M. le Président du comité d'affecter cette somme à l'encouragement des hommes de lettres.

Un décret de Sa Majesté avait institué en 1852 un prix de 50,000 francs en faveur de l'auteur des appréciations les plus utiles à la pile de Volta. En 1858, une seconde période de cinq ans fut ouverte aux concurrents, et cette prorogation, dictée par un sentiment de libérale sollicitude pour les progrès de la science, n'a pas été stérile. Le rapport du ministre de l'instruction publique constate une amélioration notable dans les travaux de M. Ruhmkorff dans le perfectionnement de ses appareils, aussi remarquables par la simplicité que par la puissance, et qui peuvent frayer la voie vers de nouvelles découvertes : la commission adjuge à ce savant un prix de 10,000 francs, et Sa Majesté approuve le renouvellement du concours pour une troisième période de cinq années.

L'Impératrice a dû éprouver un sentiment de grande satisfaction en voyant l'archevêque de Paris inaugurer la série de conférences qui doivent avoir lieu à l'asile impérial de Vincennes. Le pieux prélat a développé des notions utiles à chaque profession qui, en s'élevant et se perfectionnant, contribue au progrès général, à l'amélioration de tout ce qui importe à la vie et au bien-être ; car tout se tient dans le monde, et le plus humble métier, l'industrie la plus obscure, n'est pas sans rapport avec les arts, les sciences et les travaux supérieurs du génie humain... L'archevêque a terminé en exprimant ses sentiments d'admiration pour les œuvres de charité qui honorent la France et le gouvernement de l'Empereur, et où se manifeste le plus pur patriotisme avec la foi religieuse la plus vive. L'éloquent discours de Sa Grandeur a été plusieurs fois interrompu par les applaudissements de l'assemblée et par les marques d'une vive émotion. De nouvelles acclamations de *Vive l'Empereur ! Vive l'Impératrice ! Vive le Prince Impérial* ont salué le départ de l'archevêque et la fin de la séance.

Le 15 juin, l'Empereur, l'Impératrice et le Prince Impérial sont sortis sans escorte du palais des Tuileries pour se rendre à l'église Notre-Dame de Plaisance, où le Prince Impérial devait être parrain d'une cloche donnée par l'Empereur à cette paroisse et provenant de Sébastopol : ses sons seront encore entendus des fidèles au village de Malakoff. Mgr l'archevêque a donné l'explication du sens et de l'esprit de la cérémonie qu'il présidait ; il a appelé les bénédictions du ciel sur Leurs Majestés et sur le Prince Impérial, et l'Empereur a fait remettre au maire du 14e arrondissement une somme de 1,000 francs pour les pauvres, ordonnant en outre de dégager tous les dépôts faits au Mont-de-Piété pour une valeur qui ne dépasserait pas la somme de 4 francs. Leurs Majestés et le Prince Impérial, acclamés avec enthousiasme, sont rentrés à six heures au palais des Tuileries.

L'Empereur, dans sa sollicitude pour tout ce qui intéresse la science et les relations commerciales, a décidé que des officiers de la marine et des ingénieurs hydrographes seraient envoyés sur différents points du globe dans le but de déterminer par des observations astronomiques un certain nombre de méridiens fondamentaux pour corriger la table des latitudes et longitudes insérées dans la *Connaissance des temps*. On signale, à ce sujet, les recherches sur la longitude de la côte orientale de l'Amérique du Sud par M. Ernest Mouchez, commandant du *Bisson* de 1855 à 1860, et de l'*Entrecasteaux* en 1861 et 1862, qui a mérité les encouragements de Sa Majesté Impériale. M. Mouchez a publié douze cartes et dix plans représentant les travaux de ces campagnes.

Nous recevons copie de l'adresse suivante du conseil général de la Vienne, à la date du 7 septembre la seule que nous publierons, car toutes se ressemblent:

« Madame,

Le conseil général du département de la Vienne est heureux de s'associer aux sentiments respectueux de reconnaissance qu'a excités dans la France entière le noble dévouement dont Votre Majesté a donné les preuves lors de sa visite aux cholériques d'Amiens. — Quelque habitué qu'il soit à voir l'Impératrice donner l'exemple de toutes les vertus, il ose prier Votre Majesté de daigner agréer, en cette occasion, l'hommage de la profonde admiration et du dévouement le plus entier à la dynastie impériale. »

La lettre de remercîment du conseil municipal de Lyon, au sujet du château de Long-Chêne, est bien au-dessus de toutes les adresses des départements.

La guerre d'Allemagne touche à sa fin. Dans les engagements pris entre la Prusse et l'Autriche, le cabinet de Berlin a fait connaître au gouvernement italien sa détermination en réservant l'action de ce dernier, qui s'est déclaré prêt à consentir, sous condition de réciprocité, à une suspension d'hostilités de huit jours. Enfin, à la date de Nicholsbourg, 26 juillet, le gouvernement de l'Empereur Napoléon a reçu un télégramme portant que les plénipotentiaires de l'Autriche et de la Prusse ont signé un armistice de quatre semaines avec les bases de la paix, et le 28, le souverain médiateur a quitté à onze heures le palais de Saint-Cloud, se rendant aux eaux de Vichy. Le Prince Impérial y est arrivé le 4 août, et la population s'est portée en foule sur son passage et l'a accueilli avec le même enthousiasme qu'elle avait manifesté en recevant son auguste père.

Une lettre de l'Empereur au ministre d'État a pour but de créer des retraites pour les ouvriers. Sa Majesté croit utile de provoquer le concours des intéressés eux-mêmes en leur demandant une contribution volontaire et modérée à laquelle viendrait s'ajouter le prélèvement de 1 p. 0/0 opéré sur les travaux publics exécutés par l'État, les départements et les communes; alors les ouvriers mutilés seraient assistés comme les convalescents, par une *Caisse des invalides du travail*.

Le succès de l'immersion du câble transatlantique est complet, et les espérances ont été dépassées. Pendant bien longtemps les peuples du monde civilisé ont semblé vivre à part et indépendants les uns des autres ; mais aujourd'hui, entre nous et l'Amérique, par exemple, toute idée d'isolement doit à jamais disparaître.

On lit dans le bulletin de l'instruction publique que le prince Impérial a visité, le 19 décembre, le collége *Louis-Napoléon*, à Compiègne. Les élèves, réunis dans la chapelle, ont chanté le *Domine, salvum fac*, en présence du Prince, qui a été salué par eux, dans la cour d'honneur, d'acclamations chaleureuses.

En 1867, le renouvellement de l'année a fourni à

l'Empereur l'occasion d'exprimer ses vœux pour la stabilité des trônes et la prospérité des peuples. Puis, Sa Majesté a répondu à l'allocution de l'archevêque de Paris : « Quand je vois à la tête du clergé de Paris un prélat si profondément dévoué aux intérêts de la religion comme à ceux de l'État, quand je le vois soutenir partout de sa parole et de ses actes les grands principes de foi, de charité, de conciliation, je me dis que ses prières doivent être exaucées par le ciel. Elles sont pour la France un bienfait, et pour moi une source nouvelle de consolation et d'espérance. »

Le 28 mai, le Prince Impérial est venu de Saint-Cloud, accompagné du général Frossard, son gouverneur, et de M. Monnier, son précepteur. Le jeune prince, vêtu du costume de franc-tireur des Vosges, qu'il avait reçu la veille de la députation vosgienne, est allé en calèche découverte passer en revue le bataillon des francs-tireurs formé en bataille sur la place du Roi-de-Rome ; une foule immense qui avait envahi le Trocadéro pour assister à cette revue, admirait la tenue martiale de ces hommes de vingt à trente-cinq ans, à l'aspect robuste et guerrier. Elle admirait aussi la tenue et la bonne mine du Prince Impérial, accompagné de sa maison militaire, complimenté sur le terrain par le préfet des Vosges, qui s'est acquitté de sa noble tâche aux applaudissements unanimes.

L'Empereur est parti le 8 août pour le camp de Châlons, où il était désiré avec impatience et a été salué des acclamations les plus enthousiastes. L'Impératrice et le Prince Impérial avaient accompagné Sa Majesté jusqu'à la gare de l'Est. Les rois de Suède et de Portugal, les princes Charles et Albert de Prusse s'y étaient rendus de leur côté pour lui faire leurs adieux. — Du 9 au 14 août, l'Empereur a présidé à trois grandes manœuvres et à toutes les expériences de tir qui ont eu lieu pour l'infanterie et l'artillerie, en présence du roi des Hellènes, du prince Humbert et de leur suite. — En apprenant l'incendie de Bordeaux, Sa Majesté a adressé au préfet de la Gironde une somme de 5,000 francs pour être distribuée aux victimes les plus nécessiteuses.

L'Impératrice a présidé, le 13 août, la distribution des prix aux élèves de la maison impériale d'Écouen, ainsi qu'elle l'avait fait le jeudi précédent à la maison impériale de Saint-Denis. Sa Majesté a bien voulu remettre elle-même des souvenirs aux élèves qui s'étaient spécialement distinguées pendant l'année. — Le 14, Sa Majesté, accompagnée de sa suite, a visité le ministère de l'instruction publique, examiné avec la plus grande attention les cartes statistiques de l'école normale de Versailles, les collections du Mexique, et, avec une sollicitude toute maternelle, les travaux à l'aiguille exécutés dans les écoles de filles; Sa Majesté a daigné distribuer des prix et deux croix de la Légion d'honneur.

Le Prince Impérial vient distribuer au grand concours des lycées et colléges des prix et des couronnes.

Aussi le ministre de l'instruction publique a pu dire, au début de son discours : « La fête de l'enseignement national reçoit cette année un éclat inattendu. L'Empereur a voulu que son fils applaudît au succès de ceux qui ont triomphé dans le concours général des lycées et colléges de la France. C'est un hommage qui s'adresse à toutes les écoles publiques de l'Empire. L'Université reconnaissante remercie le Souverain de la faveur qui lui est aujourd'hui accordée, et ceux qui forment ici l'élite de la jeunesse française saluent, au nom de leurs camarades absents, le Prince Impérial qui vient chercher parmi eux des émules, et, parmi leurs professeurs, des maîtres. » Puis, s'adressant au Prince, le ministre a dit : « Monseigneur, nos fêtes sont sérieuses même dans la joie. Votre Altesse Impériale s'en est aperçue à ce long discours. Il y a un mois, Prince, aux applaudissements trois fois répétés d'une assistance où le monde entier avait ses représentants, vous portiez à l'Empereur le prix que le jury des nations avait décerné au protecteur ardent et résolu des classes laborieuses. Aujourd'hui, c'est le fils de l'historien de César, de l'impérial écrivain qui a si souvent exprimé de nobles pensées dans le plus beau langage ; c'est l'héritier du premier trône de l'univers qui vient décerner leurs couronnes aux vainqueurs dans les luttes de l'esprit, à ceux qui l'aideront un jour à bien servir la patrie. — Que ces deux fêtes, Prince, restent dans votre mémoire. L'une vous rappellera les persévérants efforts de votre illustre père pour diminuer la misère du peuple, l'autre sa sollicitude pour élever le génie de la France. »

Ce n'est point emporté par un enthousiasme irréfléchi que nous avons qualifié M. Duruy de grand ministre : ses rapports sur la gratuité qui veut faire l'éducation du pays par le pays, et qui se recommandent autant par le savoir que par l'expérience d'un ministre accompli ; l'amélioration de l'école pratique des hautes études ; l'organisation admirable de l'école normale modèle de Cluny où se forment des élèves-maîtres destinés à pratiquer dans un collége spécial annexe les leçons qu'ils reçoivent eux-mêmes de professeurs exercés ; la prodigieuse impulsion donnée à l'enseignement primaire, qui fait qu'en moins de deux ans plus d'un million d'adultes ont appris à lire et à écrire qui ne l'auraient jamais su sans lui ; des écrits placés au premier rang de l'estime publique : tout le signale à la reconnaissance de la nation et des familles en particulier, si nous ajoutons l'ouverture des classes d'enseignement secondaire pour les jeunes personnes, et les avantages que trouvent trente-huit mille instituteurs dans l'association mutuelle.

Il faut avouer que M. Duruy est parfaitement secondé par les hommes de talent qui l'entourent : on peut citer en première ligne d'abord M. Jourdain, membre de l'Institut, délégué par le ministre pour présider la distribution des prix à l'asile-école Fénelon. Le savant publiciste s'est exprimé en termes fort bien choisis et partant du cœur ; il a dit combien il était heureux de venir présider cette fête de famille et de distribuer des récompenses méritées par la bonne conduite, la docilité et les progrès. En l'absence du ministre, M. Jourdain apporte à ces jeunes enfants le témoignage de la sollicitude de Son Excellence, de son affectueuse estime pour les maîtres, de sa profonde gratitude pour les généreux fondateurs qui ont ouvert cet asile il y a vingt ans, sans autre appui en ce monde que le nom vénéré de cet illustre et bienfaisant archevêque de Cambrai. Si l'orateur n'ose louer en face ces hommes de cœur et d'intelligence qui se consacrent avec tant de zèle à l'œuvre de l'enfance délaissée, il leur donne l'assurance que le bien qu'ils ont fait est connu du gouvernement de l'Empereur, que le patronage d'une auguste princesse (Marie-Clotilde) leur est acquis, et que l'approbation et le concours du ministre de l'instruction publique ne leur feront jamais défaut.

M. Ch. Robert, conseiller d'État, secrétaire général du ministère de l'instruction publique, a souvent remplacé M. Duruy à la présidence dans les assemblées d'adultes ou les associations philotechniques. On aime à l'entendre parler le langage du cœur, surtout à Saint-Denis. « Peu de villes sont aussi riches que la vôtre en précieux souvenirs... Une population pleine d'élan et de générosité donne son concours à toute bonne pensée ; une administration municipale empressée de servir la cause du progrès, a mérité que l'on dise d'elle cette parole que je voudrais voir gravée sur la porte de toutes les mairies de France : « Le maire et le conseil municipal ne refusent jamais rien quand il s'agit de l'instruction du peuple. » De belles écoles ont été construites ; cinq sociétés de secours mutuels florissantes répandent leurs bienfaits dans la classe ouvrière. Celle-ci, qui compte environ 8,000 âmes, plus du tiers de la population, se livre au travail de l'impression sur étoffe, fabrique le papier, grave le bois, travaille le verre, le cuir ou le fer. Du sein de cette ruche laborieuse s'élèvent souvent des ouvriers qui, devenus patrons et honorés par de hautes distinctions publiques, donnent l'exemple de la bienveillance et du dévouement. » Dans ce tableau d'une simplicité touchante, le président vous inspire le désir d'aller vivre à Saint-Denis qui renferme un peuple de frères, comme autrefois Salente, si bien dépeinte dans le livre de Télémaque. — L'orateur continue ainsi :

« L'association philotechnique y a été fondée en 1861 avec le concours de tous : elle compte déjà 130 protecteurs, et l'on voit clairement tout ce que font les hommes de la classe riche ou aisée pour leurs concitoyens et leurs collaborateurs voués au travail manuel. Le gouvernement, qui avait reçu du pays la double mission d'affirmer les principes conservateurs menacés et de réaliser les améliorations et les réformes nécessaires, s'est voué à cette noble tâche : les droits légitimes ont été protégés contre tout ébranlement téméraire ; d'un autre côté la liberté du travail et toutes ses applications sont désormais entrées dans nos lois. Dès aujourd'hui, les patrons et les ouvriers peuvent réaliser l'idéal si longtemps cherché en vain. Grâce à la sage impulsion donnée par le gouvernement de l'Empereur, la France est enfin entrée à cet égard dans une voie large et féconde qu'elle parcourra désormais sans nul obstacle. » Ces quelques lignes que nous citons ici, bien que décousues et sans suite, feront vivement regretter le reste. M. Ch. Robert a été souvent délégué par M. Duruy pour présider les assemblées d'adultes à Batignolles, au cirque Napoléon et ailleurs, mais toujours sa parole éloquente, onctueuse et grave lui a mérité les applaudissements les plus sympathiques.

L'année 1867 a été consacrée à la réception des rois et des empereurs, ainsi qu'à l'accueil cordial des princes de la science, des arts et de l'industrie. Nous reproduirons dans un autre volume les allocutions prononcées dans ces mémorables circonstances, et nous étonnerons le monde entier. Le discours de l'Empereur François-Joseph au banquet de l'Hôtel de Ville a marqué, autant que l'exposition universelle elle-même, une ère d'harmonie et de progrès. C'était un gage donné aux nations inquiètes et avides de ce repos qui enfante des merveilles.

En 1868, l'Empereur Napoléon, au retour de Plombières, s'arrête à Troyes, pour rassurer aussi la France alarmée par les bruits de guerre que les partis hostiles répandent à l'envi. « Sire, avait dit le maire, votre présence au milieu de nous atteste hautement votre vive sympathie pour notre population ouvrière. La paix objet de tous vos désirs, la paix sans laquelle l'industrie ne peut être féconde... » Sa Majesté a répondu : « Je n'ai pas voulu passer à Troyes sans m'y arrêter un instant, afin de donner une preuve de mes plus vives sympathies pour les populations de la Champagne, qui sont animées de sentiments si patriotiques. — J'ai constaté avec plaisir, l'année dernière, les progrès de l'industrie dans votre département. Je vous engage à continuer, car rien ne menace aujourd'hui la paix de l'Europe. — Ayez confiance dans l'avenir, et n'oubliez pas que Dieu protège la France. » Ces paroles ont été suivies des plus chaleureuses acclamations. De tous les points de la Champagne on était accouru pour saluer l'Empereur, qui depuis dix-neuf ans n'avait pas visité le chef-lieu du département de l'Aube.

L'Empereur a donné les mêmes assurances de paix et de sécurité au concours régional de l'Eure, et à celui d'Auxerre, à Orléans, lors de la fête de Jeanne d'Arc, ensuite, dans l'Alsace, dans la Lorraine, partout où Leurs Majestés, en visitant leurs vastes domaines, ont daigné s'enquérir des besoins et des vœux des populations qu'elles ont tant à cœur de rendre heureuses.

Dans une autre circonstance, au sujet de l'assassinat du prince de Servie, l'Empereur, rassurant tous ceux qui l'entouraient, et qui semblaient craindre pour sa personne auguste, objet de tant de criminels attentats, a dit : « Que je vive ou que je meure, ma vie ou ma mort sera également utile à la France, car la mission qui m'a été imposée s'accomplira, soit par moi, soit par les miens. »

Oui ! elle s'accomplira, d'abord par ce fils bien-aimé, l'Enfant de France, et nous en avons une nouvelle preuve dans l'accueil enthousiaste que Son Altesse Impériale a reçu à Cherbourg et à Brest. C'était son premier voyage, sa première sortie, seul, à l'âge de douze ans, confié seulement au patriotisme éprouvé du général Frossard, de l'aide de camp de Ligniville et de Bachon, son écuyer. Mis en présence d'une population d'ouvriers, de cultivateurs et de matelots, il fait son entrée dans le monde avec tous les avantages qui peuvent flatter une époque où la démocratie déborde de toutes parts. Demandez-le plutôt aux Normands, si fiers de recevoir un tel hôte. Dès la gare de Cherbourg la foule se presse autour du jeune Prince, et on a pu remarquer le plus touchant contraste de l'adolescence gracieuse, souriante, avec ces mâles et rudes physionomies devenues sont tout à coup caressantes pour l'enfant qui doit porter un jour le poids de leurs destinées. A Brest, comme à Cherbourg, la rade, le port, les bassins, les fortifications de l'arsenal, l'artillerie nouvelle, les machines, le cuirassement ont saisi tour à tour son attention, et partout les ingénieurs spéciaux ont eu fort à répondre à son ardente curiosité et sur les travaux en cours d'exécution et sur ceux déjà terminés : du reste, il s'est montré fort reconnaissant envers ceux qui ont éclairé ses doutes et résolu ses mille questions. Ni le mal de mer, d'ordinaire si redouté des nouveaux passagers, ni la grosse mer, qui inspire des craintes même aux plus aguerris, ne lui ont causé la plus légère émotion. Disons enfin que les ovations de Brest ont égalé sinon surpassé celles de Cherbourg, et que les deux villes ont rivalisé de zèle et d'enthousiasme pour fêter le noble fils de l'empereur Napoléon.

Sans doute le jeune Prince avait besoin de faire ainsi une heureuse diversion à ses nombreux travaux, accrus depuis plus de trois mois des instructions religieuses du vénérable abbé Deguerry, curé de la Madeleine, qui le préparait avec une onction sainte à la première communion. Ce grand jour arriva le 7 mai à neuf heures et demie du matin dans la chapelle des Tuileries, en présence de Leurs Majestés l'Empereur et l'Impératrice, de toute la cour et de tous les enfants admis dans l'intimité du Prince. La pieuse cérémonie accomplie, au pied de l'autel, le grand aumônier, archevêque de Paris, a prononcé la touchante action de grâces qui a ému tout l'auditoire, en s'adressant au Prince Impérial et ensuite à l'Empereur et l'Impératrice, qui ne pouvaient refuser l'hommage des sentiments que leur devait la haute assemblée, dans une circonstance si mémorable et si chère à l'auguste famille.

On a dit assez légèrement que le Prince Impérial, en armant sans cesse ses jeunes camarades pour le jeu de la guerre et dont l'éducation était d'ailleurs dirigée par un général, ne devait respirer que sanglants combats. Nous croyons au contraire que la vie du jeune Prince doit être un sûr garant que son règne ne comptera que des conquêtes pacifiques, qu'il aura horreur des guerres injustes, parce qu'il en connaîtra tous les maux. Que n'auraient-ils pas dit, ces esprits atrabilaires, si cette direction eût été confiée au grand aumônier de la maison de l'Empereur, doué cependant de toutes les qualités requises pour faire de l'Enfant de France un prince accompli? L'habile et brave général Frossard ne faillira pas à sa tâche. Nous devons lui savoir gré d'avoir associé à son œuvre délicate un jeune précepteur qui a dès longtemps fait ses preuves. On pourrait dire que l'Europe entière connaît les succès de M. Augustin Filon dans les grands concours des lycées et colléges; mais ce que le monde ignore, c'est que ce brillant et solide sujet a eu sans cesse sous les yeux, au sein même de sa famille, l'exemple de toutes les vertus domestiques. Son père, inspecteur de l'Académie de Paris et professeur d'histoire pendant dix-huit ans à l'École normale supérieure, a publié divers ouvrages justement estimés dans les lettres, et a toujours été pour le jeune précepteur du Prince Impérial un modèle d'aménité, de désintéressement et d'amour pour le bien.

Maintenant nous pourrions ajouter des milliers de faits journaliers de la nature de ceux-ci : amélioration du régime des passe-ports; analogie des poids et mesures ; uniformité monétaire ; établissement de la caisse des pupilles de la marine ; liberté entière, absolue de la presse pour les journaux politiques, et dont ils jouissent avec une superbe ingratitude ; nous pourrions dire les visites si fréquentes de l'Impératrice avec le Prince Impérial, à l'institution Sainte-Anne, à celles des jeunes aveugles, des sourds-muets, de Vincennes, du Vésinet; et ajouter qu'elle honore de sa présence les conférences de la Sorbonne et du Conservatoire des arts et métiers... Mais cette grande initiative du Souverain en toutes choses, mais cette popularité si touchante de l'Impératrice, sans exemple jusqu'à nos jours, désarmeront-elles ces hommes pervers habitués à dénigrer un gouvernement qu'ils voudraient toujours voir avili parce qu'il n'est pas de leur choix ? Oh ! ce n'est point ainsi qu'en ont agi les deux Napoléon : placés dans des fortunes diverses, ils ont demandé de nous avec instance l'unité, la fusion des partis, alors que le premier mettait en œuvre toutes les ressources de son génie à repousser tant de nations que l'ignorance, les préjugés, la superstition avaient liguées contre nous, quand nous allions briser leurs chaînes ; tandis que le second, héritier de son coup d'œil si prompt et si sûr, de son heureuse audace, de ce tact merveilleux qui l'a toujours si bien servi, et non moins avide de gloire et de prospérité pour son pays, contient, sous sa main puissante, les ennemis de l'ordre et de tout progrès à l'intérieur : son nom seul, qui réveille tant d'impérissables souvenirs, inspire au dehors, au lieu de la crainte, le respect, la confiance et toutes les sympathies ; il est pour nous la cheville ouvrière et la clef de voûte, si l'on nous passe ces expressions ; il est pour les souverains un motif de sécurité complète, un gage de repos sur leurs trônes, puisque enfin c'est la destinée de ce grand peuple, quand il s'agite, de remuer le monde. Au contraire, ces orateurs de carrefour, à l'aide des grands mots Patrie et Liberté, vont arracher de généreux enfants à leurs familles pour les traîner au club, et, par l'attente d'un bien-être imaginaire, ils forcent des ouvriers jusqu'alors irréprochables à déserter l'atelier pour se mêler aux rumeurs de la place publique. Voilà comment le citoyen paisible et le patron deux fois lésé ont dû courir pendant un assez long règne pour refouler l'émeute dans la rue ; voilà comment nous avons appris qu'un peuple ne se familiarise point avec les horreurs de la guerre civile ; voilà comment notre admiration est acquise aux deux grands hommes dont la salutaire énergie et le patriotisme éprouvé ont fait cesser sans retour ces terreurs et ces calamités ; voilà enfin pourquoi la France entière leur a voué un culte immortel comme elle, un culte qui gagnera les deux pôles avec la suite des âges.

Mais en rendant hommage aux sentiments unanimes de la nation, nous avons toujours soin d'en exclure ces esprits injustes et turbulents, ces hommes impatients de tout frein et de toute contrainte, dont le cœur se révolte aux expressions *d'énergie* de *l'Empereur et de sa main puissante* qui sont notre égide et notre sauvegarde ; nous n'y comprenons pas davantage le petit nombre de ceux qui voient d'un œil d'indignation ou de pitié Leurs Majestés admettre dans l'intimité du Prince Impérial au palais de Compiègne et de Fontainebleau les élèves les plus distingués de l'École polytechnique, de l'École de Saint-Cyr, de l'École normale supérieure et de plusieurs lycées de Paris. Non, ce n'est pas pour ces êtres endurcis, incorrigibles, que nous avons pris la plume, et notre ambition n'ira jamais jusqu'à tenter d'en faire des prosélytes ; notre seul but, et la bonne foi l'a déjà compris, a été de faire jouir nos contemporains d'un recueil de faits toujours glorieux ou toujours dignes de briller dans nos annales ; faits divers dont ils ont été témoins comme nous, mais qui semblent s'effacer de leur mémoire avec les années. Nous avons voulu aussi les présenter en exemple à la génération qui s'élève, bien persuadé que si ses maîtres lui font encore admirer le général thébain, Epaminondas, par cette raison que le vainqueur de Leuctres n'ayant qu'une seule toge, était contraint de rester chez lui toutes les fois qu'il l'envoyait au dégraisseur, ces dispensateurs de la science ne verraient pas sans intérêt, sans émotion et surtout sans profit pour leurs élèves, Napoléon III franchir à toute vapeur plus de 4,000 kilomètres pour secourir les inondés du Rhône, de l'Isère et de la Loire; les suivre demi-nus sur des roches escarpées, sur des tertres glissants, sur des murs qui s'écroulent ou sur un frêle esquif, et leur prodiguer l'or nécessaire aux besoins les plus urgents. Nous avons pensé encore qu'ils seraient également touchés des rares vertus de l'Impératrice, cette auguste patronne des asiles, quand ils la verraient pénétrer dans les tristes réduits de l'indigence pour lui offrir un soulagement et des consolations; quand ils verraient cette seconde Providence des orphelins encourager les directrices à redoubler de soins et d'attentions près de ces innocentes créatures, franchir ensuite la redoutable grille des prisons de la Roquette pour visiter les jeunes détenus, plus délaissés que pervertis, et, faisant enfin violence à des lois peut-être encore barbares, solliciter et obtenir pour ces infortunés, avec l'air et la lumière, la liberté des champs. Et c'est par l'exemple de ces hautes vertus, qui ont immortalisé le nom de l'*Impératrice Eugénie*, qu'elle a formé le Prince Impérial au sortir du berceau.

Le général Bonaparte, en Egypte, au milieu des pestiférés de Jaffa, disserte gravement avec Larrey, le plus honnête homme qu'il avait connu, sur la nature du fléau, sur les moyens de le vaincre ou de paralyser ses terribles effets, tandis que Desgenettes s'en inocule le virus pour remonter le moral de l'armée français et réveiller, s'il était possible, l'apathie de ce peuple arabe toujours fataliste à l'excès. Napoléon III et l'Impératrice Eugénie, dans Paris décimé par le choléra, quittent les pompes de la cour pour courir aux hospices, afin d'exercer sur nos frères expirants une salutaire influence ; et, dans ces jours de deuil, l'Impératrice déploie un courage héroïque partout où de lâches magistrats ont déserté le poste d'honneur, partout où elle voit la foule aisée fuir éperdue dans toutes les directions. Dites-nous maintenant, ô vous qui épuisiez votre ardeur sur des barricades, si l'antiquité païenne, dans son enthousiasme et sa reconnaissance, ne lui aurait pas élevé des autels ? Ah ! si la simple fille de charité, si une de ces modestes sœurs, titre que l'Impératrice a tant envié, disons mieux, si une dame des halles eût entrepris le voyage d'Amiens pour y soulager les cholériques, vos éloges l'auraient élevée au troisième ciel, et ce serait justice, et nous l'admirerions comme vous ; mais, sur le trône, on a bien d'autres difficultés à vaincre pour se faire pardonner la grandeur !

Toutefois, la vérité historique n'a pas besoin de vieillir pour être vraie ; et si l'on nous reproche de flatter le pouvoir quand nous sommes à peine équitables envers lui, on ne dira pas au moins que nous avons exagéré les coupables efforts et les sourdes menées des fauteurs d'anarchie pour égarer les esprits, pour troubler les consciences à l'heure où le Prince Président rassurait les populations alarmées sur l'état raffermi de la capitale, alors qu'il ranimait de son souffle vivifiant le crédit, le commerce et l'industrie, dans les villes et les campagnes; non, nous nous sommes estimé heureux de suivre l'exemple de ce peintre ingénieux qui, pour cacher une difformité dans le visage, imagina l'art du profil; plus heureux mille fois si nous avions pu en dérober l'entière connaissance à nos derniers neveux !

Un mot encore, en finissant, aux factieux de tout âge, de toute condition, que tourmente sans cesse le désir de désastreuses innovations, à ceux qui briguent par des voies indignes le commandement avant d'avoir appris à obéir; à ceux qu'une soif ardente de célébrité, toujours acquise aux dépens de notre repos, force à désoler le pays comme l'enfant dénaturé meurtrit le sein de sa nourrice :

Demandez à tous les peuples de la terre, demandez ensuite à chaque homme en particulier ce qu'ils voudraient être, s'ils n'étaient pas ce qu'ils sont : tous, peuples et individus, vous répondront en chœur : FRANÇAIS! Français, et sous l'égide de Napoléon III. En attendant les nations étrangères s'en consolent en partie par des traités d'amitié, de commerce, par des conventions de poste, de navigation, de télégraphie, avec celle qu'elles nomment de concert la première nation du monde, mais qui devient la plus méprisable de toutes quand elle tombe fatalement en vos mains, parce que vous la souillez d'horreurs et d'infamies... c'est-à-dire, le pillage, le viol, l'assassinat, l'incendie. Voilà ce que nous avons encore vu en 1848, malgré l'avancement social, malgré le progrès de nos mœurs ; et vous vous flattiez de posséder le génie et la force de contenir dans de justes limites le torrent des faubourgs, et vous n'avez pas eu même le triste courage qui fait tout pardonner, celui de vous ensevelir sous les ruines que votre noire malice avait préparées !

www.ingramcontent.com/pod-product-compliance
Lightning Source LLC
Chambersburg PA
CBHW050804170426
43202CB00013B/2554